抵抗の同時代史

軍事化とネオリベラリズムに抗して

Michiba Chikanobu
道場親信

人文書院

目次

Ⅱ 「加害」と「被害」の論理

Ⅲ ネオリベラリズムの同時代史

Ⅳ　憲法と反戦平和——「戦後六〇年」の再審

抵抗の同時代史——軍事化とネオリベラリズムに抗して

序　〈戦後〉そして歴史に向き合うことの意味は何か

二〇〇五年春、私は初の著書『占領と平和――〈戦後〉という経験』（青土社）を上梓した。この「敗戦六〇年」にあたる年に、「戦後」という歴史意識がどのように扱われていくのかについて、関心をもってメディア報道などを眺めていた。だが、「六〇年」という時間の幅で歴史を問い、意味のある議論を提示しているものはそれほど多くはなかった。テレビや新聞などでは、「六〇年」という〝節目〟ゆえにいくつかの企画を立てたものの、これを機会に六〇年に及ぶ時間の流れを整理し、過去・現在・未来にわたる歴史像を示すところまで進みえなかった。むしろ漠然とこれまで「戦後」と呼んできた時間の区切りに対するリアリティが希薄化し、それに代わる歴史意識を設定できないまま、漠然と「改憲」ムードに隣接してしまう、という状況であったように見受けられる（以下では、歴史の流れと区切りに関わる意識のあり方を「歴史意識」と呼び、歴史的事実についての判断とそれによって構成された歴史像を「歴史認識」と呼ぶ）。

グローバル化と高齢社会化という相互に独立した要因に加え、長期不況、国家債務といった「危機」の累積を脅迫的に提示してみせることによって、ネオリベラリスト政治家・経営者・官僚・そしてこれに便乗した「評論家」たちによる「小さな政府」「規制緩和」の大合唱が「世論」をのみこんでいく現実。さらに「テロ」と「有事」の「危機」が煽られ、軍事化・監視化・警察権力の強化が国家と私生活の「セキュリティ」のためにと進められている。二〇〇五年の総選挙に際しては、「小泉劇場」の勝利によってネオリベラル化競争に一歩先んじた自民党と後を追う民主党とのネオリベラル二大政党制の確立が強く印象づけられる結果となった。既存の政治・社会システムを批判する一方で、戦後の「平和主義」を安易に「時代遅れ」のものとする「憲法論議」には、この憲法体制をわがものとして生きた人々の経験は含まれておらず、すでに崩壊した日本社会党の政策や、せいぜい何人かの知識人の議論——それも矮小に切り縮めたもの——を批判することで、それを乗り越えたかのような判断が一方的に示されている。

そこでは、戦後の「平和主義」はそもそも「非現実的」であったとするものから始まって、「軽武装」を標榜した歴代の自民党政権の安保・自衛隊政策までもが「時代にそぐわない」ものとして政策、憲法解釈、はては憲法自体を「自主的」に「改正」しようという提起となってあらわれている。一貫しているのは、社会党なり自民党なりの政党の政策を批判することをもって、戦後「平和主義」が実現してきた国家や軍に対するさまざまな〃歯止め〃の失効を宣言できるとする政党中心主義的な歴史解釈である。この立場からすれば、これらの〃歯止め〃は、「五五年体制」のもとでの政党間の「妥協」によって作られた忌むべき談合の産物であり、これらはより明快かつ透明な原理によって打破されなければならない、ということになる。

しかし、これらの「妥協」は単なる政党間の「妥協」にとどまるものではなかった。「平和主義」の立場を支持し、社会党なり共産党なりに投票するという形で政府による軍事化に〃歯止め〃をかけようとした有権者や、政党に外側から圧力をかけることで議会内の「妥協」以上の目標を達成しようとした社会運動に取り巻かれる中で達成された一種の「社会契約」である。近年の「憲法論議」なる改憲のためのことば遊びには、この歴史的事実と社会的存在とに対する認識が一貫して欠けている。それは戦後史というものをきわめて狭いところでしか理解できないものへと切り縮めてしまうのだ。

「同時代」の没歴史化

第二次世界大戦後の日本社会における社会思想、とりわけ社会科学の思想と社会運動の歴史をたどることで私が痛感したのは、「戦後」の歴史（経験）に対する理解のなさであった。「8・15」や「12・8」といった「記念日」になると繰り返して「戦後史」をテーマとしたテレビ番組が放送され、雑誌や新聞の誌面に記事が掲載されるが、これら〟おなじみ〞のイメージを継ぎ合わせて作られた「戦後」像はとても薄っぺらなものでしかなく、この時代を生きた人々が鬼籍に入るとともにそこでのさまざまな経験は急速に蒸発しつつあるといえるだろう。

むしろ逆説的に、ひとつ前の時代、すなわち戦争の時代や戦前の時代・社会についての議論は歴史修正主義の伸張とともに対抗上深まってきているといえる。この「帝国」の時代の歴史像と歴史事実をめぐる議論は、ある時期までは「歴史認識」を形成することが同時代を含む歴史の流れを理解する「歴史意識」の形成にもつながる、という循環をなしていた。「歴史認識」に関していえば、とくにこの一〇年、戦争や植民地支配の「記憶」の問題がホットなテーマとして論議されてきた。ここで明らかになってきたのは、歴史認識を妨げてきた「戦後」東アジアの冷戦体制の推移を考慮に入れ、「戦後史」の中で「戦前」「戦中」を問う必要がある、ということであった。

だがもう一つ必要な作業が存在する。それは今日につらなる同時代史をいかに記述するかという問題である。「戦後史」なるジャンルは、同時代に関する歴史的考察の営みとして、「日本史」などの通史ものの最終巻に配置されてきた。そして、「戦後」という時代が長く続くとともに、その長い「戦後」を「歴史学者」が担当しなくなり、経済学者や政治学者や社会学者が最終巻を担当するという慣習が続いてきているように見える。またこれに伴い、狭い意味での「戦後」、すなわち一九五〇年代ぐらいまでを「歴史学者」が担当するという分業がこのところ成立しているように思われる。ここで生じる困難は、「歴史学者」が担当する部分の「戦後」と、「歴史学者」以外の書き手が担当する「戦後」の部分をとつなぐ歴史意識が陥没し、進行中の「現在」を「歴史」の中に位置づけて議論する方法が見えなくなってしまうということである。

この奇妙な役割分担を問題にしなければならないのは、この問題が、同時代とこの時代を規定する過去の文脈とをつき合わせることで、人々の公共的討議を豊かにするという歴史認識がもつ批判的公共性の摩滅につながると考えるからである。同時代（史）に対して「歴史（学）」というものがもつ公共的使命は、批判的討議の素材や、ときには論理を提供するというところにあるといえるだろう。

昨今の憲法をめぐる論議のうちにも、歴史認識の裏づけを伴わない恣意的な立論が深刻な形であらわれていると私は考える。サンフランシスコ講和条約に伴う「主権回復」以降くりかえされてきた「憲法改正」の主張が、つねに同時代と過去の時代の評価において「歴史」の捏造を伴う修正主義的な歴史認識と相即していたことはいまさら確認するまでもないことであるが、〝復古ではなく現在の新しい状況に対応したもの〟として提示されている昨今の憲法「改正」案にも、そしてときにはこの「改正」に

〝歯止め〟をかけようとする自称「護憲派」の中にも、「戦後」に対する矮小化やとらえ違いが含まれているように思われる。そしてそれは、単なる「誤解」にとどまらず、歴史認識をめぐる一種の〝修正主義〟を構成することになる。

たとえば、一九九三年に、当時日本社会党の政策転換を促すための政策提案として出された「平和基本法」案（古関彰一・鈴木佑司・高橋進・前田哲男・山口二郎・和田春樹・高柳先男・山口定・坪井善明、『世界』九三年四月号）では、「私達の主張は、憲法違反の自衛隊を即廃止するというような、従来の「護憲論」ではない」と述べられ、自衛隊を改組した「自衛組織」を創設し、これを「合憲」と認めることが主張されていたが、これに対し渡辺治は次のように厳しい批判を投げかけている。

「しかし、一体いついかなる党派の護憲論が、違憲の自衛隊の「即廃止」を主張したのか。典拠をあげていってみよ。社会党の非武装中立論とて、論者たちのいう程度の「最小限防衛力」への自衛隊の改組を主張してきたのではなかったのであろうか。」（『政治改革と憲法改正』青木書店、一九九四年、一八四頁、強調原文）

発想の真摯さにも関わらず、歴史的事実を無視し「新しさ」によって魅力をアピールしようとする政治に巻き込まれることで、戦後「平和主義」の豊かな経験的蓄積を摩滅させてしまうことは、自分たちの足もとを掘り崩す行為にしかならないのではないだろうか。これと同じことが、「平和運動」内部や、「護憲派」の周辺に存在していないかどうかが問われるべきだろう。

「ふつうの市民」？

この種の〝歴史修正主義〟の背景には、一方で社会運動と政治状況の混迷を打破したい、という、それ自体共感に値する意識が存在していることが推測されるが、しかし同時に、過去の運動の蓄積を教条的で硬直したものとのみ見なし、それと「ちがう線」を狙いたいという気分が横たわっているように思われてならない。

この気分が結果するものは、さまざまな市民活動からの「運動」性の脱色、消去という傾向である。この点については『占領と平和』（第Ⅱ部第六章）でやや詳しく述べたが、かつては市民運動を支えた「ふつうの市民」という意識が、政治権力に対して敵対的でないこと、さらには批判的でないことを意味するものへと転化してきている傾向が見受けられる。たとえば小田実がべ平連運動の中で「ふつうの市民」による運動であることを強調したことの含意は、二四時間フルタイムの活動家ではなく、職業をもった人々が時間や資源をもち寄って、創意工夫ある運動を作っていこうという呼びかけであった。

いまや、市民運動に携わるかつての「ふつうの市民」は「プロ市民」と呼ばれ、単に何もしないというより、運動する人々を時に「反日分子」呼ばわりするシニシズムの使徒たちがこのことばの所有権を主張している。運動圏内においても、この意識を憂慮しながらも、この新たな意味での「ふつうの市民」像に寄り添おうとする発想がないわけではない。それが先に見た「気分」としてあらわれているのである。こうした気分は「昔とは状況が違う」という一見歴史意識を含んだ言明を伴うが、実のところ「昔」のリアリティをふまえたものというより、没歴史的に「いま」に迎合しているだけであったりすることがしばしばだ。

こうした歴史からの後退・退去ともいうべき問題に対して、まずは原則的なことを述べておくと、「歴史」というものは、ストーリーの構成と事実への忠実さという二つの課題を背負っている。ストーリーを作り出すことは人々を結びつける力をもつが、それは時に特定の秩序や権力関係を固定する力にもなる。他方、事象にこだわることは、割り切れない事実や手のつけられない混沌に遭遇するかもしれないが、どうしようもない不正を発見する糸口にもなるだろう。

だが、混沌にたゆたうことは為政者を利することになりかねない。それゆえ、この混沌から秩序へとふみ出す「創造」の力と、創造が権力へと固着する流れを差し止める「懐疑」「中断」の力の双方を「歴史」から読みとることが必要であると思う。言い換えるならば、少数者の、最終的には「個」にゆきつく存在の尊厳を守りつつ、人間の結合が〝力〟を生み出すことの解放性も手放さないこと。これが歴史に向き合うことであると私は考える。それゆえ、歴史をとらえる想像力、認識力は、人間の社会性や連帯のあり方に対する理解の仕方と深く連動しているということができるだろう。

開かれた「戦後史」のために

そうした問題意識から再度「戦後史」の問題に立ち戻るならば、この「戦後史」という範疇は仮の名にすぎないことをまずは述べておかなければならない。東アジアでは第二次世界大戦後の時代は引き続いて戦争と暴力の時代であった。戦争を経験しなかったがゆえに戦「後」という切り取り方を続けることができた日本社会を、東アジアの文脈に位置づけて理解しなおす必要がある。そうすることで、内向きの「日本人共同体」の歴史＝思い出とは異なる歴史を想像することが可能となる。

それゆえこの「戦後史」は、東アジアの文脈に即していうなら「ポスト日本帝国史」と定義することができるだろう。これは帝国崩壊以後、日本敗戦以後の歴史というにとどまらず、日本帝国秩序の〝向こう側〟を構想していた被植民者、さらにはアメリカなどの戦後地域構想も含め、諸力の絡み合う場として内向きに閉じた日本人の物語を外に向かって開き、読み直すことによって初めて可能となる。

東アジアに開かれた「戦後史」の文脈を断ち切り、「国内問題」の文脈へとすべてが切り縮められてしまうことで、見失うものは多い。仮にアジアとの同時代性を意識することがなかったとしても、冷戦体制の中でアジアと日本の人々は否応なく関係をもってきた。

たとえばそれは、植民地出身者や海外に流出した「日本人」の境界を再画定し、自ら排他的「単一民族国家」へと転身していった戦後日本とその「象徴」としての天皇制、「非武装」を国際公約として掲げることで天皇制の存続のエクスキューズとした日本国憲法の国際文書性、戦争・戦後責任の追及を妨げた東アジア冷戦システム、アジアを見失いながらも戦争と軍事化に反対する多数の意識を集めた戦後平和運動の反システム性、こうした諸要素に注目していくことで、「戦後史」はまったく異なる様相で姿をあらわすことになるだろう。

「国家の言うままにならぬという記憶」へ

とくにこの最後の戦後平和運動・平和主義の再解釈は、それが憲法平和主義の縮小に伴って終焉を迎えている、という歴史像――それは平和運動内部にも共有されているように思う――に抵抗し、そのような物語に回収できない「抵抗」の集積として読みかえ、賦活していく可能性に開かれていると私は考える。

「戦後日本」という時代と、そこで機能していた人権と民主主義に賭けられた厖大な労力と時間——たとえば三里塚闘争に投入された労力と時間と資源の量を想起してみよう——の意味を、そしてこの労力を担保するものとして人々の「拠点」であり続けた戦後憲法の意味を、安易な「押しつけ」憲法論から否定するのでも、あいまいな「時代の変化」論（「時代」の認識が、自家撞着的な歴史意識によって支えられている）から骨抜きにしていくのでもない、開かれた経験、開かれた大衆の憲法経験としてつかみ出していくことが、アプローチとして必要ではないかと考える。

そうした経験を「歴史」として書き出すこと。だが、そんな「歴史」はまだ書かれていない。私たちはまだ、「戦後」という肥沃な経験の領野がもつ可能性にまだ十分に向き合っていないのだ。そして向き合わないいまま、「終わり」を急いでいる。

歴史を使い捨てるのでなく、歴史と対話すること。「いま」を絶対化する視点——それは「保守」を標榜するネオリベラリズムにも共通の（没）歴史意識だ——ではなく、「いま」を相対化し、別様な可能性を学びとること。そして人々の「抵抗」の経験への信頼と敬意を抱きうる歴史認識——「国家の言うままにならぬという記憶」（鶴見俊輔）を分かちもつコミュニティの方へ。

Ⅰ　軍事化に抗する戦後経験

軍事化・抵抗・ナショナリズム——砂川闘争五〇年から考える

はじめに

　現在進められている米軍の「トランスフォーメーション」によって、世界規模の軍事力の再編成・再配置が行われつつある。東アジアにおいても、在韓米軍と在日米軍の大規模な再配置・再編成が予定され、後者の再編成にあたっては、自衛隊との司令部一体化を目標とし、基地の米日共用化と移転が計画されている。この米日軍事「一体化」の中で、一九九五年以来の政策目標であった「普天間移転」は、現地沖縄の頭越しに辺野古沿岸部への新基地建設へとすり替えられ、「合意」として推進されている。

　九〇年代中盤以降、それ以前には予想だにしなかった規模で自己中心的な歴史観と、軍事力・警察力の強化を中心とした国家主義とが伸張を遂げ、このイデオロギー面での排外的ナショナリズムの蔓延によって、新自由主義的な「規制緩和」と、社会保障をはじめとした所得再分配政策からの国家の撤退とが補完されている。この現状における軍事化と排外主義の高まりの中で、「基地問題」は特定地域の問題として切り縮められた扱いしか受けていない。ことは沖縄に限った話ではない。基地を抱える自治体が孤立させられる状況は必ずしも今日に始まったものではないだろうが、自治体に対する分配と調整の政治そのものが政府によって切り捨てられつつあるこのネオリベラル化[1]の中で、自治体のレベルを超えた「国民的政治課題」としての文脈を作り出すことがよりいっそう困難となっているのではないだろうか。

ここで振り返っておきたいのが、一九五〇年代の基地闘争の経験である。小熊英二が『〈民主〉と〈愛国〉』の中で詳細に描き出したように、この時代の「ナショナリズム」は、決して「右派」「保守派」の専売特許ではなく、むしろ「左派」が攻勢的に使用する政治言説でもあった。さらに、基地闘争の中では後の時代に再度焦点化するような諸問題、たとえば政府と自治体の権限をめぐる問題や、国家による「公共性」の主張に対する住民の視点からの拒否、といった問題がすでに集約的に現われていたということができる。本章では、二〇〇五年に「五〇周年」を迎えた砂川闘争、すなわち米軍立川基地拡張反対闘争をとりあげ、この闘争とそこでの「抵抗」が今日もつ意味を考えるとともに、この闘争に人々を引きつけた「ナショナリズム」の意味について再検討に付してみたい。

1　一九五〇年代の基地闘争

一九五〇年代の基地闘争を構造的に特色づけるもの、それはアメリカによる東アジア冷戦体制構築、というリージョナルな再編過程における同時性[2]（および時差）ということである。それは決して日本一国的な現象ではなく、東アジア大（ひいては世界大）の米軍戦略を支える軍事基地網形成のための、多国間的な現象であった。そのことは当時十分に受け止められていたとはいいがたく、米軍戦略全体を論じるマクロな次元の議論と、基地拡張に抵抗するミクロな次元の議論とが、一国的に結びつけられて理解されていたにすぎない（マクロな戦略分析とミクロな日本一国的基地闘争理解の接合）。

東北アジアにおいては、日本帝国の無条件降伏に伴い、アメリカ軍は北緯三八度線以南の朝鮮半島と日本本土、さらに小笠原諸島や奄美群島を軍事占領した。沖縄は日本降伏以前の沖縄戦の段階ですでに直接軍政が施行され、全土が軍事占領下にあった。これらの地域に設置された米軍基地の多くは、旧日本軍が戦前・戦中に建設したものやこれを拡張したものであったが、この占領下での基地拡張・新設の際に、第二次大戦後最初の基地をめぐる「土地問題」が発生していた。この点最もドラスティックな形で基地建設・拡張が行われたのは沖縄本島であり、沖縄戦後に住民のほとんどすべてが島内各地に設けられた収容所に入れられている間に、かつての農地が基地として囲い込まれ、住居が破壊されていた。

この四〇年代における〃第一波〃の基地建設・拡張の波に対し、五〇年代の基地建設・拡張の場合には、対中国封じ込め・反共軍事同盟網の形成という目的を持った、より戦略的な動きであったということができる。一九四九年に中国内戦が共産党の勝利に終わり、この勢いを駆って翌五〇年六月に朝鮮戦争が勃発すると、アメリカにとって日本本土および沖縄の軍事的価値が大幅に上昇するとともに、台湾（中華民国）の軍事的政治的重量が増すことになる。そして戦争前には独立国となった韓国からいったん撤退（軍事顧問団五〇〇名のみ残留）していた米軍は、戦争勃発とともに「国連軍」として再度朝鮮半島に上陸するとともに、それから今日に至るまで駐留が続いている——これはある意味で米軍による「再占領」と考えることもできるだろう。こうした構図の中で日本本土政府はサンフランシスコ講和条約と同時に日米安保（旧）条約を結び、占領軍をそのまま駐留させ続ける体制を今日まで継続している。

こうした米軍の駐留、という状態があまりにも長く続いているために、私たちはこれを〃ありふれた〝現象であるかのように考える惰性の中に置かれているが、しかしこのことは世界史的に見れば〝異例〟の事態であることに、梅林宏道は注意を喚起している。

平和時において、主権国家が他の主権国家に大規模に軍隊を駐留させておくというのは、そういつもある話ではありません。歴史的にみれば、第二次世界大戦以後、「東西冷戦」と呼ばれた時代にはじめて起こった現象なのです。

米軍の展開をみるとその特徴は非常にはっきりしています。つまり、第二次大戦時の敗戦国に、いまも大量の米軍が駐留しているということです。

「ヨーロッパに一〇万人、アジア・太平洋に一〇万人の米軍がいる」といわれますが、その内訳をみると、ヨーロッパではドイツが群を抜いて多く七万二〇〇〇人、次いでイタリアの一万六〇〇〇人です。また、アジア・太平洋地域ではそのほとんどが日本と韓国で、日本に五万一〇〇〇人、韓国に三万六〇〇〇人がいます。いわば第二次大戦によって得た「既得権」を、戦後六〇年間、自分たちの基地として利用してきた。それをここまで大規模な形でいまなお続けている国は、世界中で米国だけです[3]。

私たちは、このような形で常態化した米軍の駐留、という〝現実〟の〝異例〟さを繰り返し思い起こしておく必要があるだろう。それは「平時」の中に「戦時」を持ち込み、その「戦時」の論理によって「平時」を再編成する「総力戦」の政治軍事社会体制の冷戦版であるということができ、この冷戦型総力戦体制——それは「主権国家」が一国的に構築するものではなく、米ソ覇権国が軍事力をグローバルに展開し駐留国の主権を制限する形で「統合」された多国間的な政治軍事社会体制であった――を通じて社会の軍事化が進行した。[4] 家父長制的権威主義と結びついた軍事独裁政権が台湾と韓国とでアメリカ（そしてのちには日本）の後援を受けて長期にわたって存続した――東南アジアにおいても近似した事態がしばしば生じた。米軍の軍事行動における主導性が担保された形で各地に従属的「国民軍」が整備され、軍隊の存在と活動を維持するための「基地経済」が発展し、基地被害はその多くが放置された。各国政府が公式に表明するナショナリズムは、むしろこれらの問題を糊塗する役割しか果たさなかった。従属ナショナリズムたるゆえんである。

その意味で軍事基地に反対する反基地運動は、その動機は「危険な施設を作らせたくない」「土地を取られたくない」「騒音はいや」「軍人による暴力の危険」「戦争と軍隊に反対」とさまざまではあっても、一つの共通の機能を実現していたということができる。それは再編・強化されていく東アジア地域秩序の軍事的再編に対する局地的な抵抗という機能である。それは東アジア冷戦体制という政治軍事社会システムの構築・作動に対する「反システム運動」としての意味を強くもっていた。[5] だが一九五〇年代においては、このことを国境をこえる形で受け止め、共同の闘いとして展開することは残念ながらできなかった。[6]

五〇年代の基地闘争のもう一つの特徴は、日本の事例に関する限り、それが強いナショナリズムの意識に伴われていたということである。一九五一年九月に調印された旧日米安保条約とこの安保体制の下で米軍への無制限の基地提供を承認した行政協定（五二年二月）により、講和発効に伴って撤退することになるアメリカ占領軍を条約に基づく「駐留軍」へと再定義し、米軍基地の拡張・新設を日本政府が代行する新たな体制が生まれることになった。内灘《うちなだ》・妙義・砂川……と続く五〇年代の主な基地闘争は、いずれも米軍を直接対象としたものではなく、日本政府に対してなされたものであるという、いわば〝当然〟の事実をまずは確認しておきたい。

主として農漁民から土地を取り上げてアメリカ軍に差し出す、という構図のもとで、反基地運動は、基地を求めるアメリカ軍と、これに基地を差し出す日本政府とを「敵」としたばかりでなく、アメリカの「犬」となった日本政府のカイライ性を批判する運動の側には、ナショナリズムの〝正統な〟担い手としての象徴性を与えることになった。そしてこのことが、土地取り上げに抵抗する農民の局地的な闘いに対し、「国民的」な支援を与えることになったのである。支援に駆けつけた労働者・学生のあいだで「民族独立行動隊の歌」が繰り返し歌われたのも、そのような〝リアリティ〟に基づいていたといえるだろう。

その意味でこの時代の「ナショナリズム」は、ローカルな次元とナショナルな次元とを結び合わせる機能を顕在的には有しながら、潜在的にはリージョナルな抵抗へと接続する可能性をも有していた。同時期、サンフランシスコ講和条約によって正式に行政権の切り離しが確定した沖縄においても、「全土恒久基地化」を目指した基地の拡張・強化が進められていた。それまでに接収されていた基地の恒久保持を目的とした「軍用地料一括払い」を争点とした「島ぐるみ闘争」は、「本土」でも注目を集め、砂川などの反基地運動との交流がなされていた。

2 砂川闘争——その経過

一九五四年三月、アメリカ側は安保条約行政協定に基づく日米合同委員会において、立川・横田・新潟・小牧・木更津の五飛行場の拡張を日本政府に対して要求した。これは、一九五三年七月の朝鮮戦争休戦によって生じた東アジアの現状固定（国境線の不変更と内政不干渉）の枠組みを前提とした基地強化の一環であるとともに、ソ連の水爆開発やフランスのインドシナ撤退といった一連の事態を踏まえ、水爆搭載可能なジェット爆撃機や大型輸送機の発着を可能にするためのものであった。翌年には日本政府はMSA協定に基づく防衛分担金の減額と引き換えにこれらの基地拡張を受諾し、調達庁（のちの防衛施設庁）による土地の買収と強制収用の手続きが進められることになる。

五五年五月初頭、砂川町長に当選して間もない宮崎伝左衛門のところへ東京調達局立川調達事務所長が訪れ、当選祝いの挨拶とともに基地拡張計画への協力を依頼していった。宮崎はこれに先立つ五二―五三年の基地拡張の際に補償交渉を取りまとめた有力者であり、調達庁は今度も協力が得られるものとの安易な見通しがあったようである。(7)

この砂川は、江戸期以前は水が乏しいために無住地帯であったものを、一六世紀末以降順次開墾を進めてできあがった町である。地域を流れる残堀川の別名「砂川」から名前がついた。一七世紀中頃には玉川上水の開通により戸数が増えていった。関東ローム層の酸性土質の台地に開けた砂川では、水田ではなく畑作中心の農業を営み、落花生やサツマイモ、桑などを栽培していた。古くから開けた町の中心部はこれらの農業を生業として成り立っていたが、このほかに隣接する立川基地の労働需要に応じて発展した住宅地域も生まれていた。同町はすでに一九二〇年代から立川飛行場の設置・拡張に伴って、その主体は日本軍・米軍・日本政府と変化しながらも次々と土地の接収を受けていた。また、町の北西部は横田基地にも隣接し、こちらも数次にわたる接収を受けている。闘争の約一年前の五四年六月に町制を施行したばかりであった。(8)

五五年の拡張計画は、町役場も立地している町の中央部分の地区を立川基地に編入するというもので、東西に細長く伸びた同町が真二つに分断されてしまうという大規模なものであった。基地に対する反対闘争は古くからの住民が住む農業地域を中心として展開されたが、新たな住民となった人々の中には、運動の「知恵袋」として重要な役割を果たした人々もいた。

接収対象となる砂川四番・五番地区の人々は、計画を知らされるとすぐに砂川基地拡張反対同盟を結成し、抵抗に立ち上がった。町当局も全町的な取り組みで反対運動に乗り出した。このとき、拡張対象地域のみの孤立した運動にしないために砂川町闘争委員会「企画部」が考え出した〝秘策〟が、町を東西に分断する当初案（滑走路は南北に伸びている）に対し、滑走路の角度を変えて、反町長派の地権者の土地にかかる代替案を調達庁に提案させることであった。「企画部」は反対同盟にも秘密で調達庁と水面下の交渉を行っていた。彼らは、この滑走路の角度変更案なら地元の抵抗は少ないだろうともちかけた。調達庁は「拡張計画第二案」を作成し、六月二二日、地元に提示した。これが提案されるや、反町長派も含めた全町的な接収反対の運動が広がることになる。[9] 結果的に代替案は横田基地の航路と衝突するということで廃案になったが、町議会を主体に、反対同盟、町長、教育委員会、農業委員会、婦人会、消防団、青年団、遺族会等町内のすべての社会団体を「動員」しようと企画された全町的闘争機関である「闘争委員会」[10] はすでに始動したあとであった。この闘争体制は、徐々に「条件闘争」を選択する議員や地権者が増加するとともに縮小していくことにもなったが、六二年の宮崎町長の死まで継続された。政府による測量中止の決定という「勝利」もまた、この全町的枠組みにおける勝利であった。

この全町的な闘争体制の下で、宮崎町長は土地の強制収用のための公告・縦覧手続きを拒否することができ、土地収用の責任者である東京都知事から職務執行命令訴訟を提起されることになる。五五年六月に行われた町民総決起大会で町長は「立入通告を拒否して公告はしないが、これは全国初の町長の拒否権であります」と述べた[11]。

闘争の最初の山は九月にやってくる。土地収用のための事業認定申請の前提条件として必要な拡張予定地の外郭測量に対する阻止闘争である。予定地の外郭を確定するための杭打ちを伴うこの測量に対し、町の闘争委員会は労組の支援も受けて「町ぐるみ」の阻止体制をとった。このとき町議からも逮捕者が出て議会は動揺するが、拡張「絶対反対」が多数を占め体制は維持された（同時に「条件派」も誕生する）。最初の杭が打たれた九月一三日には、行動隊長の青木市五郎は「土地に杭は打たれても、心に杭は打たれない」との有名なことばを残した。一〇月一四日には鳩山首相は事業認定をし、反対同盟からは認定取消の行政訴訟が提起される。その後一〇月―一一月は土地収用のための精密測量の阻止闘争が闘われ、座り込みやピケットばかりでなく、「話し合い」の設定による引き延ばし、糞尿を浸した笹をふる「黄金作戦」や、視界を妨げる「煙幕作戦」など、創意に満ちた「測量阻止」の行動が組まれた。この間少しずつ測量は実施されていった。

翌一九五六年秋には、第一次収用申請分の残りと、第二次収用申請分の土地に対する精密測量を政府側が強行してくることが予想されたため、砂川町・反対同盟は実力部隊として全学連を砂川現地に導入することを決める。九月一三日、全学連は連日三〇〇〇人を動員することを発表、一〇月から大規模な泊り込みと動員の体制をとった。一〇月一一日からの連日の「衝突」により、学生・労働者の側にも警官の側にも多数の負傷者が出たが、一三日の衝突――「流血の砂川」事件――によって多数が負傷したことがマスコミによって大々的に報道されたこともあってか、政府は翌一四日の測量中止を決定、一四日にはこれ以後の測量の中止を発表した。現地では闘争の「勝利」をかみしめることができた（第一次砂川闘争)。

だが、これは最終的な「勝利」ではなかった。翌年六月から七月にかけては、占領時代に接収された基地内の土地について軍用地料を確定するための測量が計画され、反対同盟と支援者による阻止闘争が組まれたが、このときフェンスを越えて基地内に立ち入った労働者・学生が事後逮捕を受け、安保条約に基づく刑事特別法違反で訴追された。この裁判の第一審で下されたのが有名な「伊達判決」である。一九五九年三月、東京地裁は安保条約を「違憲」とし、違憲な条約に基づく刑事特別法違反の行為は罪を構成しないとの立場から被告に無罪を宣告した(ただし折からの新安保条約国会審議への影響を恐れた検察側は最高裁に飛躍上告、原判決は破棄されて被告は有罪となった)。

他方、基地拡張のための強制収用の手続きは、五六年の「勝利」によって終結したわけではなかった。すでに二次にわたって提出されていた、東京都収用委員会に対する裁決申請は生きていた。また、六二年の宮崎町長の急死のあと当選した「条件派」町長によって立川市との合併がなされ(六三年五月)、この合併後に立川市長が代理署名を行ったため、買収を拒否した地権者の土地は、六四年以降、東京都収用委員会における審理へと舞台を移していった。立川市に合併したときには、かつての闘争委員会は霧消していたし、五六年に抵抗した地権者からも任意買収に応じる人々が次々とあらわれていた。基地拡張反対運動は予定地の地権者の孤立した闘いに縮小し、心細い日々が続いたという[12]。

状況に変化が生じたのは、折からのベトナム戦争に対する反戦運動の高まりとともに、反戦青年委員会や三派全学連などの大衆的な支援が寄せられたことにある。これとともに重要な意味をもったのが、六七年四月の統一地方選挙で当選した美濃部革新都知事の誕生である。美濃部都政誕生以降、立川基地拡張のための収用委員会は審理が行われなくなり、最終的に六八年一二月、米軍は基地拡張計画の放棄を表明、反対同盟の強い働きかけもあって政府は収用認定を取り下げた。これは二三戸まで減ったものの最後まで闘った反対同盟の勝利であった（第二次砂川闘争）。その後、沖縄施政権返還に伴う米軍基地再編によって立川基地は日本側に「返還」されることになった。「返還」された基地は三分割され、一つは業務地区として立川市の都市計画に委ねられ、一つは国営「昭和記念公園」となり、もう一つは自衛隊基地（および広域防災基地）となった（このときは自衛隊移駐阻止闘争が問われ、阿部行蔵「革新」市長も移駐反対を表明したが、移駐は強行されている）。

七六年、かつての滑走路内に土地をもち、その返還訴訟を闘っていた青木市五郎は、国と「和解」に達し、コンクリートをはがし、畑土を覆土した上、この土地に出入りするための通路を確保させた形で農地を取り戻すという画期的な勝利を得た。

3　砂川闘争における「抵抗」

以上のような砂川闘争においては、今日的に見ても重要なさまざまな「抵抗」が組まれている。この点について見ておくことにしたい。

まず第一に、それは自治体による全面的抵抗であったということである。

安保条約に基づく軍用地特別措置法による土地強制収用のプロセスのうちで、自治体の機関委任事務であった土地立入通知書や土地物件調書の公告縦覧を町長が拒否することによって、その進展を大幅に遅らせることが可能になった。このため東京都は宮崎町長を職務執行命令訴訟で訴えなければならなくなったが、こうした形で国家の政策に抵抗する行為は、戦後日本の地方自治の中でも特筆すべき重要なものであったということができる。そして宮崎町長自身、前述のとおりそのことを自覚していた。九五年以降の沖縄における基地撤去運動の高まりとともに、大田昌秀県知事が軍用地特措法（ただしこのときはすでに数次の改悪を経ていた）に基づく公告縦覧を拒否し、内閣総理大臣から職務執行命令訴訟を提起されることになったが（時の首相は日本社会党党首村山富市であった）、このとき裁判所において実質審理が行われたのは、宮崎町長に対する訴訟において最高裁が実質審理を命じた判決が残されているからであった。[13] もっとも大田知事の場合は県議会では孤立しており、五五—五六年の砂川町とは首長—議会関係において条件が相違していることは、自治体における「抵抗」の問題を考える上で重要である。砂川町においては、町内の主要な社会団体を「総動員」し、議会も多数が反対に立った抵抗となり、この意味では、同じ五〇年代の「島ぐるみ闘争」時の陣型に比較した方がよいかもしれない。いずれにせよ、大田知事の抵抗に対し政府・与党は軍用地特措法の再改悪に突き進んだ。この動きに野党・民主党も乗り、議会の圧倒的多数によって、自治体の抵抗をほとんど無意味にし、県の収用委員会審理も骨抜きにして、国の土地強制使用権を大幅に拡大する法律が作られてしまった。それは有事法制の下での土地・物資・人員の強制動員へとつながる国家権限の強化であった（さらに現在では、機関委任事務が廃止され、自治体がこの権限を行使して抵抗することが不可能になってしまっている）。

砂川闘争の第二の特徴は、それが非暴力直接行動の闘いであったということである。可能な限りの法的手段を用いた抵抗に加え、身体を張った抵抗が展開された。

この時代の「実力闘争」は、いずれも現地住民が素手で国家権力と対峙したものであり、支援者・支援団体もこれを支援する上で「実力闘争」を構えはしたが、その中身はといえば、スクラムや座り込みによって警官隊を阻止することがほとんどすべてであり、投石・火炎瓶投擲・武器による攻撃・爆発物の使用などの「武闘」を含むものではなかった。迎え撃つ警官隊側の装備も軽微なものであったが、それでも警棒のめった打ちや顔面・下腹部などを狙った棒の突き上げなどによって多数の負傷者を出した。支援者や反対同盟はこれに「やりかえす」のではなく、徹底した不服従で対応した。つまり、倒されても引っこ抜かれても、再びスクラムの列に入り、座り込むのである。それは必ずしも体系化された「非暴力主義」の思想に貫かれたものではなかったかもしれないが、「やりかえす」ことのない人々に対する一方的な暴力の行使に疑問を感じた警察官があらわれ、世論の憤激を生み出した。

砂川にはすでに五五年八月末に日本山妙法寺の僧侶が入り、同年一二月から「砂川道場」を開いて地元反対同盟と行動を共にしていた。僧侶たちは「不服従」と大書したむしろ旗と日の丸の旗を掲げ、機動隊の前に座り込んでめった打ちに遭った。闘争委員会・反対同盟もまた「無抵抗の抵抗」を基調に据え、徹底した不服従を貫くことで基地拡張を阻止しようとしていた。支援者らはその闘争委・同盟の方針に服した。

「流血の砂川」ののちしばらくしてある警察官が自殺した。彼はこの日砂川に出動して以降、精神的な悩みを訴え、「将来の希望を失った」との遺書を中隊長宛に残して命を絶った。別な警察官は辞表を出して、故郷の青森で社会福祉の仕事につくとともに、妙法寺の仏事に協力を惜しまなかったという。(14)非暴力の人々に対する暴力の行使ばかりでなく、農民の土地を取り上げてアメリカに差し出す行為が、「公」の行為としての正統性をもつものであるかどうかの確信を揺さぶったものと考えることもできるかもしれない。日本の産業人口はまだ農業が大きな割合を占めていた。

衝撃を受けたのは日本の警察官ばかりではなかった。この日配備されていた横田基地から立川基地へ出動を命じられたアメリカ兵、デニス・バンクスは、フェンスの向こう側で展開される光景に強い衝撃を受け、アメリカ先住民である己れのアイデンティティを問うたという。彼もまた、のちに妙法寺の僧侶に出会い、平和主義を生涯の指針とする先住民運動を始めることになる。[15] この事実をのちに知った吉川勇一は、運動が生み出したものを「こんな形で国境、人種、そして時代を超えて知らされた」ことに強い感銘を受けたと述べている。[16]

農民の土地取り上げに対する抵抗は、占領期に接収された土地の返還闘争としても展開された。これは反対同盟内部では少数の闘争になったが、五七年夏の基地内測量阻止闘争へとつながり、伊達判決を引き出したばかりでなく、長い返還訴訟の結果として、先に見た青木市五郎の土地取戻しへと結実していった。不正な力によって取り上げられた土地を再び農地として取り戻す「復初」の正義への強い意思は、私たちの心を打つ。沖縄では同じ闘いが「復帰」以後大規模に取り組まれているが、政府は軍事占領によって開始された土地の強制使用を今日も追認し、なおかつ度重なる法「改正」によって合法化し続けている。非民主主義的な暴力の結果を追認し正当化する「民主主義」なるものの質が問われなくてはならない。[17]

砂川ではこのような形でいくつかの決定的に重要な「勝利」が得られている。社会運動においてこのような「勝利」を味わうこと自体が稀であることを考えても、このことの画期性はおさえておいてよいことだと考える。

しかしまた、より冷静にこの「勝利」の意味を考えておくことも必要であろう。多くの闘争参加者たちは、東京都下で、人々の注目と動員が得られやすかったことを測量中止という「勝利」の背景として指摘している。また、とくに闘争委・反対同盟の幹部からは、全町的な体制が作れたことが大きいと指摘されている。後者は闘争の主体的要因としてきわめて重要な事実であるといえるが、しかし先にも見たとおり、この時点では基地拡張計画は作動中であり、闘争は終わったわけではなかった。測量中止の「勝利」をもって全町的な「思い出」とすることは、現地の集合的記憶にとって重要な意味をなすものであるかもしれないが、本当の意味で闘争が終結したのは、少数派となった反対同盟が勝ち取った六八年の「勝利」であることを考えれば、この「思い出」の後の時間を踏まえておくことは不可欠である。

これに加え、当時全学連書記長として闘争の指導に当った高野秀夫は、町当局の抵抗によって収用手続きの長期化が予測されたことや、当時鳩山政権が日ソ国交回復交渉中であり、対ソ刺激を避けたことが複合してこの勝利をもたらしたとする分析を示していた。高野は全学連内部の路線論争とも絡み、学生の「実力闘争」への参加が勝利の要因とする主流派の見解に異を唱え、実力一点突破的な教訓化を批判する上でこのような政治分析を対置していたのだった[18]。

闘争を「思い出」とするのでもなく、実力闘争決定論のような精神主義に陥るのでもない考察が、この闘争を歴史的に位置づける上で必要である。先にも述べたように、こののち砂川町では目立った運動はなくなり、宮崎町長の死後当選した町長は公告縦覧を受け入れて、中断していた強制収用のプロセスが再開されることになるが、この段階ではもはや反対派は少数へと転じつつあったのである。砂川で何が「勝利」したのか？　何を分かち合い、何を味わったのか？　このことを問わない限りにおいて、「町ぐるみ」の勝利は「思い出」として語りつがれることになるだろう。

もちろん、それぞれには生活というものがあり、ある生き方を強制されるいわれはない。当事者でもない私が、闘争をやめる決定をした人たちを「裏切り者」呼ばわりする立場にないし、するべきものでもない。考えているのは、あの「勝利」は砂川の、その後に別な選択をした人たちにとって何を意味していたのか、ということであり、五六年秋という一瞬を越えて生き続けることの中で経験した高度経済成長と国家の「公共性」主張の双方からの圧力についてである。闘争五〇年を記念して編集された『砂川闘争50年　それぞれの思い』（星紀市編、けやき出版、二〇〇五年）には、宮崎町長や青木行動隊長、宮岡副行動隊長の家族が登場し、また最後まで残った反対同盟の人々の回想や、当時の労組員や学生といった支援者たちの思い出が寄せられている。その一方で、そのとき確かにその場にいて、基地拡張に抵抗したが、のちに別な選択をした人たちにとってこの闘争がもった意味を知ることは困難になっている。こうした沈黙の中に沈んでしまった五〇年間の経験に私はとても心を引かれる。

4　砂川闘争における「ナショナリズム」の意味

砂川闘争に関連してもうひとつ考えておきたいことは、ここで表現された「ナショナリズム」の意味についてである。すでに冒頭で述べたように、ここでの「抵抗」を支えた「ナショナリズム」は、東アジア冷戦体制に抵抗する「反システム運動」としての意味を強くもつものであった。しかしながら、同じく冒頭でも述べたように、五〇年代においてはこの抵抗を国境を超える形で結びつけて考えることはできなかったし、また仮に「連帯」を志向したとしても、実現は困難であったろう。

法域を異にする地域間での反基地闘争の連携が志向され、展開されたのは、唯一日本「本土」と沖縄の間のそれであった。「本土」の農民たちが警察官の棍棒と対峙していたとき、米軍の直接軍政下に置かれた沖縄では、米軍の「銃剣とブルドーザー」に直接対峙しなければならなかった(19)。沖縄民政府（米軍の軍政機関）は五四年二月、接収した土地に対する軍用地使用料の二〇年分一括払いを声明したが、低額の使用料を一方的に押しつけるこの措置に対し、地権者たちは二〇年分の地代支払いに対して予測される高率の課税に加え、生活の基盤が失われることに対する抵抗を組織し、琉球政府、立法院、市町村首長、議会、さらに住民が一体となった「島ぐるみ」闘争へと発展させた。砂川闘争が闘われていた五五―五六年の時期は、まさにこの「島ぐるみ闘争」の最盛期にも当たる。沖縄から「本土」への代表団が何度も派遣され、しばしば砂川の集会に参加して連帯のあいさつを送った。また総評は沖縄土地闘争と砂川闘争をリンクさせた集会を何度も設定した。この砂川と沖縄のつながりについて、林茂夫は次のように記している。

沖縄のプライス勧告反対闘争に本土の世論がわきたつなかで、砂川では、四原則貫徹の総決起大会に向けて宮崎町長名で「沖縄と砂川は兄弟です」との激励電と書簡を、桑江朝幸土地連合会会長におくった。一方、本土を訪れた沖縄代表もあいついで砂川を訪れ、彼らと交流し、「沖縄と砂川を励ます会」「沖縄と砂川を守る都民大会」「沖縄と砂川を結ぶ青年婦人の集い」などを通じて、沖縄と砂川はいっそう深く結ばれていった。そしてあの大激突の強制測量開始が予定されていた一〇月一日、朝早く地元の人たちと阿豆佐味天神で必勝を祈願した宮崎町長は、午前一一時、沖縄に国際電話を申しこみ、約三〇分にわたって屋良朝苗全沖縄土地を守る協議会会長と話しあい、たがいに激励と決意をかわしあったのである。[20]

このような絆が瞬間的に結ばれはしたが、砂川においては測量中止の「勝利」による闘争の収束により、沖縄においては闘争が力によって弾圧されていく過程で、相互に関連を失っていった。それぞれが同じ時間に直面した共通の攻撃と、しかしながら互いに抱える相違は十分に理解されないまま、束の間の出会いとして忘却されていった。五〇年代における反基地闘争の高揚は、六〇年安保闘争につながる戦後「革新」、戦後平和運動の重要な局面をなすものとしばしば指摘されるが、六〇年の安保論議の中では、米軍によって全土を基地化された沖縄を「共同防衛地域」とすることでアメリカの戦争に巻き込まれることを危惧した社会党は、日本が「沖縄のようになる」ことのないよう、安保条約に反対するのだと主張していた。その一方で沖縄からの米軍基地撤去は政策として追求されることはなかった。

こうした内向きの「平和」意識は、すでに五〇年代の反基地運動の中に、とりわけ現地の抵抗を支援する「革新」勢力の言説の中に内包されていたということができる。たとえば、基地問題を「風紀」問題や子どもの教育問題に関わるものとしてとらえることで、教師たちが運動にアクセスする論理が提供されたが、「風紀」問題の強調は、米兵相手に身体を売る女性たちをシンボルとする「犯された日本」という表象を生み、性的なメタファーを通じて国民的身体の回復が欲望される仕掛けを伴っていた。[21] 基地問題に関する子どもの作文集『基地の子』(一九五三年)や教師による基地ルポ集『基地日本』(一九五三年)[22]では、漏れ出した燃料がもとで生じた「燃える井戸」の問題と並び、セックス・ワーカーに絡む「風紀」問題が、立川基地に関連した問題として複数取り上げられている。これらの本を編集した清水幾太郎や左派社会党系の代議士・知識人たちにとって、国民的身体の損壊という(そしてもっぱら性化された)イメージが、「抵抗」のナショナリズムを支える重要な表象となっていたことは確認しておく必要がある。

ただ、この時期のナショナリズムは必ずしも性化された表象によってのみ支えられていたわけではない。先にも述べたように、農民から土地を取り上げアメリカに差し出す日本政府の行為が、「民族独立行動隊の歌」(以下、「民独」)の歌詞にあるように「民族の敵、国を売る犬ども」という形で可視化したことには、実体的な根拠がある。労働者・学生をゴボウ抜きにし、農民の畑を踏みにじる警官隊に向かって「それでも日本人か！」と非難が飛んだとき、警察官とて動揺しないわけではなかったのである。

「民独」は、一九五〇年、国鉄大井工場でのレッド・パージに反対して煙突に昇った労働者山岸一章（のちに作家）が、下で見守る同僚たちに投げて寄こした歌詞に、中央合唱団の音楽家、岡田和夫が一晩で作曲してできた歌であり、五〇年代を通じて広く労働運動・学生運動の現場で——社共を問わず——歌われたものである。アメリカの反共攻勢のもとでの首切り反対、という「植民地化」の〝リアリティ〟に支えられているが、これが米軍基地拡張反対闘争の現場で歌われたことにはきわめて「リアル」な質があったといえるだろう。[23] 第一次砂川闘争の状況の詳細なルポ『砂川町合戦録』でも、映画『流血の記録　砂川』でも、労働者・学生によって繰り返し歌われていたことが記録されている。

この「植民地化」のリアリティを、基地が立地する現地を越えてナショナルなレベルに延長するとき、しばしば性化された表象が用いられることになったが、それは現地の闘争の質に大きな影響を与え得たものか、そのことを考える必要がある。つまり、表象を批判することと、闘争の質を評価することとは異なる水準に属する問題だということだ。[24]

そして、性化された表象とは異なる形で現地での闘争とナショナルレベルの問題設定を接合する役割を果たしたのが、核兵器の問題である。高野秀夫とともに全学連の指導部にあった牧衷《まきちゅう》は、五二―五三年の段階では成功しなかった学生の動員を五六年において成功させた要因は、「農民の土地を守れ！」というスローガンに代えて「首都に水爆の基地を作ることを許さない！」というスローガンを採用したことにあると回想している。[25] このあたりに現地農民と支援学生とのあいだの論理のズレを見出すことは容易であるし、たとえば一〇年少しあとに三派全学連の学生が三里塚闘争の支援に入るとき、やはり「農民の土地を守れ！」という論理に立つよりも「三里塚軍事空港粉砕！」の論理に立つことで支援たりえたのと同一の構造がここにあらわれているということができる。[26]

しかしこの問題は単純に農民＝土地死守、学生＝理念的反戦主義、という図式に収まるものでもないことに注意が必要である。五四年三月の第五福竜丸被曝事件（ビキニ事件）に端を発する原水爆禁止運動は、五五年八月に原水爆禁止世界大会を市民の手で開催するところまで高まっていたが、この第一回世界大会において、砂川から代表として派遣された砂川ちよ（砂川町婦人会代表、のち教育長）は、原水爆戦争の基地となる米軍基地の拡張への反対運動に支持を訴え、反基地闘争と原水禁運動との結合が大会宣言に盛り込まれることになった。現地砂川の側からも、反核運動との結合が積極的に提起されているのである。このことを考えれば、「核時代」の意識はローカルな反基地運動とナショナルな平和運動——ひいてはグローバルな反核運動——とを結びつける有効な回路たりえていたことがわかる。その限りで、閉鎖的な自民族中心主義でない開かれたナショナリズムの可能性をもっていたものということができるだろう。

それは共通の暴力のもとに曝された「被害者」としての連帯、ということであったが、ただちに付け加えておかなければならないことは、この五〇年代に、わずか一〇年前の加害経験への反省を欠いていたただちに「被害者」として国際連帯が可能であったかということである。現実にはそのようなことは起こらなかったし、運動の中で加害性を共通認識として発展させていく契機もなかった。それゆえ、東アジア冷戦体制構築の過程において行使された暴力への「抵抗」は個々に分断されたまま、個々の国民国家単位のナショナリズムに回収されていくことになった。反基地運動の中で自らの加害性を共通認識として展開するようになるのは、日本においてはその一〇年後のベトナム反戦運動においてであった。
また、もうひとつ指摘しておかなければならないことは、ここで人々の抵抗が「ナショナリズム」という形をとったのは、それが外国軍基地に対する抵抗であったからだということである。自国軍の基地に対しては、もっと複雑な反応と分岐を生み出していくことになるだろう。「ナショナリズム」という単一的なシンボルもまた、そこでは分岐を生じる（そうした困難な状況の中でも、百里闘争や恵庭闘争のような自衛隊基地闘争が組まれている）。

そもそも、ローカルな抵抗と普遍主義的な反戦平和運動とは必ずしもつねに矛盾なく接合できるわけではない。ローカルな住民運動が本質的にはらむ特質と、普遍性を追求する反戦平和運動固有の特質との間に絶えざる緊張を宿しているのである。

住民運動の基本的な論理は、横浜新貨物線反対運動のスポークスマンであった宮崎省吾が簡潔に述べたように、「地域エゴイズム」に立脚している。[27] とにかく自分の住んでいるところには反対だ、という強烈な論理は、国家が地域の自決権を侵して頭越しに「公共性」を押し付けてくる事態に対して、絶対的な否定の意思の表明となる。宮崎はこうした地域の自決権をベースとした上での共闘を構想し、これを「地域エゴイズムの連帯」と名付けていた。この論理は、高速道路、鉄道路線、ダム、空港、さらには原子力発電所といった「公共事業」に関しては鋭い批判力を有しているし、基本的には基地問題に関しても有効であるといえる。「ここには作らせない」という宣言をすべての地域が行い、この連帯の上に立って闘うのならば、基地を作ることはできないはずだ。

だが、基地を建設する勢力は、一国単位で自己完結した存在ではなく、個々の国民国家の主権をすら制限して決定を実行させるグローバルな覇権に立脚している。このとき、国民国家単位の民主的コントロールにも服さないこの力は、抵抗の弱い環を狙って矛盾を拡大し、目的を果たそうとするだろう。自分のところにさえできなければよい、とばかりに「代替案」を提示することになれば、「連帯」は崩壊する。「ここに作れ」という「代替案」を提示することなく、「ここに作るな」という「地域エゴ」に徹しつつ連携していくこと、この取り組みは、いまや東アジアのレベルや世界大のレベルで必要となっているし、可能となりつつある。

その意味で、「ナショナル」な抵抗にとどまらない広がりと想像力を、抵抗の「ナショナリズム」を通じて作り上げることは可能だろうか。それとも「ナショナリズム」とは別な言説の形式が必要だろうか。

日本では、高度経済成長の中で「国民」は利益共同体としての性格を強め、現状固定的な「生活保守主義」へと転じていった。産業人口構成において、農業の比率が激減し、人口の大半が都市在住の給与生活者となるとともに、「基地問題」は接収をめぐる土地闘争から、騒音・環境汚染などの都市問題へと焦点を移していったばかりでなく、基地問題は「国民的」問題としての注目を失い、特定自治体のローカルな問題へと局所化されていった。このことの背景には、世論における「安保繁栄論」や「安保基軸論」の広がりがあると思われるが、局所化され、地域に封じ込められた基地問題をこじあけ、「国民的」問題へと押し上げようとしたり、安保条約それ自体に反対する者は、七〇年代以降は少数の「非現実主義者」であるかのようなレッテルが貼られていった——いまでは「反日分子」扱いさえ受けかねない。このような分断と局所化による封じ込めの中で、地域の抵抗はますます解体に曝されている。

いま現在進められつつあるネオリベラリズム「改革」が結果するのは、社会の中心的な受益者と抵抗権を奪われた周辺的受苦者の分断、自己決定権の剥奪、という事態である。政府批判が官僚批判や政治家の既得権批判にとどまり、政治権力が手を出すことのできない領域を保守する抵抗は、あらかじめ選択肢から外されてしまっており、この領域に対する感度が著しく低下していることが、この間の「セキュリティ」依存の状況となってあらわれている。[28] それは「保守」なるものの社会的衰退ともいいかえることができる。抵抗を組織する連帯性を支える社会的紐帯を断ち切られてしまった人々に差し出されるのが「2ちゃんねる」的排外主義と、「小泉劇場」に代表される売国ナショナリズム（？）であるといえるだろう。

政府はいまや「国民保護」の名のもとに、基本的人権の尊重によってこそ最も守られるはずの人々の権利を停止し、「保護」なき裸の個人として管理する方策を整備しつつある。地域、そして自治体による抵抗を排し、軍事行動の至上権を政府が確保する形で、個人や地域の自己決定権が「強制収用」されつつある。「分権化」の名目のもとに、再分配制度は縮小され、残るのは軍事基地や原子力発電所などの「国家事業」の実施とその「見返り」事業の提供による、過疎地・貧困化地帯の新たな「国内植民地化」である。

しかもそこで建設される軍事施設は、政府ですらコントロールできない外国軍の基地であり、この軍隊に統合された自国軍の基地である。「統帥権」を事実上失ったまま、この国の「シビリアン・コントロール」そして「民主主義」は存続することができるのだろうか。「靖国」だ、「慰安婦問題」だ、と「愛国者」気取りで自国を「防衛」している気になっている「ぷちナショナリスト」たちは、より大局的に見た本質的な従属の深まりにもっと「憂国」の情を涵養すべきではないか？　そして、「自主性」を呼号すればするほど従属を深める冷戦型ナショナリズム——それは五〇年代以来、政府および自称「保守」勢力の中に一貫して流れている——の中に依然として自分たちがどっぷりと漬かっていることにそろそろ気づくべきであろう。

おわりに

二〇〇五年一一月、ソウルで行われたある国際シンポジウムのプログラムの一環として、韓国の平澤《ピョンテク》基地の拡張予定地を訪問することができた。韓国でも現在米軍の再編・再配置が進められており、韓国最大の平澤基地にも他基地の機能を統合することが計画されている。このため基地周辺の農地が広範に接収されることが予定されているのである。予定地となっている大秋里《テッチュリ》では、日本軍の時代、米軍占領時代に農地を奪われた農民たちが数十年にわたって干拓をし、ようやく豊かな水田地帯となしえた広大な地域をすべて接収する、という計画に直面している。ここには、ソウル市内の中心地域を占拠する龍山《ヨンサン》基地を移転する予定とあって、ソウル市内では歓迎する動きがないわけではない。

これに対し、基地の移設・強化に反対する運動の側ではこの移転に伴う利害によって基地の撤去を求める人々が分断されることを避けるために、基地の「移転」ではなく「返還」の要求で統一するなどの工夫がなされているが、事情は楽観を許さないようだ。大秋里の小学校跡地は地元民の集会場となっており、そこに立てられた幟には、「農者天下之大本」と漢字で大書されていた。政府、そして平澤市当局も移転と拡張を支持する立場にあり、土地の買収を進めてきた。地域の反対派は、「為政者たちは国を売り捨てたが、私たちは我が道を行く」と述べて反対運動を続けている。

新たな基地の建設計画と闘い続けてきた沖縄本島北部の名護市辺野古。「移転」が予定されている普天間基地を抱える宜野湾市は、辺野古の基地反対派の人々と連帯を続けてきた。現在、海上基地案が廃案となり、沿岸部に新基地を建設する案で日米両政府が合意に達したことで、現地は緊張に包まれている。同案は、これまで沖縄県が進めてきた基地移設の手続きをも反古にするものであるということで、県当局も反発を強めている。この基地問題を「本土」の人間たちが沖縄内部の闘い、そして「紛争」へと封じ込めて知らん顔をすることは、結局は「県内移設」を追認していくことになるだろう。

米軍駐留を規定する地位協定の更新を否決し、米軍を撤退させた（しかし現在は別な形で存在を許してはいるが）フィリピンの例にも学びながら、無制限の基地提供を支える従属的ナショナリズムを解体する開かれた闘い、それとともに、個別の基地建設・拡張を止めていくための支援・連帯を、東アジアのレベルで築いていくことが、いま必要であるし、決して予断は許されないが、さまざまな形でそれは現実化しつつある。これが砂川闘争五〇年目の現実であり、希望である。

※本章は、一橋大学で行われた「連続ティーチイン沖縄」実行委員会による学習会とティーチイン（二〇〇五年一〇月二六日、一一月六日）の過程にチューターおよび発言者として関わらせていただいたことと、東京外国語大学・ソウル大学校共催のシンポジウム「継続する東アジアの戦争と戦後――沖縄戦、済州島四・三事件、朝鮮戦争」（二〇〇五年一一月一七―二一日、於：ソウル大学校）に参加させていただいたことが下敷きになっている。また、「砂川を記録する会」の星紀市さんと島田清作さんには草稿に対して貴重なコメントをいただいた。それぞれの関係者に感謝を述べておきたい。

[付記] その後、二〇〇六年春から秋にかけて、平澤では土地の強制収用をめぐる攻防が続いた。二〇〇七年二月一三日、「平澤米軍基地拡張反対、彭城対策委員会」は政府と移転合意に達し、三月末付で大秋里、棹頭里の住民は造成された移住団地へと移っていった。この移転は一つのメルクマールとなるが、反戦平和運動団体による基地拡張反

対運動は続いている。

注

(1) 現代日本社会の「ネオリベラル化」をめぐる私なりの観察については、「「戦後」と「戦中」の間――自己史的九〇年代論」(『現代思想』二〇〇五年一二月号、本書第Ⅲ部所収)、および「〈戦後〉そして歴史に向き合うことの意味は何か」(『論座』二〇〇六年一月号、本書所収「序」)を参照されたい。

(2) 本章においては、「ローカル」という語は「基地問題」が生じている現地を、「ナショナル」という語はその現地を含む国民国家のレベルを、「リージョナル」という語は、個別国民国家を超えた東アジアのレベルを指すものとして使用する。

(3) 梅林宏道「これはもはや「在日米軍」ではない」『世界』二〇〇五年一二月号、一一二―一一三頁。

(4) 「軍事化」という概念については、シンシア・エンローのそれに追っている。詳しくはエンロー『戦争の翌朝――ポスト冷戦時代をジェンダーで読む』(池田悦子訳、緑風出版、一九九九年)および『フェミニズムで探る軍事化と国際政治』(秋林こずえ訳、御茶の水書房、二〇〇四年)を参照。

(5) この点については拙著『占領と平和』の「序論」において論じている。

(6) この散発的な抵抗を一つの「反米」闘争として連結した形で読み取りうる立場にあったのは、コミュニストたちであったといえるが、その際には、軍事基地への反対運動よりも労働運動や反政府運動などのマクロな政治闘争に主眼が置かれ、東アジア大での基地闘争の連帯、という課題には進まなかった。

(7) 宮岡政雄『砂川闘争の記録』三一書房、一九七〇年、五二頁。ちなみにこの五二―五三年の基地拡張問題に関連して、当時の全学連活動家の一部は小河内ダムにおける山村工作から砂川へと任務を変更され、反対闘争を行ったが、地域には受け入れられなかったようだ。当時の学生は、のちに基地拡張反対同盟行動隊長として生涯を運動に捧げた青木市五郎氏を「村民の敵」と糾弾していたとのことで、現地に受け入れられなかったのもむべなるかな、である（由井誓「パルチザン前々史」『由井誓　遺稿・回想』一九八七年、三三頁［初出『朝日ジャーナル』一九七〇年四月一二日号］）。わずか三年後の「流血の砂川」時における学生の受けとめられ方とは雲泥の差というべきであろう。この時期の砂川の基地拡張については、基地問題調査委員会編『軍事基地の実態と分析』（三一書房、一九五四年）、九六―九七頁も参照。

（8）以上、砂川昌平「立川基地拡張反対闘争資料　第二輯」星紀市編『砂川闘争50年　それぞれの思い』（けやき出版、二〇〇五年）を参照。

（9）青木久「立川の今日の発展は砂川闘争のおかげ」星編前掲書所収、および伊藤牧夫・内田恵造・中嶌昭『砂川町合戦録』現代社、一九五七年、五三―五五頁。代替案を作成すると調達局は地権者に立入承諾要請書を送りつけたというが、横田基地の航路との重複という基本的なことが判明するのに二ヶ月もかかっているのは不思議である。

（10）前掲「立川基地拡張反対闘争資料」一四九、一五五、一六〇頁。ただし、繰り返し闘争委員会への参加をこれらの団体に要請している点に注目すれば、必ずしもすべての団体が加入したわけではないとも考えられる。

（11）同、一六三頁。

（12）宮岡政雄前掲書。

（13）平良武「杭は打たれず――砂川闘争と「代理署名訴訟」7　その後」『沖縄タイムス』一九九六年二月七日。

（14）宮岡前掲書、一二〇頁。仲井富によれば「当時の新聞記事でたしかめてみると、自殺した井戸浩巡査（二四歳）は岡山県奈義町の出身者だった。この町にも戦前戦後から日本原演習場があり、いまなお反対運動が続いている」ということである。彼は中央大学通信教育部の学生でもあったという（仲井「住民運動再訪　ひと・ことば4　日本山妙法寺の闘争」『月刊むすぶ』二〇〇七年四月号、六九頁）。

（15）デニス・バンクス、森田ゆり『聖なる魂――現代アメリカ・インディアン指導者の半生』森田ゆり訳、朝日文庫、一九九三年。

(16) 吉川勇一「半世紀前の砂川闘争から学んだこと」星編前掲書所収。吉川はこのときスクラムの中にいた。

(17) また、特措法改悪を積極的に推進した「民主党」なる政党の「民主」性も問われるべきである。沖縄ではこの軍用地特措法の違憲訴訟が大衆的に取り組まれたが、中心団体である「違憲共闘」はすでに解散してしまっている。とても残念なことである。

(18) 高野秀夫「日本構改派のひとつの原点——砂川闘争のころ」高野秀夫追悼集編集委員会編『高野秀夫とその時代——高野秀夫追悼集』同編集委員会、一九九〇年(初出『構造改良』第三巻六号、一九七二年)。学生が血を流して闘っていることへの共感と評価も、七〇年代以降とは比較にならないほど大きいものであったことを理解する必要がある。高野が批判した主流派の「実力闘争」路線は、このあと彼らが設立したブント(共産主義者同盟)に引き継がれ、六〇年安保闘争の高揚を作り出す起爆剤的役割を担ったばかりでなく、議会政党とは異なる政治の回路を人々に垣間見させることによって六〇年代後半以降の新たな政治の一つのきっかけを作ったという点では、歴史的役割はそれほど小さいものではなかったといわなければならない。ブント以後の新左翼が陥った陥穽の根本は、唯一前衛主義的なセクト主義と、自分たち以外の政治勢力を絶えず「裏切り」のまなざしにおいて見る政治観・歴史観の不毛であったように私は考える。

(19) それゆえ独自の非暴力闘争を発展させなければならない状況にあったといえる。そのひとつの結実が阿波根昌鴻の思想であった。阿波根『米軍と農民——沖縄県伊江島』(岩波新書、一九七三年)参照。

(20) 林茂夫「基地闘争」松浦総三編『昭和の戦後史3　激流と抵抗』(汐文社、一九七六年)、一三九—一四〇頁。

(21) 前掲『占領と平和』三二七—三二九頁。

(22) 清水幾太郎・宮原誠一・土田庄三郎編『基地の子——この現実をどう考えたらよいか』光文社。猪俣浩三・木村禧八郎・清水幾太郎編『基地日本——うしなわれいく祖国のすがた』和光社。

(23) 伊藤牧夫・内田恵造・中島昭『砂川町合戦録』現代社、一九五七年。亀井文夫監督『流血の記録　砂川』一九五六年。

(24) 測量中止の「勝利」のあと、一〇月一五日に支援の政党・労働組合の主導で開かれた「砂川基地反対闘争勝利国民総決起大会」の大会宣言ビラでは、「国民」「民族」ということばが繰り返し用いられているばかりでなく、最後には「労働者、学生、農市民の団結と友情万歳！」と締めくくられ、現地の農民は「市民」と一緒に一番最後に位置づけられて、支援者である「労働者、学生」が先頭に位置づけられている。「国民総決起」の想像上の中身はこのようなものであった（星編前掲書所収）。

(25) 牧衷「高野秀夫への思い出に寄せて——私の「運動論いろは歌留多」」前掲『高野秀夫とその時代』所収、三五六頁。

(26) だが、三里塚闘争の場合、のちに支援者たちが農業に固有の価値をおく論理を部分的にであれ全体的にであれ採用していったことは、大きな変化であるといわなければならない。また、第一次砂川闘争のわずか数ヶ月の動員経験を通じては、この農業への出会いを経験し得なかったであろうことはやむなしとするべきかもしれない。

(27) 宮崎省吾『いま、「公共性」を撃つ——ドキュメント・横浜新貨物線反対闘争』創土社、二〇〇五年（原著、新泉社、一九七五年）。

(28) 二〇〇四年二月、立川の市民グループ「立川自衛隊監視テント村」のメンバーが、自衛隊官舎のポストにイラクへの自衛隊派兵に反対するビラを投函したことを理由に七五日間もの長期にわたって勾留され、起訴を受けた。第一審では表現の自由を根拠に無罪となったが、二審ではこれを覆し有罪となってしまった。二〇〇八年四月、最高裁は上告を棄却した。立川・反戦ビラ弾圧救援会編著『立川反戦ビラ入れ事件——「安心」社会がもたらす言論の不自由』（明石書店、二〇〇五年）参照。

世界大の戦争機械に抗して——基地闘争の変容と持続

はじめに

二〇〇六年五月に「最終合意」された「在日米軍」の再編計画は、いうまでもなく世界大の米軍「トランスフォーメーション」の一部をなすものである。この「再編」はアメリカ軍の内部で自己完結するものではなく、米軍が駐留する各国の政治のあり方や各国軍の役割、さらには軍事同盟システムの質的転換にもつながる大規模なものであるということができる。米日両政府はこの「再編」を通じて米軍と自衛隊の一体化、安保条約（そして日本国憲法）の制約を超えたグローバルな軍事協力を進めようとしている。

そして、この「再編」の根幹をなすのが、一方では政府間「合意」のみで憲法を死文化し、条約や法をバイパスして実現される「同盟」関係の構築であり、他方で軍の再配置に伴なう基地の再編強化である。このような重要な政治軍事的変化の中にあって、「米軍再編」をめぐる議論は世論の大きな焦点とはなっていない。これは、「再編」がもっぱら基地と軍の再配置問題へと矮小化されて受けとめられていることに要因があるようにも思われるが、そもそも基地の問題が特定地域の「ローカルな」問題というふうに局所化して考えられている、という、先行する矮小化の問題を合わせて考えないわけにはいかない。基地を抱える地域は分断され、局所的な文脈に封じ込められることで、世界大の再編が可能となってきた。しかしこのいかにも不均衡な構図は、そのしかるべき大きさにおいてとらえ直されなければならない。世界大の再編、というレベルにおいてグローバルに、そして、政府の「合意」に基づいているという意味でも、国の法制度のあり方に大きな影響を与えるという意味でも、ナショナルなレベルで、それぞれに問われるべき文脈が存在するし、問われなければならない。

いずれの軍事基地でもそうだが、基地はどこでも最初からいまの形をしていたわけではなかった。基地ですらなかった。それが軍事基地となり、拡張され、機能を集積していく過程、これに対する抵抗の経験は、何度もたどり直されるべきであり、基地を単に所与のものと考える惰性的思考を切断していかなければならない。以下では、「戦後日本」における基地問題・反基地運動の経過をごく簡単に追った上で、今回の米軍再編——世界大の戦争機械の再編強化——に対する抵抗の可能性について考えてみたい。

1　第二次大戦後の基地と軍事同盟

林博史によれば、東アジアにおけるアメリカ軍基地のネットワークが形成されたのは、「直接には日本との戦争がきっかけであった」という(1)。まず、「太平洋戦争の勃発後、アメリカがアジアとヨーロッパの両戦線に参戦することにより、世界的に米軍の配備、基地建設、海空の交通網の整備がおこなわれるようになった。対日戦のための米軍基地とそのネットワークは、日本の敗戦までにはマリアナ、フィリピン、沖縄という太平洋西端までつながった」[2]。日本の敗戦とともに、アメリカが占領した日本本土、沖縄、朝鮮半島南部の旧日本軍基地は米軍が継承した。その後、冷戦の進行、中国国共内戦の帰結、朝鮮半島での緊張激化に伴い、日本の軍事拠点としての確保、再武装化の方針がアメリカ本国で決定される。一九五〇年九月に策定された国家安全保障会議決定、NSC60／1では、「日本の必要と思われる場所に、必要と思われる期間、必要と思われる規模の軍隊を保持する権利」を謳い、その後の安保条約体制下での「全土基地」方針が確立されていく[3]。

その背景には、四九年九月の中華人民共和国の成立と五〇年六月の朝鮮戦争勃発がある。アメリカの安全保障政策の見直しにより、東アジアからオセアニアにかけて広範な軍事同盟網が張りめぐらされていく。この軍事同盟網形成にあたって、「東アジア諸国、特に民衆レベルでの連帯協力は断ち切られていた」と林は述べるが[4]、とりわけ核兵器の発達が、「常に臨戦態勢の軍隊を配置しておく」という「常時即応兵力の思想」を発達させ、海外における軍事基地の展開を支えることになった[5]。こうして形成されたネットワークについて明田川融は次のように述べている。

アイゼンハワー（Dwight D. Eisenhower）政権は、この集団安保体制網の構築という事業をさらに進めていった。その結果、米国は一九五〇年代の半ばまでに四〇以上の国々と安全保障条約を締結し、三五もの国々に四五〇の軍事基地を設けるにいたったのである。この米国による集団安保体制の構築過程で、東アジア・太平洋地域においては、米比相互防衛条約（一九五一年八月三〇日署名）、オーストラリア―ニュー・ジーランド―合衆国集団防衛条約（＝ANZUS条約、同九月一日署名）、日米安保条約（同九月八日署名）、米韓相互防衛条約（一九五三年一〇月一日署名）、東南アジア集団防衛条約（一九五四年九月八日署名）、そして米華（台）相互防衛条約（同一二月二日署名）などの条約が締結され、この条約網の形成が、安保条約の駐軍協定的性格を際立たせたことは想像に難くない。[6]

この「駐軍協定的性格」とは、日米安保条約（とりわけ旧条約）に相互防衛条約としての性格が与えられておらず、もっぱら「米軍の日本配備を根幹とする駐軍取り極めの性格が極めて濃厚」だということである。[7] 島川雅史はこの点について「占領期から一九六〇年の改定安保体制にかけて、アメリカの日本に対する主要な軍事的関心は在日米軍基地の維持と運用にあり、安保条約の改定交渉の中でも、アメリカ側の問題意識の中心は基地問題に置かれていた」と述べている。[8]

いずれにせよ、このような形での基地網の展開は、「第二次大戦以後、「東西冷戦」と呼ばれた時代にはじめて起こった現象」であるということに注意が必要であり、[9] 長期にわたる米軍の駐留を〝あたりまえ〟の現象であるかのように考える思考の惰性に対しては、その〝異例さ〟を何度も強調しておく必要があるだろう。第二次世界大戦後の東アジアは――そして世界の大半の地域もまた――、脱植民地化という課題とともに戦争の防止と地域安定という課題を抱えていたはずであるが、実際に進行したのは、「東西冷戦」のもとでの軍事化と、自らが属する陣営の覇権国との協調を基調とする従属的公定ナショナリズムの形成であった。[10] こうした体制のもとで、基地建設に反対する各地での「反システム」的抵抗は、相互に連携して進むことが困難な状況が作り出されていった。

2 基地闘争の構図――変容と持続

ここまで一口に「基地」あるいは「軍事基地」という言い方をしてきたが、これには多様な施設が含まれている。たとえば一九六八年においては次の状況があったというが、その後の整理・統合を考慮に入れるとしても、占有面積に関するまとめについては、今日も同様の趨勢を指摘することができるだろう。

基地の用途はさまざまで、兵舎（在日米軍五ヶ所、自衛隊一三六ヶ所、以下同じ）、演習場（二、六九）、射撃場（九、六九）、訓練所（二、六〇）、港湾（九、二九）、飛行場（七、四三）、通信所（三七、一〇八）、補給所（二九、八八）、事務所（一七、一五八）、教育・研究所（〇、五〇）、医療（一、一〇）、宿舎（一七、八四九）、その他（三、二九）、というように多種にわたっている。面積についていえば、在日米軍、自衛隊基地いずれも演習場が圧倒的な広さを占め、つぎに飛行場、補給所、射撃場の順になっている。[11]

榎本信行は、軍事基地（演習場を除く）が都市のインフラに依存したものであり、都市近郊に立地することがしばしばであることを指摘している。[12] 佐藤昌一郎・近藤和男は、軍事基地に対する抵抗としての「基地闘争」を「軍事基地問題の発生する根源とその現象形態に対する闘いであり、両者の除去と規制によって、平和な地域住民・国民の生活権と基本的人権を守る闘いである」と規定し、「基地闘争には、基地そのものに対する闘争とそれを根底において支え「合法化」している安保条約等に対する闘争とが含まれる」とした上で、[13] 五つの「基地闘争」の領域を分類している。すなわち、①「基地撤去の戦い」、②「基地の設置に反対する闘争」、③「基地の拡張・強化に反対する闘い」、④「基地被害の軽減・根絶を要求し、そのために基地機能の規制を追及する闘い」、そして⑤「基地の科学的分析＝イデオロギー闘争」である[14]。佐藤らは「革新政党」との共闘関係を念頭に置きながら、これらの課題を具体化する方法を次のように述べる。

これらの類型がそれぞれ分離して存在するのではなく、密接に関連し合いながら、現実の闘争は展開しているのである。〔……〕そのなかで住民は創意ある闘いの方法を生みだしてきた。それは直接的抵抗闘争であり、統一戦線であり、自治体の革新化であり、「自治体ぐるみ」の闘いであり、また日本国憲法とそれを軸とした法体系を基礎とした法廷闘争である[15]。

今日、政党ベースの「統一戦線」や「自治体の革新化」という目標それ自体にリアリティをもちうるかについては留保が必要ではあるが、基地の立地する地域住民の直接抵抗や自治体をベースとした抵抗、さらには法廷闘争などは今日も展開あるいは模索されていることである。④は法的規制が想定されているようであるが、これに加えて、現実に戦争を支える基地機能の阻害、という「反戦」運動としての反基地運動をあげることができるだろう。たとえば朝鮮戦争の時期には、基地へのビラまきや基地労働者のサボタージュなどがわずかではあれ取り組まれたし、ベトナム戦争の時期には、在日米軍基地全体が「戦争機械」となって現実の戦争を戦っている、という現実に対して、脱走兵援助、基地内抵抗兵士支援、凧揚げによる航空機の飛行妨害や燃料輸送阻止、戦車搬出阻止など、多様な機能阻害の行動が取り組まれた[16]。

安保体制がどのように変わろうと、どんな新しい兵器が開発されようと、軍事基地はこの地上のどこかに立地しなければならないし、榎本がいうように基地使用の便宜を優先すれば、都市の近くで人々のアクセスの容易なところに立地することが、逆に基地の脆弱さを呼び込むことになるだろう。基地は隣接する人々の生活を脅かし、ときにその空間を強制的に奪取しながらも、抗議し、抵抗する人々のアクセスを完全に排除することはできえない。また、基地が人間の労働によって支えられているとするならば、人々に対する反戦、サボタージュ、抵抗の呼びかけを完全に排除することはできえない。この基地――そして軍隊――がもつ属人的で属地的な性格は、どんなに「ハイテク」化しようとも抜き去ることはできないのである。

どんなグローバルな再編も、ローカルな地点を手に入れなければ始まらない。それゆえ軍事基地は当然にも人々の生活と衝突することになる。生活の場を保守しようとする人々の「ここには作らせない」「もう我慢できない」という声は、基地の存在の正当性を脅かすだろう。そして軍事基地の設置・強化は、しばしば流動的な基盤の上になされている。すでに存在してしまっている基地の撤去を即時に実現することは困難であるとしても、使用条件の「不便」な基地、立地の正当性を説得しにくい状況に陥った基地などは、確保の優先順位を下げていく。[17]この「不便」さをいかにして実現していくかが、「基地闘争」の一つの課題であろう。それとともに、本来制度政治が果たすべき機能であるはずだが、人権・環境・法の下の平等などの基本的価値を「軍」優遇の例外措置によって空洞化することなく、「順法」的に制約していくこともっと実現していいはずだ。そのためには、情報開示や市民・住民による監視も不可欠の要素として展開されるべきものとなる。

「戦後」日本における基地問題は、何よりも一九四〇―五〇年代の基地新設・拡張に伴う土地「接収」の問題に始まったが、[18]六〇年代に入ると、都市化の進展とともに新たな基地問題を広汎に発生させることになる。すなわち、騒音や環境汚染といった環境問題・都市問題としての基地問題の浮上である。この問題意識は、たとえば八〇年代には環境保護を掲げて展開された神奈川県逗子市の池子米軍住宅建設反対運動などにも継承されていくが、こうした「環境保護」型の運動が反基地運動に結合したからといって、従来の基地被害が消滅するわけではないという当然のことがらを忘れてはならない。また、七二年に施政権が日本政府に「返還」された沖縄においては、米軍政時代に武力で強奪された土地を、今度は「本土」の政府が特別措置法を立法してまでも追認し、米軍の使用に供するという事態が今日まで継続している（この間、特別措置法は三度にわたって改悪されている）。米軍による土地使用を拒み、返還を求める地主たちに対し、国会はあらゆる合法的抵抗の手段を奪って、強制使用を続けられる体制を作ってしまった。

このように、軍事基地には持続する人権侵害——そしてとりわけ性暴力——が伴ってきた。これらの問題は、安保体制がどのように変容しようとも持続する本質的な問題であるといえる。

3　基地再編と反基地闘争

以上のような構図と流れの中に、第二次世界大戦後の日本における基地闘争はあったということができるだろう。

過去に行われた大きな基地再編に関連して、二つの時点のそれを見ておくことにしたい。その第一は、日米安保条約（旧条約）と行政協定に基づく基地新設・拡張の動きである。この時期の基地再編には、朝鮮戦争の戦況とその休戦とが大きな影を落としているが、また同時に、日本占領終結に伴う米軍

（およびその他の連合軍）の撤収も関連しており、大規模な再編となった。これには、小規模な施設の返還とともに、演習場や航空基地の拡張が伴っており、さらに、施設区域の日本への「返還」なるものが、「保安隊」基地への転換であったりと、その内実を見れば、今日につながる基地体制の整備という側面が強いといえる。それゆえ、内灘、砂川闘争などに象徴される、全「国民」的規模の反基地運動が展開され、幅広い支援が寄せられることになった。

　先に見たように、この時期東アジア大の軍事同盟網が整備されており、この全体の機能連関の中で基地を見ていかなければならないだろう。というのも、日本「本土」で縮小された基地機能は、サンフランシスコ条約によって日本の施政権から正式に切り離され、米軍政のもとで要塞化が進められていた沖縄の基地にも整理統合されていたからである。沖縄と「本土」の基地闘争との連携はこの時期積極的に追求されたが、それはアメリカによる不当な土地取り上げに対する「被害者」としての連携ではあっても、施政権の切り離された沖縄で進行している要塞化、核基地化と、この犠牲の上に「平和憲法」体制が維持されていることへの認識は生まれなかった。同じことは朝鮮戦争後の韓国の反共軍事国家化と核基地化についてもいえるだろう。

　第二は、沖縄の施政権「返還」とそれに伴う基地の整理統合である。これには複数の背景と文脈が存在するが、第一に、沖縄「返還」に伴う核問題の処理、それに連動して安保条約の沖縄への適用と法的な一体化という文脈とともに、第二には、米中接近による東アジアの緊張緩和とベトナム戦争後のアメリカのプレゼンスの縮小という文脈が存在している。この七〇年代の基地再編について、佐藤昌一郎は次のようにまとめている。

一九七〇年代。安保条約の「自動延長」で七〇年を「のりきった」ものの、政府は、沖縄協定における資産等の買取り、沖縄米軍基地の秘密協定（いわゆる五・一五メモ）、自衛隊移駐等でアメリカを満足させつつ、一定の基地の縮小、本土における大都市やその周辺の基地縮小方針を具体化し、全体としての米軍の軍事機能を低下させないための拠点基地集中化を米日全体でおしすすめ、そのための経費負担を約束・支出し、米軍基地の効率化とドル危機に対応するアメリカ帝国主義奉仕を地位協定の従属的拡張解釈によって「合法化」し、米軍基地の縮小を国民に印象づけながら、徹底的な「まきかえし」政策を追求する。沖縄県における米日基地確保のための「暫定使用法」（土地強奪法）と軍用地代作戦、「関東計画」やミッドウェーの横須賀母港化等の拠点強化にたいする自治体の反発を抑制するための財政作戦、「爆音公害」訴訟の準備など住民の運動の高まりにたいする対応措置、重点基地対策の強化＝新基地周辺整備法の制定、拠点強化によって返還される側には国有地の「三分割・有償処分」方式による集中強化費負担の強要と自衛隊基地確保を含む政府主導型の跡地利用方策の追求、この両者による関係自治体の分断策の展開、自衛隊管理のもとでの米軍使用へのいわゆる「使用転換」とその容認の見返りとしての国有地払い下げ（北富士演習場の場合、国有地払い下げの違法行為）、さらに新周辺整備法をフルに発動させて自治体を屈服させる。(19)

ここに明快にまとめられているように、「拠点基地集中化」を軸に、沖縄に対しては軍用地の「暫定使用」と軍用地料の大幅値上げによる「反戦地主」の切り崩し、「本土」に対しては「新基地周辺整備法」による自治体の懐柔、という一連の対応が整備されていったのである。首都圏においては、横田基地に空軍関係の基地を集中化する「関東計画」が進められ、これにより横田基地は大幅に拡張・強化された。[20]

一九七一年に住民の怨嗟の的であったF４戦闘爆撃機部隊が嘉手納、韓国の群山《くんさん》・烏山《おさん》に移動してから、横田基地は戦術戦闘機部隊の常駐基地ではなくなった（これは住民や自治体のさまざまの反対運動を抜きにしては考えられない）が、「関東計画」によって、横田基地は、［……］従来からの軍事機能に加えて、①韓国をも軍事作戦の範囲とする第五空軍の司令部（と同時に在日米軍司令部）をおく、文字通りのアメリカの極東戦略の中枢基地となり、また［……］「機動戦力」の戦略・戦術空輸のアジアにおける拠点であり、②住宅を含む各種施設の集中に加えて従来からの各種施設の拡充・強化により「有事即応」の体制がより機能的に合理化され、③空軍のみならず海軍、陸軍の一部まで進出することにより、基地機能の多面化が一層強められてきている。[21]

これに先立つ六〇年代後半、ベトナム反戦運動の中で、在日米軍基地がフルに稼動しながら戦争基地となっていったことは、多くの人々の目に可視的になっていた。「沖縄を含むアメリカの在日米軍基地は、ベトナム戦争での攻撃、発信、作戦、補給、修理、中継、訓練、通信、謀略、休養、野戦病院など、すべての役割を果した」と佐藤・近藤は述べているが、[22]この在日米軍の機能は、単に日本とベトナムを結んでいるだけでなく、東北・東南アジア反共国家の基地をネットワークしたものであることもまた了解されるようになっていた。たとえば一九六八年に出版された『基地闘争史』では、次のように述べている。

府中にあるアメリカ第五空軍司令部は三沢、横田、板付、烏山、群山、嘉手納、那覇を指揮下においている。それらの基地は個別的に独立しているのではない。日本本土、韓国、沖縄は戦略的に一体化関係にある。(23)

こうした日米安保条約を通じた戦争体制への接続と、それによって「戦後日本」の繁栄が可能になっているという構造への自覚が、「加害者」としての自己認識を深めていくことになった。(24)この「加害」の構造の認識こそが、六〇年代末からの反戦市民運動にとって基地問題を特定地域の「ローカルな」問題へと局所化する視線を切断する契機となった。

この時期、この局所化の力とこれを安保体制の問題として国民的な運動の課題へと押し上げていこうとする力とがせめぎ合っていたということができる。これは地域の反基地運動と「ベ平連」などの反戦市民運動や「反戦青年委員会」などが「共闘」する追い風ともなり、(25)佐世保のエンタープライズ寄港阻止闘争のようにナショナリズムの感情とも結合した運動への共感の広がりを生み出すこともあったが、多くの場合は局所限定化の流れを押しとどめることはできなかった――もちろん、そのことと各基地への反対闘争が深まりゆく安保体制を問い、アジアに連なる基地機能の監視と分析とにおいて問題意識を深めていったこととを区別すべきであることは述べておかなければならないが。そしてこの反戦市民運動、青年学生運動の中から「叛軍運動」や「基地解体運動」と呼ばれた新たな介入の形が生まれてきたことも付け加えておかなければならない。それは、第2節で述べたように、反戦兵士の支援や基地機能のマヒなどを大衆運動の形で――しかもしばしば非暴力直接行動を通じて――追求していこうという志向性をもっていたという意味で画期的であった。

ただし、五〇年代の運動のように、そこに強力なナショナリズムの感情が伴っているようなものではなく、基地を抱える地域に対し、これを一国の政治を通じて解決すべき共通の問題として捉える「ナショナルな」想像力も七〇年代を通じて（おそらくはすでに六〇年代から）急速に縮小していくことになった。そして基地を抱える地域にとって困難であったことは、五〇年代の「ナショナリズム」の機能を代替して局所化を突破する有効な手段が存在しないことであった。すでに佐藤の議論において見たごとく、基地を抱える自治体は個別に分断され、そのことの代償において国家からの給付を受けることができる立場に立った。しかしそれは基地を固定化していくこと以外の何ものでもなかったといえるだろう。佐藤は「軍事基地必要を前提としたうえでの被害対策の枠の中に住民や自治体を追いこみ、安保条約のもとでの軍事的価値基準の最優位性を容認させることが可能となれば、基地対策としては最も有効なものである」と述べるとともに[26]、次のような重要な指摘を行っている。

「関東計画」の軍事的本質論の究明が棚上げにされて、自治体レベルでの対応が問題とされる限り、現象的には自治体（複数）が「集中される側」と「返還される側」との利害関係の「対立」が不可避的に生じ、全関係自治体による一致した対応策が困難になる。そこでは集中反対、返還促進の一般的スローガンにとどまり、集中と返還とが有機的に結びつけられ、しかも後者が前者の条件として日米両政府から提示されている状態のもとでは、そのスローガンを現実化するのが困難になる。自治体の伝統的行政の枠内にとどまって対応策を追求する限り明確に限界が存在する[27]。

国内的にはこのような形で抵抗を分断して進められた米軍再編を支えたのは、「ニクソン・ドクトリン」であったと宮川佳三は述べている。

一九七〇年代のアメリカのアジア政策は、「ニクソン・ドクトリン」の下で遂行され、防衛力増強とアメリカへの軍事協力体制強化を日本が素直に受け入れることがアメリカにしてみれば、「ニクソン・ドクトリン」の成功を約束すると判断されていた。そして日本はそれに応えた。「ニクソン・ドクトリン」の果実の一つは「思いやり予算」と考えていい。そしてもう一つは「日米防衛協力のための指針」である。日米安保条約を改定することなく、否、そうすることをあえて避けて、「指針」を策定した。[28]

この「指針」とは、のちに二度にわたって改定されるいわゆる「ガイドライン」のことである。宮川は「「日米防衛協力のための指針」(「ガイドライン」)は「政治的」日米安保体制を「軍事的」安保体制に確実に変容させたといっていい」と述べているが、[29]その内容は、林茂夫の要約に従うならば、次のようなものであった。

①米国は核抑止力を保持するとともに、即応部隊を前方展開する[……]。
②日本は米軍基地の安定的かつ効果的な使用を確保する。
③日米両国は、共同対処行動を円滑に実施し得るよう、作戦、情報、後方支援等の分野における自衛隊と米軍との間の協力体制の整備に務める。
④このため、自衛隊及び米軍は、共同作戦計画についての研究を行う。また必要な共同演習及び共

同訓練を適時実施する。[30]

この中では、②と③は基地問題に対して大きな影響をもつ項目である。これにより自衛隊基地の共同使用化と米軍基地の共同使用化の双方が進められるとともに、民間空港や港湾の軍事使用、さらには米軍部隊の新たな配備や寄港計画をめぐる「基地問題」が生じることになった。[31]

他方、もう一つの「思いやり予算」によって、日本はアメリカにとって世界で最も安上がりに軍事基地を維持することのできる国となった。そこには一貫して軍縮を進めるという志向は欠如していた。

4　世界大の戦争機械――「トランスフォーメーション」がもたらすもの

このような形で進められてきた過去の米軍再編に関して付け加えておかなければならないことは、それが一貫して「強化」の方向に向かっているとはいえ、何もないところに基地を新設するのは困難であり、すでにあるものを使って再編・強化が行われることが通例だということである（その意味で辺野古への基地新設は異例の事態である）。基地の新設・拡張・機能強化は予算措置によって自動的に実現するわけではない。そこには激しい抵抗が伴うリスクがある。そしてそこに反基地闘争が何らかの成果を手にする可能性が存在する。

今回の米軍再編の場合、アメリカ軍の再配置にとどまらず、これに対応して自衛隊の大規模な再編が行われている点が特徴的である。それによれば、基地の米日共用化が一層進められ、横田、座間、横須賀の各米軍基地に自衛隊との統合司令部が置かれることで、米日の軍事一体化が促進されることになっている。「有事」における緊密な連携を謳うその「再編」劇によって、「自衛隊」は名実ともに在日米軍の一部になることが企図されている。[32]

「有事」における共同作戦、米日の軍事的一体化、そしてその制約となる憲法上の障害の除去、という点に関しては、一九九七年の「新ガイドライン」、九九年の「周辺事態法」、さらには〇一年の「テロ対策特措法」、〇三年の「イラク支援法」、さらには有事関連諸法の成立によって既成事実化されてきたことである。現在進められている改憲の動きには、日米安保条約が制約として課している「極東」という活動の枠を完全に外し、グローバルな米軍活動のために基地を自由使用することが狙いであると梅林宏道は分析している。

> なし崩しにされてきたとはいえ、いまだに安保の「極東条項」を公然と否定することはできない。これも立派なリアリティです。現に米国はいま、安保条約を変えたくても変えることができないのです。〔……〕この点は平和運動のなかでも意見が分かれるところでしょうが、六〇年安保には憲法や国連憲章によって制約が課せられています。その意味で、憲法と安保はつながっているという点に注目すべきだ、と私は思います。[33]

だが、今回の再編は新たな軍事思想のもとに進められている点に注意が必要である。それによれば、「基地機能に従来にないメリハリをつけ、大型で費用のかかる「主要作戦基地」の数を減らし、機動性のある基地ネットワークを再構築しようとして」おり、「西ヨーロッパや東北アジアの基地には、前方に兵力を展開するための跳躍台としての役割、あるいはハブ基地としての役割を担わせ」ることを目論んでいるのである。[34]

この基地の再配置を伴う米軍再編は、韓国ではすでに二〇〇一年から始動している。

韓米両国は〇一年一一月、在韓米軍が使う供与地（専用基地、臨時提供地、演習場）の総計約二万四五五〇ヘクタールのうち、約一万三五七六ヘクタールを一〇年間で返還するとした「連合土地管理計画」（ＬＰＰ）に基本合意し、〇二年三月には国会が承認した。返還の代わりに、韓国側は約五〇八ヘクタールの米軍専用基地を新たに提供することを受け入れた。[35]

他方、米国内でも基地の整理統合は進んでおり、国防基地再編法（ＢＲＡＣ法）のもとで市街地にある基地の削減を進めているという。

今回のプロセスで真っ先に削減対象になるのは、市街地にある基地だろう。国防総省は国土防衛、テロ対策を重視しており、都市化が進む地域に基地があるのは好ましくないと考えているし、演習にも支障が出るためだ。[36]

しかし、日本の首都圏に存在する基地に機能を統合・強化する、という今回の在日米軍再編は、この基準には必ずしも従っていないようである。かろうじて普天間基地の移転と厚木のＮＬＰの移転が提起されているのみだ。このうち前者はすでに九五年に「合意」されていながら実行されていなかった「負債」であるにすぎない。ここにはアメリカ国内との間に明確なダブル・スタンダードが存在しているといってよいだろう。人口の密集した日本の都市部に基地を維持しようという発想自体がむしろ問われるべきではないか。もちろん、それは人口希薄な地域に基地を作れ、といっているわけではない。人が生活する現実に対し、軍事基地は過重な負担を負わせるものであるという素朴な現実に立つとき、日本社会は——就中《なかんずく》沖縄社会は——過重すぎる基地負担をすでに負っているということである。

このような負担が可能になる背景は、日本政府自身が提供している——つまり日本国内で徴収された税金によって負担されている——「思いやり予算」の巨大な集積である。

米国内と海外での基地閉鎖が続く中で、在日基地のみが対象外であったのは、日本政府の「ホスト・ネーション・サポート（受け入れ国支援）」が世界中でも異常と言える高率・高額の経費負担を提供し、日本に部隊を駐屯させておくこと自体が米国軍事費の「節約」に直結したことが大きい(37)。

つまり、あまりに安いので、日本に基地を置くことを前提に、再編劇が組み立てられているということである。先にも述べたとおり、軍事基地の再編は、それが常に軍事力の強化につながっているという点で、一貫した合理性のもとに進められているかのように考えられがちであるが、実態は必ずしもそうではない。既得権、使える資源、政治的力関係などを駆使して進められる政治的なプロジェクトなのである。梅林は次のようにいう。

日本との再編協議を、米国が注意深く系統的に計画していたとは思えない。「敵か味方か」という二分法で「対テロ戦争」への参加を迫ったブッシュ政権の「踏み絵」論法を、日本との再編協議でも適用しようとしたと考えられる[38]。

また、アメリカ政府は二〇〇五年の五月に国内の基地再編・閉鎖計画の最終案を策定することになっており、このスケジュールに規定されて日本政府に圧力をかけたのだとの指摘もある[39]。問題は、この「政治」に対して日本政府は熟練したプレイヤーとして参加する力をもっておらず、もっぱら内政的な関心や官僚の事なかれ主義によって現状追認的な姿勢が生み出されていることにある。梅林はこの「平和ボケ」を次のように厳しく批判している。

実際には、日本の安全保障の現状に安住する「平和ボケ」のより深い症状は、安全保障を担当する官僚や、政府外部シンクタンクで働く官僚OBのなかに現れている。彼らは、外交努力による平和構築の構想なしに、米軍や米国の安保戦略への依存を続けることで「無難に」任期を全うすることが、現実主義であると錯覚しているようである。したがって、米軍依存の枠組みから抜け出て、持続性のあるアジア平和外交に挑戦し、平和憲法とか被爆体験とか、日本の市民の共通財産となっている強力な素材を、「平和ボケ」克服のために使おうとはしない[40]。

こうした中で、なしくずし的に進行してきたのが「解釈改憲」による憲法九条の空洞化であったが、九九年の新ガイドライン関連法の成立以降、「憲法改正と軍事大国化が結びつく」と渡辺治は述べている[41]。渡辺は、大規模な抵抗運動となった「六〇年安保」闘争が、五〇年代以来の復古的改憲論を最終的に挫折に追い込んだばかりでなく、アメリカ政府に対してもインパクトを与え、軍事化の要求を抑制させたとも分析している。[42] 重要な指摘である。この五〇年代改憲の挫折は、社会運動の一定の「勝利」でもあるとともに、このインパクトに学んだ政府与党は、これ以後明文改憲を回避し、あるいは安保条約それ自体の改定を避けて、「ガイドライン」などの文書や憲法解釈の変更などによって実質的な改憲や条約改定に相当する法環境の整備につとめてきたのであり、[43] このことが深刻な憲法の空洞化を招いている――さらに同時にこれもまた渡辺がくりかえし強調しているように、そのレベルで「歯止め」をかけている、という力関係を成立させてもいる。

議会・世論がバイパスされることが常態化した政治環境の中で進行するデモクラシーの空洞化は、「有事」における自衛隊に対する日本政府の指揮権の喪失、米軍の「統帥権」の独立へとつらなる危険なシグナルであるといえる。自衛隊をも併呑した巨大な戦争機械は、日本国内の「シビリアン・コントロール」をものともせず、超憲法的な実力となる危険を孕んでいる。

5 分断と封じ込めを超えて――米軍再編は「特定地域」の問題ではない

このようなデモクラシーの危機を孕んだ米軍再編に対し、いま自治体の抵抗が際立ってきている。事態は決して予断を許すものではないが、相模原市が掲げているスローガン「黙っていれば百年先も基地のまち」にあらわれているように、都市化の進行とネオリベラリズムのもとでの自治体の切り捨てにより、自治体自身が将来のあり方を自主的に構想せざるを得ないところまで事態が進んでいるように思われる。[44] 岩国での住民投票も、自治体合併に伴う市長の支持固めという側面はあるにせよ、滑走路の沖合展開が、騒音問題を解決するための滑走路の移動ではなく増設だということになって、基地の拡張・強化を押し付けられようとしている現実に対する怒りの表明であるという面も無視できない[45]。

相模原市では、一九七二年の相模補給廠《ほきゅうしょう》に対する戦車搬出阻止闘争の記憶が想起され、市長は「たとえ戦車に轢かれても絶対に反対する」と述べ、これに刺激された座間市長は「たとえミサイルを打ち込まれても反対する」と発言したという[46]。

ふりかえれば、一九五〇年代の基地闘争は、自治体ぐるみで土地接収の代理署名を拒否した砂川闘争[47]を頂点として、「保守」「革新」の枠にとらわれない、しかも持てる手段を最大限使った抵抗が組まれていた。地域政治が「保革」に色分けされ、またさまざまな形での利益誘導が繰り返された高度成長期においては、「革新自治体」が新たな軍事化への抵抗を編み出していた。

基地を都市問題、自治体問題としてもとらえる理論的作業は早くから行なわれていたが、実践的に問題を提起したのは革新自治体である。東京都は美濃部知事の時代、一九七二年九月に横田基地内都有地返還訴訟を提起して、基地に対する自治体の拒否姿勢を明確にしたが、自治体と基地という対置が鮮明になったのも革新自治体運動の功績である。一九七二年の神奈川・相模補給廠の戦車輸送阻止闘争での飛鳥田横浜市長の対応なども、自治体と基地のテーマを浮き上がらせたと言える[48]。

だが、このような闘争の形は議会において多数を占めることなく首長のみ「革新」という政治状況のもとでの、首長としての権限を用いた闘争であることに限界があり、これは地域政治の選挙構造が「保革相乗り」に転化していくにつれ継承されなくなっていってしまった。そしてまた、先にも見たように、基地問題は特殊地域の「ローカルな」問題として局所化され、封じ込められていくことになる。基地を抱えた自治体とそうでない自治体との間に目立った「温度差」が生じ、基地問題を「ナショナル」な回路において論じるアリーナが縮小していった。

今回の自治体による抵抗は、一九九〇年代の沖縄県における首長の抵抗にその発端を見ることができるかもしれないが、より広範な市町村レベルでの抵抗として現在広がりを見せている。

こうした自治体の動きばかりでなく、基地再編に抗する市民運動の側でもこれまでにない動きが作り出されてきている。名護市の「ヘリ基地反対協議会」の安次富浩氏や座間の「第一軍団の移駐を歓迎しない会」の金子豊貴男氏らが呼びかけて、「日米軍事再編・基地強化と闘う全国連絡会」が二〇〇六年二月三日に那覇で結成されている。岩国、広島、横田、座間、相模原、横須賀、嘉手納、普天間、名護などの基地を抱える地域の市民運動団体二三団体が参加して結成されたのがこの連絡会である[49]。武藤一羊はこの動きを評して「基地周辺で基地被害を受ける地元の人たちのあつみのある運動が自主的に全国的に結びつきだしたという事態は、おそらく反基地闘争が活発だった五〇年代にも見られなかったことだ」と述べ、五〇年代の基地闘争との相違を次のように論じている。

五〇年代、沖縄は別だったですね。米軍政下の沖縄は全国という枠からははずれて別格。日本本土では、内灘闘争支持は全国的に広がったし、妙義山の米軍演習基地化には学生が組織的に反対運動に入って阻止する、また立川闘争のように労組や学生が共同で大衆行動を組み、対決するなど、ある地域を全国的に焦点化していくことはあったけれど、地域で闘っている当事者相互が自立的に対等に結びついていく動きは、ぼくの記憶ではなかったですよね。全国的につながるとしても「平和委員会」を通じるとか、政党系列化したグループを通じて結びつくかたちだけですね。[……]これは画期的ですね。[50]

とはいえ、基地問題に関してこれを特定地域の問題としてとらえる視点を克服することはいまだにできてはいない。武藤は「「再編」を第一級の政治問題として正面から向き合う戦線をつくれるか、それが反戦反基地運動の側の試金石」というが、これはまさにいま問われている問題であるといえよう。米軍再編は、「特定地域」に限定された局所的問題ではない。それはグローバルな軍事再編の問題であり、同時に国家のあり方、基本的な憲法的価値にも触れるナショナルな「政治」の問題でもある。そのナショナルな次元とグローバルな次元の双方を、基地を抱えた「ローカル」な地域の連携によって問い直す、そのような意味での「ローカル」の再定義が基地闘争の中から見え始めている。

模索はすでに始まっている。先に見た「全国連絡会」ばかりでなく、韓国の反基地運動と沖縄や日本「本土」の反基地運動の連絡・連携は進みつつあるし、二〇〇四年の世界社会フォーラム（WSF）においては、「国際反米軍基地会議」が開催されるに至っている。

世界中から一二万人が参加した二〇〇四年の第四回WSFでは、「平和」が全体の基調となった。このWSFで特筆すべきは、軍事基地問題もまた個別課題ではなく、経済と軍事が一体化したグローバル化の中で「もうひとつの世界」を希求するその世界へ向けた大きな障害として位置付けられたことである。

こうした中で各大陸を覆う二〇団体が呼びかけて開催された「国際反米軍基地会議」には、世界三四ヵ国（アルゼンチン、オーストラリア、ベルギー、ブラジル、カナダ、チリ、キューバ、エクアドル、フランス、ドイツ、ギリシャ、香港、インド、インドネシア、イタリア、日本、韓国、キルギスタン、モーリシャス、オランダ、ニュージーランド、ノルウェイ、パキスタン、フィリピン、プエルトリコ、セイシェル、スイス、タイ、トルコ、イギリス、米国など）から、一二五名の反基地活動家、環境や人権活動家などが参加した。［……］これほど広い地域をカバーしての反基地会議開催はおそらく史上初のことだろう。[51]

WSF終了後、この会議をベースとして「世界反外国軍事基地ネットワーク」のメーリングリストが立ち上げられ[52]、二〇〇七年三月にエクアドルで設立総会――「世界反基地会議」――が開かれている[53]。ここには、反グローバリズムの運動と反ミリタリズムの運動とが結合した新たな領域が開け始めている。世界大の米軍再編に対し、どのように分断・局所化を乗り越えるのか、それは困難な問いではあるが、しかし仮象によってはもはやこの問題を封じ込めておくことはできない。地域の生活と未来に責任を負わぬネオリベラル政府のあからさまなやり方こそが、かえってそのことを明らかにしてしまっている。これを奇貨として、世界大の戦争機械をそこかしこで食い破り、風穴を開けていく想像力をつないでいくこと、これを私たちの課題としたい。

注

（1）林博史「基地論――日本本土・沖縄・韓国・フィリピン」『岩波講座アジア・太平洋戦争7　支配と暴力』岩波書店、二〇〇六年、三七九頁。
（2）同論文、三八一頁。

(3) 同、三八六―三八七頁。
(4) 同、三九四頁。
(5) 榎本信行「日本の軍事基地をめぐる諸問題」基地対策全国連絡会議編『日本の軍事基地』新日本出版社、一九八三年、一二一頁、榎本信行『基地と住民――立川・横田基地裁判を中心に』日本評論社、一九九三年、一二七四頁。
(6) 明田川融「一九五五年の基地問題――基地問題の序論的考察」赤澤史朗・粟屋憲太郎・豊下楢彦・森武麿・吉田裕編『年報・日本現代史6 「軍事の論理」の史的検証』現代史料出版、二〇〇〇年、六一頁。
(7) 同論文、六二頁。
(8) 島川雅史「米軍基地と日米安保体制――解禁秘密文書が語る「基地自由使用」と「核兵器」」赤澤史朗・粟屋憲太郎・豊下楢彦・森武麿・吉田裕編『年報・日本現代史6 「軍事の論理」の史的検証』現代史料出版、二〇〇〇年、一二頁。
(9) 梅林宏道「インタビュー・これはもはや「在日米軍」ではない」『世界』二〇〇五年一二月号、一一二頁。榎本信行も、「社会主義体制の成立と植民地の独立が相次ぐなかで、それらを抑圧しようとするアメリカ帝国主義」への批判という文脈ではあるが、同様の議論をしている（榎本「日本の軍事基地をめぐる諸問題」一二一頁）。
(10) この点については拙著『占領と平和――〈戦後〉という経験』青土社、二〇〇五年、序論を参照。
(11) 青島章介・信太忠二『基地闘争史』社会新報、一九六八年、一九頁。
(12) 榎本『基地と住民』九頁。
(13) 佐藤昌一郎・近藤和男「基地闘争――課題と展望」基地対策全国連絡会議編『日本の軍事基地』新日本出版社、一九八三年、一九七―一九八頁。
(14) 佐藤・近藤前掲論文、一九八―二〇〇頁。
(15) 同論文、二〇〇頁。
(16) 道場前掲書、第Ⅱ部第四章。また、ベトナムに平和を！ 市民連合『べ平連ニュース／脱走兵通信・ジャテック通信縮刷版』ベトナムに平和を！　市民連合、一九七四年も参照。

(17) 一九五六年に滑走路拡張のための測量が阻止され、最終的に六〇年代末には拡張計画そのものが放棄された米軍立川基地は、その後まもなく日本政府に返還されることになった。その分基地機能は隣の横田基地に統合されることになったわけだが、この立川と横田の関係を単なるトレード・オフの関係にあると考えては誤ることになる。「不便」な環を衝き、より機能を縮小させるための運動は、機能を強化することになる基地地元の人々を直接により「不便」な立場へと追いやっているわけではない。その場合、統合強化を実行する米日政府にこそ責任があるのであり、このことを確認しておかないと、基地反対運動が無用な対立の中に分断されていくことになってしまう。基地機能の相互連関を認識することは重要であるとはいえ、単純な「玉突き」ゲームのようにとらえることは、誤った「現実主義」を生み出すため、慎重な解読が必要である。本章第3節も参照。

(18) この時期の基地問題については、基地問題調査委員会編『軍事基地の実態と分析』三一書房、一九五四年、青島・信太前掲書などを参照。とくにこの時期、敗戦後に旧軍用地を武装解除の一環として開拓地に提供した政策を撤回して、軍用地として再接収するケースが続出し、開拓農民を中心に反対運動が展開されていたことは重要である（基地問題調査委員会編前掲書、青島・信太前掲書、道場「戦後開拓と農民闘争——社会運動の中の「難民」体験」『現代思想』二〇〇二年一一月号などを参照）。

(19) 佐藤昌一郎『地方自治体と軍事基地』新日本出版社、一九八一年、三九六頁。

(20) この時期における自治体・住民の懐柔については、さしあたって佐藤・近藤前掲論文、二二六—二三〇頁を参照。

(21) 佐藤前掲書、二五八頁。

(22) 佐藤・近藤前掲論文、二〇八頁。

(23) 青島・信太前掲書、一六頁。

(24) 前掲拙著、第Ⅱ部第四章参照。

(25) 砂川基地拡張反対同盟副行動隊長であった宮岡政雄は、五〇年代の闘争以来絶えていた闘争支援者の輪がベトナム反戦運動の盛り上がりの中で再び拡大し、立川基地撤去に挑む砂川闘争に新たな追い風をもたらしたことを強い感銘とともに記している（宮岡政雄『砂川闘争の記録』三一書房、一九七〇年）。
(26) 佐藤前掲書、三九七頁。
(27) 同書、二七二―二七三頁。
(28) 宮川佳三「一九七〇・八〇年代の日米関係」島川雅史編『アメリカの戦争と在日米軍――日米安保体制の歴史』社会評論社、二〇〇三年、一三九頁。
(29) 宮川前掲論文、一四〇頁。
(30) 林茂夫、「軍拡下の基地問題」法律時報・経済評論・法学セミナー編集部編『市民の平和白書'82――核時代の戦争と平和』日本評論社、一九八二年、一四六頁。渡辺治は、この「ガイドライン」について次のように述べている。「七八年の日米ガイドラインは、日米双方の思惑がずれたところで締結をみたのです。つまりアメリカは、極東における米軍の軍事作戦に対する日本の後方支援の具体化を求めたし、日本側は、日本への侵略に対する共同軍事行動の具体化だけに絞って対処しようとした。結局、アメリカの強い圧力にかかわらず極東有事の際の共同作戦は具体的に検討されなかったのです。」（後藤道夫・渡辺治・木下智史「対談・戦後改憲論の動向と特徴――戦後日本の社会構造と自民党政治の変容をふまえて」『法律時報』二〇〇六年六月号、一三頁）
(31) 松尾高志「基地問題の新しい展開」法律時報・経済評論・法学セミナー編集部編『市民の平和白書'83――平和への戦略』日本評論社、一九八三年、一六六―一六七頁。
(32) 詳しくは梅林宏道『米軍再編――その狙いとは』岩波ブックレット、二〇〇六年を参照。また関連する資料についてはピースデポ・イアブック刊行委員会『イアブック核軍縮・平和2006――市民と自治体のために』NPO法人ピースデポ、二〇〇六年、参照。それにしても奇妙なのは、日本社会に対するいわば「居候」である米軍基地に、今度は自衛隊基地が「居候」しようという構図である。この二重の「居候」、という事態を目にするとき、一体

「大家」は誰なのか、という素朴な「ナショナリスト」的疑問は生じないだろうか。

(33) 梅林前掲インタビュー、一二三頁。

(34) 梅林『米軍再編』一五、一二頁。

(35) 琉球新報社編『ルポ　軍事基地と闘う住民たち――日本・海外の現場から』NHK出版、二〇〇三年、一六四頁。

(36) 琉球新報社編前掲書、九九頁。

(37) 島川雅史「「ポスト冷戦」戦略から「デモクラシーのグローバリズム」への展開――アメリカの一極覇権と国益第一主義」島川雅史編『アメリカの戦争と在日米軍――日米安保体制の歴史』社会評論社、二〇〇三年、二四〇頁。

(38) 梅林『米軍再編』三五頁。

(39) 久江雅彦『米軍再編――日米「秘密交渉」で何があったか』講談社現代新書、二〇〇五年、一四八頁。

(40) 梅林宏道『在日米軍』岩波新書、二〇〇二年、一七頁。

(41) 後藤・渡辺・木下前掲座談会、一六頁。

(42) 同、一二、一三頁。

(43) 渡辺治『日本国憲法「改正」史』日本評論社、一九八七年。

(44) 金子豊貴男「金子豊貴男さんに聞く　基地の恒久化を許さない相模原・座間のたたかい」『季刊ピープルズ・プラン』第三四号、二〇〇六年。

(45) 湯浅一郎「岩国の新たな歴史が始まった――住民投票成功の原動力は何か」『季刊ピープルズ・プラン』第三四号、二〇〇六年、田村順玄「負担増と〝にんじん〟揺れる岩国からの報告――市民は二度「艦載機受け入れノー」の意思を示した」『軍縮問題資料』二〇〇六年八月号。ピースリンク広島・呉・岩国の湯浅一郎は、住民投票の成功を受け、「二〇数年のヒロシマでの平和運動でこれほど感動したことはなかった」と述べている（湯浅前掲論文、九四頁）。岩国市に対して政府は圧力を強め、滑走路建設の見返りとして支出を約束していた補助金を凍結するという恫喝に出た。二〇〇八年二月の市長選では、艦載機受入れ派の候補が現職を破って当選した。

（46）金子前掲論文、一〇四頁。

（47）道場親信「軍事化・抵抗・ナショナリズム――砂川闘争五〇年から考える」『季刊現代の理論』第六号、二〇〇六年、本書第Ⅰ部所収。

（48）榎本「日本の軍事基地をめぐる諸問題」三八頁。

（49）武藤一羊・天野恵一「日米〈安保〉同盟と象徴天皇制の再編――戦後日本国家はどのように解体しつつあるか」『季刊運動〈経験〉』第一七号、二〇〇六年、二〇―二二頁。

（50）同、二二頁。

（51）笠原光「世界反基地ネットワーク　次の一歩へ――二〇〇七年三月正式設立総会開催」『季刊ピープルズ・プラン』第三四号、二〇〇六年、一二二―一二三頁。

（52）同、一一五―一一六頁。

（53）準備の過程については笠原前掲論文、一一五―一一六頁。『季刊ピープルズ・プラン』第三八号（二〇〇七年五月）では「特集・エクアドル世界反基地会議」が組まれている。エクアドル会議に先立って二〇〇六年一一月に東京で行われた「アジア太平洋反基地東京会議」については、『季刊ピープルズ・プラン』第三七号（二〇〇七年二月）「特集・米軍再編とたたかう世界の民衆――エクアドル反基地会議へ向けて」に詳しい。

戦後史の中の核——原爆投下責任に対する「無責任」の構造

1 「原爆投下はしょうがない」——初代防衛大臣・久間章生の辞任

二〇〇七年六月三〇日、長崎県選出の代議士でもある久間章生防衛大臣（当時）は、千葉県柏市の麗澤大学で講演し、原爆投下を「あれで戦争が終わった」のだから「しょうがない」と発言した。これが報じられるや、被爆者はもとより与党内からも厳しい批判を受け、七月三日午後辞任した。直後の参議院選における自民党大敗の要因の一つを作ったといってよいだろう。新聞報道によれば、彼の発言は大略次のようなものであったという。

幸いに八月一五日に終わったから、北海道は占領されずに済んだが、間違えば北海道までソ連に取られてしまう。その当時の日本は取られても何もする方法もないわけですから、私はその点は、原爆が落とされて長崎は本当に無数の人が悲惨な目にあったが、あれで戦争が終わったんだ、という頭の整理で今、しょうがないな、という風に思っている。米国を恨むつもりはないが、勝ち戦ということが分かっていながら、原爆まで使う必要があったのか、という思いは今でもしている。国際情勢とか戦後の占領状態などからいくと、そういうことも選択肢としてはありうるのかな。（朝日新聞、七月一日）

この発言には様々な要素が含まれている。第一に、ソ連による分割占領の脅威、という認識。第二に、それを防ぐためと戦争終結のためには原爆投下も「しょうがない」「選択肢としてはありうる」という認識。第三に、「原爆まで使う必要があったのか」「選択肢としてはありうる」という、原爆の〝手段〟性の意識。これらにはいずれも問題が含まれている。

第一の要素については、数日後の『朝日新聞』で油井大三郎が適切に批判しているように（七月二日）、当時のアメリカ政府はそのような分割占領を認める考えはまったくなく、ソ連政府もこの点については対米協調を貫いた。ソ連政府はヤルタ密約による南サハリン・千島列島〝併合〟の線にとどまったのである。朝鮮半島に関しては米ソで分割占領する取り決めがなされていたため、南下したソ連軍は北緯三八度線で停止し、米軍の到着を待ったほどである。第二の要素は、昭和天皇の「終戦」決断と大きな結びつきをもっている。昭和天皇は連合国の強制と下からの運動との双方によって「国体変革」がもたらされることを恐れ、「終戦」に踏み切った。「国体変革」とは、天皇制の廃止・共和制を意味していると思われるが、彼はそのことを終始「共産主義」の脅威として表象していた[1]。第三の要素は、久間元大臣の軍事観に関わるものである。彼は「原爆まで使う必要があったのか」といいながら、あたかも原爆投下を非難しているように語るのだが、「選択肢としてはありうる」と、核使用の「選択肢」を肯定する。後段から前段を振り返れば、「使う」ということばは単なる日常語としてのそれではなく、核の〝使用〟という「選択肢」に即して軍事的な「必要」の有無を論じていることがはっきりしてくる。

ここには〝使える兵器〟としての核への意識が見え隠れしており、核兵器の非人道性や国際法違反を問う視点は存在していない。国際司法裁判所は、一九九六年に「核兵器の威嚇または使用は人道法の原則と規則に一般に違反する」という勧告的意見を採択しているが、久間発言にはこの観点が欠落しているのである。久間元大臣は、二〇〇六年一二月には参議院で「私が米軍だったら硫黄島と同時に沖縄を占領する、戦略上それはあったろう」と発言したこともある（朝日、七月四日）。これと「しょうがない」発言に通底しているのは、米軍の視点からアジア太平洋戦争を見るまなざしである。

近年の「米軍再編」の中で進められているのは米軍と自衛隊の一体化である。先の沖縄「占領」発言では、沖縄地元から多数の批判が出たが、辺野古での基地建設のために海自の掃海母艦「ぶんご」を出動させ、反対運動を「武力による威嚇」で圧しようとした元大臣の軍事的視座は、すでに相当な程度まで「再編」が進んでしまっているようだ。

久間発言を受けて、東京の被爆者団体・東友会の飯田マリ子会長は「被爆者の苦しみを見聞きしているはずなのに、原爆を落とした米国の側に立った発言をしたことは許せない」と激しく批判したが（七月三日）、この批判はまさに正鵠を射ている。久間元大臣自身は「九州弁ですぐ口癖に出るんですよ」とあまりにも情けない言い訳をしたが（朝日、七月四日）、これはそのような小手先の問題ではない。朝日新聞は社説で「「しょうがない」と言い捨てる態度は、歴史の忘却、米国の原爆正当化への追随でしかない。[……]久間氏は昨日、「被爆者を軽く見ているかのような印象に取られたとすれば、大変申し訳なかった」と弁明したが、印象や説明の仕方の話ではない。認識そのものが問題なのである」と批判していたが、これは米日軍事一体化を支える〝無意識〟の露見といってもよい事態であろう。

久間議員が初代の大臣となった防衛省は、二〇〇六年一二月、国会で防衛庁設置法の改正がなされ、二〇〇七年一月九日から「省」に格上げされていたものだった。その前身である防衛庁は、一九五四年七月一日に発足したものである。一九五〇年の「警察予備隊」、一九五二年の「保安隊」と進められてきた再軍備が、MSA協定締結後の防衛義務の強化によってよりいっそうの具体化を迫られた結果、「防衛庁」の設置、「自衛隊」の発足として結実したのが五四年七月のことであった。

ふりかえれば、原爆投下からのちの占領時代においては、GHQの「プレス・コード」により、数年の間原爆関係の議論や原爆被害の実態などについて、検閲される時代が続いた[2]。占領末期から少しずつ被爆の実相が知られるようになっていったが、核兵器を批判し、その廃絶を目指す意識が広く共有されるようになっていったのは、一九五四年三月のビキニ被曝事件以降のことである。ミクロネシアのビキニ環礁で行われたアメリカの水爆実験に際し、「危険区域」として立ち入りを禁じられていた海域の外で操業していた静岡県のマグロ漁船第五福竜丸が、核実験の結果生成した高濃度の放射性物質――「死の灰」――を浴び、船員たちが急性放射能障害になったことが報じられ、水揚げされたマグロから放射能が検出されたり、放射能を含んだ雨が日本各地に降り注いだことで、同時多発的な原水爆禁止の署名運動が始まることになった。

このとき政権を担当していたのは第五次吉田内閣であり、三月八日にMSA協定を調印したばかりであった。事件が報道されるとアメリカのコール原子力委員長は「漁夫たちが実験をスパイしていたこともあり得る」といい放ち[3]、吉田内閣の岡崎勝男外相は「アメリカが防衛上必要として行う実験であれば、自由国家の一群に入った日本としては、これに協力するのは当然」と発言し、原水爆禁止署名運動を批判した。[4]前年一九五三年七月に朝鮮戦争の休戦が成立しており、東アジアでは冷戦体制の整備が進められていた。同じ五四年三月には、安保条約（旧条約）行政協定に基づく日米合同委員会において、アメリカは立川・横田・新潟・小牧・木更津の五航空基地の拡張を日本政府に対して要求していた。翌年には日本政府（第一次鳩山内閣）はMSA協定に基づく防衛分担金の削減と引き換えにこれらの基地拡張を受諾、ここから一連の反基地闘争が展開されていくことになる。[5]軍事基地網の設置と原水爆実験の実施は、「冷戦」の物質的な表現であった。そしてまた、東アジアにおいては、つい直前まで、朝鮮半島やインドシナ半島で「熱戦」がくり広げられていた（インドシナ休戦は五四年七月、しかしこれは朝鮮半島とは異なり、その後のベトナム戦争へと続く戦闘の継続を伴っていた）。五四年七月の自衛隊と防衛庁の発足は、まさにこうした状況の中で進められたのであり、それは保守政党（自由党、改進党）によって「憲法改正」「自主憲法制定」が呼号されていたさなかのことであった（両党の憲法調査会設置が五四年三月、憲法調査会法の制定は五六年二月）。こうした動きに対抗して総評・左右社会党を中心として作られた憲法擁護国民連合（護憲連合）は五四年一月に発足していた。

内政における改憲、基地問題、再軍備は、東アジアにおける軍事基地・軍事同盟網の確立や世界大の核戦略体系の整備と対応したものであることが、可視的になっていたのがこの時期であるといえる。つまり、「国際冷戦」と「国内冷戦」[6]との連関が可視化していた時代である。この連関は、とりわけコミュニストにとってはアメリカの反共世界政策と各国の従属国化という構図で映っており、「国際冷戦」と「国内冷戦」とは必然的な連関をもっていた。

もちろん、多くの人々にとって世界情勢を構造的に理解するということは困難であったとしても、国内における争点が、国際的な軍事秩序の再編に伴うもの、少なくともアメリカの世界戦略に基づくもので、日本政府がそのエージェントとなっている、ということは見えやすかったものと思われる。アメリカ軍基地に土地を接収される農漁民に対し、直接対峙するのは日本の公務員である調達庁（のちの防衛施設庁）係官や警察官であり、そこに賭けられているものは、イデオロギーや党派的利害ではなく、人々の「生活」そのものであり、戦争体験をもった人々にとって、軍事基地のために土地を差し出すということ自体が「危険」であるばかりでなく多くの場合抵抗感を伴ったということは、メディアの報道を通じても〝素朴な事実〟であった。ここに各地の反基地運動が「超党派」――「保守」「革新」という呼称はまだ十分に定着していなかったと思われる――で行われたことの根拠がある。

同様に、ビキニの核被害と、追体験的に想起された広島・長崎の被爆経験とは、思想の「左右」や階級の上下を問わぬものであり、各地に降り注いだ「放射能雨」や、「最終兵器」としての核の絶対的な威力が、それ以前の平和運動――主として共産党系や労働組合にイニシアティヴがあった――とは異なる、「超党派」の参加を促した。ここには共通して生活防衛意識と体験に基づく戦争への拒否意識があったということができるが、これを組織化していったのは、「革新」と呼ばれることになる勢力であった。その意味で、人々の生活防衛意識と厭戦意識、アメリカのエージェントとなった政府への反発、依拠すべき規範としての憲法の擁護といった諸要素を結びつけた「革新ナショナリズム」の形成の可能性がここに垣間見られたとしても、それには一定のリアリティがあったといえるだろう。丸山眞男は一九五一年に発表した「日本におけるナショナリズム」において、戦後日本のナショナリズムの混合性、すなわち、朝鮮戦争後確立されつつあるアメリカを軸とした冷戦構造のなかで、一方で反共軍事同盟へと接続した国際性と、もう一方で「国内消費用」としての伝統的シンボルの利用とが混在するナショナリズムの定在形態を生み出すであろうという指摘を行っていた[7]。

だが、同じ時代に立ち上げられた原水爆禁止運動において、このようなナショナリズム、つまり、アメリカの軍事政策の被害者としての抵抗意識は、必ずしも原爆そのものの被害者の意識や体験と結びついたものではなかった。当初「放射能雨」や「原爆マグロ」などへの恐怖が、多くの「被爆者」でない人々を「署名運動」という形の運動に参加させ、それがのちになって被爆者と出会っていく、というコースを歩むことになったが、そこから始まる原水爆禁止運動の内部においても、被爆者と非被爆者の間には、しばしばディスコミュニケーションが生じ、多くの場合、それは被爆者の体験――被爆体験ばかりでなく、その後の人生・生活についても――に対する無理解という形であらわれた。被爆体験をもたない人々による原水爆へのアプローチは、「唯一の被爆国」という表象の形をとり、被爆者の身体と国家とを貼り合わせて被爆者の経験を領有することがしばしばであった。「第五福竜丸の被爆は原水爆禁止運動の国民的な展開を促すと同時に、「三たび原水爆の被害を受けた日本」という「唯一の被爆国」言説を国民の共通了解として形成していった」と小沢節子は述べているが[8]、そうした表象が成立することで、被爆に至る戦争とその責任や、責任を逃れたかつての「元首」が原爆投下を容認している事実や、そうすることで「日米同盟」が成立している現実が消去される回路となってしまう。また、核実験にさらされたミクロネシアの人々やアトミック・ソルジャー、多様な核被害者との関わりも分断され不可視化されることになる。

3　高度成長の中の「革新ナショナリズム」

もちろん、被爆体験をナショナルなレベルで語ることの意味は一義的なものではない。宇吹暁は、ビキニ事件以前の被爆体験をめぐる言説を整理して次のように述べている。

被爆直後の日本の戦争指導層、日本共産党の国際派、その他いくつかの諸団体は、それぞれ原爆被害をはじめからナショナルな枠組みでとらえている。つまり、原爆被害を地方的なものとしてではなく、国民的なものとしてとらえている。しかし、そこから目指したものは、それぞれ異なったものであった。戦争指導層は原爆被害を自らの戦争責任回避に利用しようとし、共産党などは、原爆被害にもとづいて原爆禁止を主張した。また、社会党や総評は同じ原爆被害にもとづいて平和三原則ないし四原則を主張している。そのほか、日本の保守層に、原爆被害をユネスコ運動や世界連邦運動と結びつけた動きを見ることができる。(9)

こうした多様性は、そのまま原水爆禁止運動の中に持ち込まれた。そして「三度の被爆」というメッセージのインパクトは、差し迫った核戦争の恐怖と結びついて、運動の「国民的」な盛り上がりを生み出していった。ビキニ事件報道がなされた直後から各地の自治体での原水爆禁止・原水爆実験禁止決議がなされてゆき、五四年四月ごろから同時多発的に広がっていった署名運動は――原水爆禁止署名運動全国協議会（五四年八月結成）に集約されつつ――、最終的に三二三八万人の署名を集めていった。それは、かつてない大衆運動の展開であったといえる。しかも、この運動は一時的なブームにとどまらず、五五年には原水爆禁止世界大会（第一回）が行われ、原水爆禁止日本協議会が結成された。各都道府県ごとにも協議会が組織され、毎年世界大会を行うほどに定着していった。黒崎輝によれば、ビキニ事件当時の吉田内閣は、この核兵器に対する拒絶の意思を受けとめるよりも、共産圏の核武装に対する核抑止を重視していたのに対し、続く鳩山・岸内閣では衆参両院での核実験禁止決議などをふまえ、アメリカに対する核実験中止の申し入れなどを行うことを余儀なくされていったという[10]。とくに岸内閣では、米英ソ三国に対する実験中止の「申し入れ外交」を積極的に展開することになる。黒崎は「岸内閣の申し入れ外交に関して注目されるのは、日本の核実験中止・禁止要請が「唯一の被爆国」としての体験に基づく「人道主義」に立脚していることを強調した点である」と述べ、岸内閣の対応を次のように位置づけている。

岸や外務省幹部は、日本がアメリカの核抑止力に依存していることを十分に認識していた。しかし、その一方で、核保有と核実験を切り離し、「被爆国」日本独自の立場から後者の禁止を目指して積極的な外交を展開することは日本の国益に反していないとも考えていた。当時、核戦力面でアメリカがソ連より優位に立っていたことを考えれば、これは、アメリカの「核の傘」の下にある国の外交判断として極めて合理的であったといえよう。その上で岸内閣が「人道主義」を申し入れの根拠としたのは、核実験問題で日本は共産主義陣営に同調しているといった疑念を打ち消す効果を期待していたからであった[11]。

ここには「政府・与党や野党、原水協の間に国内世論の「代弁者」の地位をめぐる競合関係」が生じていたと黒崎は述べているが[12]、原水爆禁止運動が左右の対立で分裂（さらに国際共産主義運動の路線問題が関連して左派系内部での分裂）を経ても、日本政府の公式見解として「唯一の被爆国」が掲げられ、核持ち込みの実態や原子力艦船の寄港という現実の一方での「非核三原則」の定着がなされるなど、政府にとって核問題は、「国民的」問題として外交方針の理念的な基軸の一つへと押し上がっていった（そこに上記の「唯一の被爆国」をめぐる問題が生じてくることになる）。

鳩山・岸内閣といえば、従来「改憲」を前面に掲げた政権であるということで知られているが、基地問題ばかりでなく、原水爆問題の噴出を通じた軍事化批判の大きな世論の動向に対峙しなければならなかったという点で、その手は大きく縛られていたのも事実である。鳩山はソ連との国交回復に政治家としての最後のキャリアを賭け、日本の国連加盟を実現する。この鳩山内閣を支えたのは、「保守合同」（五五年一一月）へと向かう政界再編の動きであり、ここでの統一「保守」の政策立案には、石橋湛山の短命な内閣を経て政権につく岸信介が重要な役割を果たしていた。

「保守合同」を目して岸らが主導していた「新党政策委員会」で検討されていたことがらについて、中北浩爾は次のように指摘している。

新党政策委員会は、両派社会党、とりわけ左社の攻勢に対抗すべく、「進歩的」な政策の必要性を認識し、生産力の増強による福祉国家の実現を打ち出した。［……］すなわち、「新党の性格」には、六項目の一つとして、「新党は、福祉国家の実現をはかる政党である」が置かれ、「社会主義経済を否定するとともに独占資本主義をも排し、自由企業を基本として、個人の創意と責任を重んじ、これに総合的計画性を付与して生産を増強するとともに、社会保障政策を強力に実施し、完全雇用と福祉国家の実現をはかる」と述べられた。「新党は、国民政党である」「新党は、進歩的政党である」という二つの項目も、これと密接に関係していた。［……］そのほか、「新党の政綱」には、「平和外交の積極的展開」と「独立体制の整備」という二つの項目も置かれた。[13]

ここでいう「平和外交」の目玉が日ソ国交回復（そして国連加盟）であり、「独立体制の整備」の中身が、改憲（「現行憲法の自主的改正」）と「自衛軍整備」であった。鳩山・岸は、この両政策を追求する上で、小選挙区制の導入や教科書国定化、警察官職務執行法（警職法）「改正」などの一連の政策を打ち出していったが、これらはいずれも阻止された。日ソ国交回復とともに住宅建設や失業対策などの政策を盛り込んだ鳩山内閣の政策は、閣外協力的立場を社会党から取り付け、吉田から政権を奪うための手段でもあったが、同時にまさに誕生しつつあった「五五年体制」の中で対立の構図が明確になっていく「保守」と「革新」の政策収斂、「保守」が「革新」の政策を取り入れつつ優位を保つ政治構図の始まりでもあった。

改憲やそのための小選挙区制導入、愛国心の強調、警察官の職務権限の強化、軍拡などといった一連の政策は、これと対峙する「革新」の勢力にとって「戦前への復古」と映った。そして現実に、鳩山や岸がもつ秩序観は、戦前・戦中との連続性を色濃く反映したものであった。しかし同時に、五〇年代半ばには経済成長の成果が体感できるようになってきており、「植民地的従属化」といった左翼の戦後評価のリアリティが急速に衰退していく転換点でもあった。この転換を先取りしつつ、戦後日本の経済成長を東アジア冷戦体制の中にビルトインしていったのが、岸の政策であったといえる。

一九五〇年前後の講和論争以来、「全面講和」派やサンフランシスコ体制に対して批判的な勢力（その中には財界の有力な部分も含まれる）がシンボリックにであれ、実利的にであれ、つねに考慮してきた対中国関係の比重を下げるべく、岸は第二次世界大戦の「賠償」を通じた東南アジア経済への進出をはかっていった。平和問題談話会の全面講和論（一九五〇―五一年）も、その根拠の一つとして、「片面講和」は対中国貿易という経済回路を失うことを意味するのであり、戦後日本が軍事経済を脱し「平和経済」によって非軍事的発展を遂げるためには中国市場へのアクセスが不可欠であることを強調していた。そして「平和経済」を理念的に掲げるかどうかはともかく、多くの製造業者にとっても、中国市場へのアクセスが断たれることは死活問題なのであった。それゆえサンフランシスコ講和以後の日本に中国に代わる市場を提供する必要をアメリカも検討しており、東南アジアをそれにあてることが考慮されていたわけだが、これが具体的な経済関係としてスタートしていくのが、岸の時代であったといえるだろう。「賠償」とはいっても、役務賠償が中心であり、ダムなどの公共事業を日本政府が日本の企業に発注する形で実施し、当該国に提供するというプロジェクトの形式をとったということからもわかるように、この「賠償」は日本のGNPを拡大し、同時にプロジェクトの実施を通じた日本企業の東南アジア（再）進出の足がかりを提供した。[14] 岸はこれと合わせ、経済成長の分配としての「福祉国家」政策を進めていった。これは「革新」から労働政治における主導権を奪い、現体制への信認を調達する上で重要な政策であった。

この鳩山・岸の政策展開に対し、組織的に迎え撃つ立場に立ったのが総評（日本労働組合総評議会）を中心とした「革新」政治勢力であった。とくに労働組合にとっては、岸が「一方で福祉国家政策による統合を目指しながら、他方、台頭する総評労働組合運動に対しては、その規制強化をもって対処しようとした」ことによって対決の正面に立つことは半ば以上必然的なものとなった。[15]

五〇年代前半から中盤にかけて、反基地・反核・護憲（さらに反安保）を掲げた「革新国民運動」を支えたのが、「民族独立行動隊の歌」に見られるようなナショナリズムであった。

民族の自由を守れ　決起せよ祖国の労働者／栄えある革命の伝統を守れ／血潮には正義の血潮もて叩き出せ／民族の敵　国を売る犬どもを（きし・あきら作詞／岡田和夫作曲）

この歌は、共産党系の労働組合運動の中で生まれたが、たとえば五五―五六年の砂川闘争に際し、支援の全学連は当然として、労働組合員ら（多くは左派社会党系）も共に歌っていた。この歌のリアリティを支えていたのは、対米従属とそのもとでの日本の「植民地化」という、共産党の「五一年綱領」的世界像であった。歌そのものは、一九五〇年の国鉄反レッド・パージ闘争の中で生まれたものであり、「綱領」をふまえて作られたものではないが、それが広く普及し歌われていく中には、この世界像との適合という要素も大きかったと考えられる。その後、六〇年安保のころまで歌われたようであるが、急速に忘却されていった。

ひとつ考えられる背景としては、「植民地化」のリアリティが、日本経済構造全般にわたる軍事化と「基地経済」化、アメリカ独占資本への従属、という分析に支えられており[16]、この経済的「植民地化」によって人民は窮乏化するであろうという予見に依拠していた、という現実がある。「五一年綱領」のもとにあった共産党はもとより、総評事務局長の座にあって（一九五一―五五年）この綱領を支持しMSA体制に対する「国民総抵抗」を呼びかけていた高野実にとっても、また高野を介して総評・左社系の知識人・活動家の状況認識の中にも、この「植民地化」→窮乏化というビジョンは分有されていたということができる。しかしこのビジョンは、経済成長の恩恵が広範囲に享受されるようになると、リアリティを失っていった。「新左翼」は、もっぱらこの経済成長の側面に注目して日本の「帝国主義的自立化」を論じたが、「自立」を掲げる保守政治が軍事化を進めれば進めるほど、安保体制を通じて政治的軍事的な対米従属を深めていく、という側面を没却することになった[17]。

こうして、アメリカの世界戦略と軍事的政治経済的再編に対する抵抗、という視点が、アメリカ帝国主義に対する被抑圧民族の連帯という構図において浮上していた一九五〇年代前半に対し、後半ではこの視座が「植民地化」のリアリティの減退とともに一国的な「対米従属」の問題へと縮減し、これに対する批判者も、アジアとの具体的な関係性抜きに「世界革命」を対置していく、という構図の中で、人々の生活利害が、ほかならぬ東南アジアへの経済進出や、反共国家網の中での「平和経済」によって富裕化している現実を十分に対象化できなくなっていった。それは、上に見たような革新ナショナリズムの言説連鎖が解体され、経済成長をもたらす「保守」政治のヘゲモニーのもとへと再編されていく過程の始まりを意味していた。

つかのま可視化した「アジア」は、このようにして「問い」としての質を弱めていく。第二次世界大戦終結までにアジア各地に移動した「日本人」たちの「引き揚げ」も、五〇年代前半にはほぼ終了するとともに、まさに五〇年代末、岸時代に開始された「帰国事業」によって在日朝鮮人も「帰国」し「問題」は消滅したかのような了解が作り出されていく[18]。このとき、政府・財界は「賠償」ビジネスを通じて東南アジアへ「再進出」しつつあった。社会運動が再び「アジア」の現実と出会い、これを正面に据えた活動が多様に展開されるようになるのは、一九六〇年代中盤以降のことである。このとき東南アジア「開発」と日本との関わりとが問われることになるだろう[19]。

このような形で、岸に体現されていた二面性のうち、強権的な政治手法に関しては「革新」に集約されたエネルギーに敗北した。他方、経済成長による生活保守意識は、「保守」に強く回収されていく回路が開けていった。一九五八年の警職法闘争が反対運動の勝利に終わったとき、松下圭一は「「新憲法感覚」の勝利」と表現した[20]。それは、人権・民主主義・平和の意識を内包した戦後憲法の価値意識が広く浸透していることを物語るものであり、岸はこれを受けとめることができなかったということである。それと同時に松下は、同時期の皇太子（現天皇）の正田美智子との結婚が「ミッチー・ブーム」を引き起こしたことを受け、このブームもまた恋愛結婚・両性の合意・「平民」出身の妃という「新憲法感覚」によるものであるとして、このブームが警職法闘争以後の運動の盛り上がりの抑制要因となったことまで指摘していた。松下のいう「大衆天皇制」の成立は、大衆デモクラシーによる国家権力強化の阻止と基盤を同じくしていることを明らかにするものであり、この点は「民族独立行動隊の歌」に込められた民衆／売国奴、独立／従属という対立軸からは理解が困難な点であった。岸もまた、大衆デモクラシーの利用という点では策に長けていたとはいえ、その中身としての「新憲法感覚」に対しては無理解であった。岸を継いだ池田内閣以降、改憲は棚上げされ、歴代保守政権は「新憲法感覚」に正面から挑むことなくこれを徐々に現体制擁護の「保守」へと誘導する道を選んだ[21]。

4 被害者ナショナリズムから「加害／被害」システムの自覚へ

では、このような形で成立していった、「国際冷戦」が「国内冷戦」を通じてのみ表象されるばかりでなく経済成長による富裕化を「平和」と見なす意識の構造はどのようにして相対化され、自覚されていったのか。一つの重要な視点は原水爆禁止運動の中で現われていた。すなわち、一九五八年の第四回世界大会において、被爆者の渡辺千恵子は「日本が原爆の被害国から加害国になろうとしている」という見解を示したのである。いったんは「被害国」（「唯一の被爆国」）という形で普及し定着した「国民的」被爆体験の表象をまるごと「加害国」の認識へと転換しようという点で、従来の被爆表象への大きな挑戦であった。ここでは「国」ということばが使われてはいるが、「被害国」の中に個々の主体性を融解させる言語ではなく、「加害国」の一員であることを一人一人に問うものであることに注意が必要である。つまり、「加害国」という表現は、自らを含む社会的関係性を発見させる質を持っているのであり、渡辺は安保条約改定交渉が話題に上り、アメリカの核戦略体系の中で「安全保障」を確保しようとしている日本政府の行為は、「加害国」への転換であると批判したのである。

このことは、しかし残念なことに翌年・翌々年と続く安保改定反対運動の中で、必ずしも深められなかった。「加害国」という認識は、アメリカ帝国主義に従属あるいは相対的に自立した帝国として同調する日本政府、という状況認識の中で、自分たち自身の「加害」の問題として深められるというよりは、アメリカの軍事戦略に巻き込まれる「被害」の問題として押し出されていったように思われる。ここでは「加害」をなす相手に対する関係性の意識は消失してしまっている。安保闘争に際して竹内好はこの条約改定が中国に対するかつての「加害」の責任を果たしていないばかりでなく、今日さらに「加害者」であろうとするものであることを強く批判していた。竹内のような見解は少数にとどまった。

こうした自分たちの「加害性」が大規模な形で認識されていく契機となったのは、ベトナム戦争であった。在日米軍基地は、ベトナム戦争を支える重要な構成要素であり、この機能を支えている日本の政治経済社会システムもまた、ベトナム戦争の構成要素であった。この社会の中で「あたりまえ」に暮らしていること、そのことがまさにベトナムの人々に対する「加害」のシステムを支えるものである。一見「平和」で「非暴力的」に見える社会システムに内包された抑圧・加害・排除の暴力、この認識枠組みは、同時代の広い意味での「ニューレフト」の社会批判・社会運動を支える想像力であった。

こうした問題を最も洗練された形で言説化したのが、小田実であったと私は考える。すでに何度か論じたことであるので詳しくは論じないが[22]、小田は、戦争に関わるということは、各々の人間を「加害者」であると同時に「被害者」の立場に立たせる、と述べ、自らが銃をとらされるという「被害」の経験は、同時に他者に銃を向けるという「加害」の経験でもある、という「加害」「被害」の往復によって、「戦争」を生きるという人間の全体的な構造、また「加害」の相手との関係構造を明らかにし、その構造を個人に強いる国家の存在に目を向けさせた。

この問題提起は、その後原水爆禁止運動の中でも深められていった。被爆者であり原水禁運動の熱心な運動家でもあった岩松繁俊は、「被害者」としての立場を徹底的に追求することで、「被害者」を生み出す国家暴力の構造や「被害者」としての共通性に至ることができる、と問題提起をした。だが、日本の「被害者」は他の「被害者」に目を向けることはなく、その不徹底さが生じる根拠の中に、自分たちの加害性への無自覚があると岩松は考えた[23]。また、これとともに「加害」「被害」の経験は相殺することができないものだと主張した。とりわけ国家はたとえば「パールハーバー」と「ヒロシマ・ナガサキ」とを相殺するような政治算術を試みる。このときあらゆる戦争・あらゆる兵器が「手段」として相対化され、それが人々に与えた被害や破壊もまた相対化されてしまう。

アメリカが日本の二都市に原爆を投下した犯罪は世界の歴史に比較しうるものがない。しかし帝国主義日本の朝鮮・中国・東南アジア・米国・英国・オランダにたいする攻撃は重大な戦争犯罪であって、アメリカの原爆投下の犯罪によっても帳消しにすることはできない。[……]両国の戦争犯罪はお互いに相殺しあうものではない。唯一の正しいアプローチは人間的・社会的・国際的かつ地球的観点から構成された基準によって判断することである。この方法によれば、日本の侵略と残虐行為は重大な犯罪であると同時にアメリカの原爆投下は重大な暴行であったと結論づけられるにちがいない。[24]

久間発言に根本的に欠落しているのはこの視点であるということができるだろう。

5 「原爆投下はやむを得ない」——初代象徴天皇・裕仁の「戦後」

しかしながら、まさにこうした「加害／被害」をめぐる議論が深められていた七〇年代、久間発言の「源流」とも呼ぶことができる重要な発言がなされていた。昭和天皇による「原爆投下はやむを得ない」発言である。

この発言は一九七五年一〇月三一日、日本記者クラブの求めで実現した天皇・皇后の記者会見においてなされた。原爆投下についてどう考えるかという質問に対し、昭和天皇は「この原子爆弾が投下されたことについて遺憾には思っていますが、こういう戦争中であることですから、広島市民に対しては気の毒ですが、やむを得ないことと私は思っております」と答えたのである。[25] 第二次大戦の終結からちょうど三〇年が経過し、天皇・皇后が初の訪米を果たした直後のことであった。

久間発言を受けて朝日新聞では、次のような社説を掲げていた。

広島と長崎に原爆が投下された直後の四五年八月一〇日、政府は国際法違反として米国に抗議した。終戦後の同年九月には、のちに首相になる鳩山一郎が戦争犯罪と批判した。この発言を掲載した朝日新聞は占領軍により発行停止になった。戦犯を裁いた東京裁判でも、日本側は原爆投下を違法と主張した。

原爆を糾弾する動きはここで止まる。政府が黙ってしまったのは、平和条約で、米国などの連合国への請求権を放棄したことが大きいだろう。法的にものを言うすべを失ったということだ。（七月四日）

たしかにここに指摘されているように、一九四五年の八月一〇日、日本帝国政府は中立国スイスを介してアメリカ政府に対し抗議文を送付している。

米国が今回使用したる本件爆弾は、その性能の無差別かつ残虐性において、従来かかる性能を有するが故に使用を禁止せられおる毒ガスその他の兵器を遥かに凌駕しおれり。〔……〕帝国政府は自らの名においてかつまた全人類及び文明の名において米国政府を糾弾すると共に即自かかる非人道的兵器の使用を放棄すべきことを厳重に要求す[26]

そして、昭和天皇による「終戦詔書」では、「敵ハ新ニ残虐ナル爆弾ヲ使用シテ頻ニ無辜ヲ殺傷シ惨害ノ及フ所真ニ測ルヘカラサルニ至ル而モ尚交戦ヲ継続セムカ終ニ我カ民族ノ滅亡ヲ招来スルノミナラス延テ人類ノ文明ヲモ破却スヘシ」と批判を加えている。しかし、鳩山の個人的な抗議とは別に、この天皇の「詔書」をめぐっては、一九七五年の「やむを得ない」発言につながる重大な利害が存在していた。

ハーバート・ビックスによれば、ポツダム宣言が出されたあとも、日本政府は「国体護持」つまり天皇制の維持と天皇大権の保障の可能性を終戦の条件として探ることに時間を費やしていた。

アジア太平洋戦争を引き延ばしたのは連合国の無条件降伏政策や「完全な勝利」政策ではなく、むしろ非現実的で、無能な日本の最高指導層である。指導層の戦意を支えた戦中の天皇制イデオロギーは、降伏のための行動をとることをおよそ不可能にしていた。客観的には敗北していることを知りながらも、戦争が同胞にもたらす苦しみに関心を払うことなく、まして、アジアや太平洋の人々、そして西洋の人々の命を奪うがままにしておきながら、天皇とその戦争指導層は、失うことなく敗北する方法、つまり降伏後の国内からの批判を鎮静化させ、その権力構造を温存できる方法を探し求めていた。[27]

その結果、広島原爆が投下されて初めて天皇がポツダム宣言の受諾を口にすることとなった。「この一一日の間に、一万人以上の日本人が、通常爆弾による空襲で死んでいた」とビックスは述べている。[28]また、八月一〇日に「国体護持」を条件としてポツダム宣言の受諾を連合国側に伝えた日本政府に対し、アメリカ側が発した有名な「バーンズ回答」においては、天皇および日本国政府の国家統治の権限は連合国最高司令官の下に置かれることが通告された。政府内では、これが「国体護持」を保障したものであるか否かの解釈をめぐってさらに数日が費やされた。その最後の一歩を押したのが、アメリカによる心理作戦の一環としての日本国内へのビラ投下であった、とビックスはいう。

八月一三日夜、あるいは一四日の朝、木戸〔幸一：引用者注〕のもとにB29が撒布したビラが届けられた。木戸はこのビラの件について一四日、朝八時半に拝謁し、その危険性を天皇に説明した。この日本民衆に向けられた最新のビラには、国体護持を唯一の条件として降伏するという日本政府の通告と、それに対するバーンズ回答の全文が掲載されていたのである。こうしたことを続けられたら、帝国政府は実は戦争に負けているという事実と、なぜ降伏が大きく遅れたのかという理由を国民に伏せておくことができなくなる。昭和天皇と木戸は、皇位に対する批判を含め敗北主義が台頭する兆候を懸念していた。彼らは、民衆みずからが決起することを防ぐために、すみやかに行動を起こさなければならなかった。このようにして、二度目の聖断が下された。[29]

八月一四日付で発出された「終戦詔書」には、確かに原爆投下の非難が書き込まれてはいたが、これは「聖戦完遂」を呼号し「一億玉砕」を煽った天皇制政府が戦争を中絶する際の「メンツ」を確保するものにすぎない。ビックスは「明らかに、昭和天皇は、原爆投下を引き合いに出すことで、自らの降伏決定を正当化しようとしていた」と指摘している。[30] この間の降伏受諾の政治過程を見る限り、そこには「国民」への視点は不在であった。より正確にいえば、下からの政変を恐れ、それを未然に防ぐためにのみ「国民」が参照されているのであり、「国体護持」のために原爆投下を口実として戦争を終結させる決定をした、というのが昭和天皇の「聖断」の中身であったことがわかる。「あれで戦争が終わった」と久間元大臣が語るとき、そこに欠落しているのは、なぜ指導者たちはそれ以前に終わることができなかったのか、という戦争責任への視点であり、「あれ」で終わらせることにした口実づくりの政治的カラクリへの視点である。原爆を口実にしなければ戦争を終わらせることもできないほどに政策論議が空洞化していた当時の天皇制国家への批判なくして、「あれで戦争が終わった」と語ることは、アメリカにおける原爆正当化の論理を単に反復するばかりでなく、日本の戦後を通底する「無責任」の構造への寄りかかりでしかない。

6 久間―昭和天皇とは別の「戦後」へ

朝日新聞の社説が若干の憤りをもって「法的にものを言うすべを失った」と語るとき、そこには戦後史の過程に対する欠落がある。天皇制政府は原爆投下を口実とし、同時にそれが口実であったことを隠蔽した。そしてわずか後に始まる占領の時代を、昭和天皇はマッカーサーにその地位を擁護されながら過ごした。アメリカ占領下の日本、そしてアメリカ軍に守られた天皇制をより「安全」にするために、昭和天皇は沖縄の長期占領をアメリカに提案した[31]。講和条約をめぐる論議の際、天皇は吉田茂の頭越しにダレスに対してアメリカ軍の駐留を要請し、安保条約の締結を強く望んだ[32]。原爆とは、昭和天皇にとって旧軍部との決別、そして新たな「軍部」(アメリカ軍)によって「安全保障」を得るための〝きっかけ〟であった。そのことをよく知りながら、「あれは戦争中であり、やむを得なかった」というとき、「戦争中」に天皇自身がいた位置が不問になるばかりでなく、「国体護持」のために浪費した時間やその責任が不問となっている。丸山眞男が述べた「無責任体制」は、ほかならぬこの発言の中に最も明瞭にあらわれている[33]。久間発言は、その隠蔽と忘却の上に立った第二世代の発言であるといえるだろう。

久間発言を介して可視化した日本の「戦後」とは、原爆投下の責任を不問にしてきたこのような「無責任」の構造の持続であった。歴史的な視点から「戦後」を問うということは、このような「戦後」を拒否すること、そして別の「戦後」の可能性を探求することである。安保体制に支えられた「戦後」の外部、しかし、多様な抵抗や問題提起の中にあった別の「戦後」の可能性を深めていくことから、戦争責任・安保体制・核容認の複合体、その象徴としての天皇制を戦後史を通じて批判していく視点こそが、このような核容認意識の歴史的構造を明らかにするものと私は考える。

注

(1) ハーバート・ビックス『昭和天皇』下巻、吉田裕監訳、講談社、二〇〇二年。
(2) 堀場清子『原爆 表現と検閲——日本人はどう対応したか』岩波書店、一九九五年。
(3) 今堀誠二「原水爆禁止運動の烽火」松浦総三編『昭和の戦後史3 逆流と抵抗』汐文社、一九七六年、三二頁。
(4) 清水幾太郎「われわれはモルモットではない」清水『わが精神の放浪記1 日本人の突破口』中央公論社、一九七五年(初出、『中央公論』一九五四年五月号)、一九六頁。
(5) すでに行政協定に基づいて基地の継続使用・拡張・新設が要求されていた地域は多数あり、たとえば石川県内灘や群馬県妙義など、いくつもの地域で反基地運動が展開されていた。各地での反基地運動の概観については、青島章介・信太忠二『基地闘争史』社会新報新書、一九六八年を参照。
(6) 坂本義和「日本における国際冷戦と国内冷戦」『地球時代の国際政治』岩波同時代ライブラリー、一九九〇年(初出『岩波講座現代6 冷戦——政治的考察』一九六三年)。
(7) 「日本におけるナショナリズム」は『増補版 現代政治の思想と行動』(未来社、一九六四年)所収(初出は『中央公論』一九五一年一月号)。

(8) 小沢節子『「原爆の図」――描かれた〈記憶〉、語られた〈絵画〉』岩波書店、二〇〇二年、一九三頁。

(9) 宇吹暁「日本における原水爆禁止運動の前提――「被爆体験」の検討」『日本史研究』第二三六号、一九八二年四月、一〇二頁

(10) 黒崎輝「アメリカの核戦略と日本の国内政治の交錯　一九五四～六〇年」同時代史学会編『朝鮮半島と日本の同時代史――東アジア地域共生を展望して』日本経済評論社、二〇〇五年。

(11) 同論文、二〇五頁。

(12) 同、二二二頁。

(13) 中北浩爾『一九五五年体制の成立』東京大学出版会、二〇〇二年、二三八―二三九頁。

(14) 小林英夫『戦後アジアと日本企業』岩波新書、二〇〇一年。五〇年代前半には、「東南アジア」といってもインド・セイロンなどの「南アジア」に重点があったのに対して、後半では今日のＡＳＥＡＮ地域に重点が移動している。同時期の東南アジア―日本関係については、末廣昭「経済再進出への道」『戦後改革とその遺産』岩波書店、一九九五年、も参照。

(15) 渡辺治「戦後保守政治の中の安倍政権――「軍事大国」派の系譜」『現代思想』二〇〇七年一月号、一二三頁。渡辺は続けて「岸内閣にとっては福祉と治安はメダルの裏表のように、一体不可分のものであった」と述べている(同)。

(16) たとえば、『日本資本主義講座』全一一巻、岩波書店、一九五三―五五年参照。

(17) この点については、「戦後研究会」における天野恵一氏の示唆による。拙稿「軍事化・抵抗・ナショナリズム――砂川闘争五〇年から考える」『季刊現代の理論』第六号、二〇〇六年一月(本書第Ⅰ部所収)、九〇頁(本書四四―四五頁)も参照。

(18) テッサ・モーリス－スズキ『北朝鮮へのエクソダス――「帰国事業」の影をたどる』田代泰子訳、朝日新聞社、二〇〇七年。

(19) 拙稿「The emergence of gaze for "Asia" in the anti-Vietnamese War movements in 1960s-70s Japan」聖公会大学東アジア研究所シンポジウム「東アジア冷戦文化のメカニズム――一九六〇―七〇年代冷戦期における東アジア地域変動と国民国家形成の文化政治」報告、ソウル・聖公会大学、二〇〇七年四月。

(20) 松下圭一「大衆天皇制論」松下『戦後政治の歴史と思想』ちくま学芸文庫、一九九四年(初出、『中央公論』一九五九年四月号)。

(21) この時期の改憲問題をめぐる動向については、渡辺治『日本国憲法「改正」史』日本評論社、一九八七年を参照。

(22) 拙著『占領と平和――〈戦後〉という経験』青土社、二〇〇五年、および拙稿「Not in our names!――「戦争被害者」であることと靖国問題」『現代思想』二〇〇六年八月号(本書第Ⅱ部所収)などを参照されたい。

(23) 岩松繁俊『反核と戦争責任』三一書房、一九八二年。

(24) 岩松繁俊『戦争責任と核廃絶』三一書房、一九九八年。

(25) 中国新聞社編『年表ヒロシマ40年の記録』未来社、一九八六年、二四五頁。

(26) 国際教育フォーラム編『反核・軍縮宣言集――一九八二年の証言』新時代社、一九八三年、二四四―二四五頁。

(27) ビックス前掲書、一四三頁。

(28) 同書、一四四頁。

(29) 同書、一四七―一四八頁。

(30) 同、一五一頁。

(31) 進藤榮一「分割された領土」『世界』一九七九年九月号。

(32) 豊下楢彦『安保条約の成立――吉田外交と天皇外交』岩波新書、一九九六年。

(33) この発言を、自らも被爆者であった丸山はどのように受けとめたのだろうか。

Ⅱ　「加害」と「被害」の論理

靖国問題と「戦争被害者」の思想——Not in our names !

はじめに

「靖国問題」を考えるときに、まず気になるのは圧力団体としての「日本遺族会」という存在である。すでにその歴史や戦争観・戦没者観についてはいくつか重要な研究があるが[1]、日本遺族会は靖国神社の「国家護持」、閣僚の「公式参拝」を要求する最も主要な団体として、また「英霊」の思想を強く表明した団体として、注目に値する動きをしてきた。

本章ではまず、日本遺族会の提示する戦没者観、および「遺族」としてのあり方がどのようにして形成されてきたかを簡潔に概観し、それが「遺族」「戦争被害者」のあり方としてどのような問題性を孕んだものであるかについて考察する。その上で、より広い文脈から戦後日本の戦争観・戦争責任観に関わる「ダブル・スタンダード」の存在を確認し、この問題について戦後の平和主義がある時期まで対応できていなかったことを示すことにする。最後に、日本遺族会的な戦没者観、「遺族」像、「戦争被害者」像とは別な可能性を探求したその後の思想、すなわち「被害者」の思想ともいうべきもののもつ可能性について考察したい。

1 「犠牲者」の思想

靖国問題について継続的に取材を続け、すぐれた論考を多数発表しているジャーナリスト、田中伸尚によれば、次のような「戦没者」観と「遺族」観が存在するという。

戦死者とどう向き合い、戦没者遺族にどう接するかは細やかな慎重さが必要である。「国のために」死んだ、もしくは一命を捧げたとされる戦没者は、「犠牲者」であって、当然、国に相応の扱いをされ、「国民」もそれに従うべきだ、という意識、感情はこの社会に根強い。それは遺族を守るように存在する。[2]

この戦没者観、すなわち戦没者を「犠牲者」ととらえる思想のうちには、戦没者が国家のために「犠牲」となったことが、今日の「平和」や「繁栄」の「礎」となっている、という考えが含まれている。[3]田中はこの「犠牲」ということばがもつ独特の効果に注意を促している。それは一方で「国のための犠牲」という言明を通じて国家に対する請求権を正当化する。[4]だが他方、国家の行為による「被害者」ではなく、国のための「犠牲者」として表象するとき、国家の行為も、その国家の行為に身を投じた個々の兵士や国民たちの行為も、すべてその責任は問われることなく、「感謝」されるべき「犠牲」行為のみが美化されて残ることになる。

犠牲という言葉は、責任を排除する。きわめてあいまいである。ダレも傷つかない。したがって［……］具体的な戦争の姿を隠し、戦争責任・戦後責任を遠くに押しやる。[5]

こうした「犠牲者」観がどのような思想に接合されているかといえば、「靖国の思想」すなわち「英霊」の思想であるということができるだろう。それはつまり「天皇のための戦争で亡くなった人は英霊であり、だから靖国神社の神様にして、天皇が参拝して顕彰する」ことを当然とする観念である。[6]「靖国」の思想と「犠牲者」の思想とはこのようにして相互に支えあっている。

だが、日本遺族会の戦没者観は当初からこのような形で表明されていたわけではない。「遺族」がそれぞれのかけがえのない死者たちに対して思いを寄せ追悼をする形というものは、それぞれの思いに即してなされるものであるはずであるし、また、本来的に単純な物語に回収され尽くせない質をもったものであるとするなら、むしろ日本遺族会が上述のような戦没者観を掲げ、それがもっぱら会の意思として——ひいては会員の総意であるかのように——公に表明されるようになっていくプロセスこそが問われるべきであろう。

一九四六年二月、GHQの指令により、戦死者に対する「軍人恩給」および遺族に対する「扶助料」が廃止されたが、それにより「戦争未亡人」をはじめとする多くの遺家族が生活に困窮することになった。東京の武蔵野母子寮長であった牧野修二は、この事態に対しNHKのラジオ放送で次のように激烈な糾弾を浴びせた。

戦歿兵遺族の援護が帝国主義戦争の安全弁的役割を果す事になるからとて、援護事業を否定し去つて無告無力の彼女等母子達を街頭に放置して置く者ありとせばそは人道の敵にあらずして何の輩ぞ！[7]

同じ放送の中で牧野は戦没兵士たちを戦争被害者ととらえ、遺族・未亡人もまた同じ被害者であると考えて戦争犠牲者遺家族会の設立を訴えた。[8] この放送は大きな反響を呼び、六月には「戦争犠牲者遺家族同盟」の結成を見る。だが、牧野のいう「犠牲者」とは、上に見たような意味での戦争責任を回避する概念ではなく、むしろ逆に国家の戦争責任をきびしく追及する内容をもったものであった。そのため、のちに戦没者遺族の全国組織結成を目指す動きの中で牧野は疎外されていくことになった。未亡人運動もまた「遺族会」の流れとは別の道を歩むことになる（一九五〇年一一月「全国未亡人団体協議会（全未協）」結成）。一九四七年七月、「全国平和連盟東京都本部」を名乗る組織が全国組織結成の準備会を呼びかけるが、これは牧野とは別な路線から遺族運動のヘゲモニーを狙う動きであった。[9] こうして一九四七年一一月に生まれたのが現在の「日本遺族会」の前身である「日本遺族厚生連盟」であった。[10]

この日本遺族厚生連盟は、「戦争犠牲者及び社会公共の為の殉職者の遺族を会員とした団体」を構成員とし、「平和」「戦争の防止」「全人類の福祉」を掲げ、「英霊の顕彰」という性格がほとんど見られないという点に特徴があった。[11] ここでは「戦争犠牲者」としての戦没者に対する国家補償を正当な権利として要求する姿勢が明確に打ち出されるとともに、自らの戦争責任を提起する投稿なども機関紙に掲載されるだけの〝幅〟があった。

私たちはだまされたのだ。だから戦争の悲惨な結果を、私たちだけで、引受けなければならないというのは、どういうわけだ。私たちは少くとも、肉親を失ったことに対するおぎないをして貰う権利

がある。[……]

この理くつには一理はある。少くとも、日本人のわれわれには、その理くつはわかる。しかし、この理くつが国際的に通用するだろうか。自分の子を戦争で失ったアメリカの母親が、夫を失った中国の妻が、なるほどもっともだと承認するだろうか。[……]

子を戦争で失ったアメリカの母親はいうだろう。[……]あなた方は、だまされたのだという。しかし、そういう戦争煽動者を議会に送り、政治を行わせたのはいったい誰なのだ。[……]

国内的には一応とおる理くつであっても、国際的には、かならずしも、とおらない。(「遺族問題の国際性」『日本遺族通信』第一〇号、一九五〇年四月[12])

この文章について、田中伸尚は「ここには被害者の視点、被害者になってしまった人びとの戦争責任の視点、そして海を越えたところからの加害性をふくんだ視点も提起されている」と評価している[13]。この時期の遺族会の中には、戦没者の死の意味に関し「新憲法は戦没者の贈り物」とする見解が一定の広がりをもっていたことを波多野澄雄は指摘し、「多くの遺族は、戦没者の戦死の意味づけを靖国神社に一方的に託していたわけではなかった」としている[14]。

だがその一方で、早くも一九五二年一月に開かれた第三回全国戦没者遺族大会において、それと明示されてはいないが靖国神社・護国神社を想定した上で「国および市町村が主催して戦没者の慰霊行事を行い、その費用は国が負担すること」という要求がなされているし[15]、そればかりでなく同年六月の遺族厚生連盟理事会・評議員会では「戦犯処刑者の遺族を遺族会に入れる」「戦犯処刑者、学徒、国民義勇隊の霊を出来れば靖国神社に、少くとも各地方の護国神社に祭るよう努力する」などの方針が決定され、同年一一月の第四回全国戦没者遺族大会においては靖国神社・護国神社の慰霊行事の公費支弁を決議しているように[16]、靖国神社と遺族会との関係は一義的な形で深まりつつあったと解することができる。この間、五二年四月には、占領解除を受けて「戦傷病者戦没者遺族等援護法」が公布施行され、年金や弔慰金が支給されるようになっていた。五三年八月には恩給法が改正され、軍人恩給が復活する。[17]

日本遺族厚生連盟は五三年三月に財団法人日本遺族会へと改組されるが、ここで会の目的から「戦争防止」「世界恒久平和」「人類福祉」の語が外され、代わりに「慰霊救済の道を開く」ということば（半年後には「英霊の顕彰」）が付け加えられた。同会は、五六年からは靖国「国家護持」を明確に掲げた運動に邁進していくことになり、かつて見られたような「遺族問題の国際性」の認識や「戦争防止」の思想は――あるいはそのような主張をなしうる〝幅〟は――失われていった。[18]

少くとも日本遺族厚生連盟が発足した当時の遺族運動の原点である深い悲しみの記憶を湛えた「非戦」あるいは「反戦」、さらには他国の被害者に向けられていた遺族としての意識は、激しい「靖国運動」のなかで沈んでいった。あるいは、消えてしまった。[19]

そもそも国家への請求権の行使として要求された「国家補償」としての恩給の受給権要求は、とりわけ初期においては、「戦争に出たのは、多くは国家の強制による公務である」という認識（衆議院「遺族援護に関する決議」一九四九年五月）や「戦争最大の犠牲者は、われわれ遺族である。われわれの肉親は、国家の公務によってたおれたのである。国家は遺族に対し、当然補償をなすべきである」という主張（第一回全国遺族代表者大会宣言、一九五一年二月）[20]に見られるように、「国家補償の精神」（戦傷病者戦没者遺族等援護法第一条）に基づいて施策が行われるべきことをその柱としていた。[21] この「国家補償の精神」はしかし、「公務」による死への補償、という認識を媒介に、軍人・軍属を中心としたヒエラルキーと線引きの構造を「国家補償」の中に持ち込むことになった。[22] このヒエラルキーの中心に位置する軍人・軍属の「遺族」を組織しているのが日本遺族会であり、この中心的な利益の擁護団体として、「遺族問題の国際性」を忘却し、利権の構造の中に内向きに閉じていくことになった。

国家に補償させるという責任追及の論理は、ここではかけがえのない人々を死に至らしめた国家の作為に対して向けられることはなく、かけがえのない人々が「自己犠牲」によってつくした国家の側の応答に関わる不作為が追及されるにとどまり、そのことによって戦争責任は曖昧なものとなっているばかりか、「自己犠牲」は善なるものとして、あらかじめ批判を免れた位置に置かれている（「犠牲」によって守られた国家の正統性もまた守られている）。そこには「被害者」と「加害者」として、遺族と国家とが対峙する回路があらかじめ除去されてしまっているのである。一定の国家批判の可能性をもったものとして始まった運動は、国家の正統性の内部に回収されてしまう。国家は一方で「自己犠牲」によってつくした戦死者と、またその戦死者を国家に差し出した（と本当に思うことができるのだろうか？）「遺族」たちから負債に答えるよう要求されはするが、「自己犠牲」の意味を供給する大本でもある国家自身が否定されることは決してない。遺族と国家とは、このような形で安定した関係構造を形作ることになる。

2 戦後日本のダブル・スタンダードと靖国問題

こうした内向きの戦争観・戦没者観とそれを支える心理と論理の構造は、政府の対外的な公式見解との間で「ダブル・スタンダード」をなしていたと吉田裕は指摘している。

具体的にいえば、対外的には講和条約の第一一条で東京裁判の判決を受諾するという形で必要最小限度の戦争責任を認めることによってアメリカの同盟者としての地位を獲得する、しかし、国内においては戦争責任の問題を事実上、否定する、あるいは不問に付す、というように、対外的な姿勢と国内的な取り扱いを意識的にせよ無意識的にせよ、使いわけるような問題の処理の仕方がそれである。(23)

逆にいえば、この対米的な面での戦争責任の承認を踏み越えたりしなければ、内部での自己正当化は許される、というふうにもいえるだろうか。吉田は、占領初期に「大東亜戦争」の呼称を禁止する代わりに占領軍が普及を図った「太平洋戦争」という呼称、および戦争観は、日本がもっぱら米英の物量の前に敗北したという認識を強める一方、アジアの人々の抵抗やアジアにおける戦争被害者を忘却させるものとして機能したことを指摘しているが、(24)外向きには「太平洋戦争」史観、内向きには「大東亜戦争」史観のダブル・スタンダードが成り立っていたということもできるだろう。

また、この吉田の議論の重要なところは、東京裁判の結果を受け入れることで「日米合作」ともいうべき昭和天皇の戦争責任免責の構造を完結させ、責任の〝封印〟をしているのだという立場から、裁判を「勝者の裁き」として否定する「大東亜戦争」史観がこの一線を超えようとするとき、同時に昭和天皇の戦争責任の封印も解けてしまうのだという点を指摘していることである。[25] それはすなわち、日本政府と閣僚といえども、昭和天皇免責をめぐる「合作」劇の構造には依然として手をつけることができないことを意味しているといえるだろう。[26] その意味では、植民地支配や「従軍慰安婦」に関しては「ついうっかり」出てしまったかのように弁明される「妄言」の類も、ダブル・スタンダードを前提として自覚的かつ選択的に表明されているのだといえる。

日本遺族会の戦没者観・戦争観もまた、こうした冷戦期の「ダブル・スタンダード」の中で成長し、また、その内部でのみ、成長を許された。そして、この冷戦期のダブル・スタンダードの中では、死者の取り扱いに関するもう一つのダブル・スタンダードが生み出されていた。すなわち、国家による公的補償という制度面と、死者の魂の「合祀」という靖国神社の宗教的行為とが作り出す二重基準である。日本政府は戦後、数々の戦争被害者に対する公的補償を拒み、「講和」に相当する各条約の中で「解決済み」という立場をとってきた（またそのような主張をなしうる条約の締結に尽力した）。日本政府の引き起こした戦争に従軍して命を失った人々に対する「国家補償」であるはずの「恩給」の支給をも旧植民地出身者に対しては拒み続ける一方、死の時点で「公務」による死と認められた戦没者は、すべて遺族に断りもなく靖国神社に「合祀」されている。

近年、一方で「軍人恩給」の支給をめぐる訴訟が提起され続けている反面、靖国「合祀絶止」を要求する訴訟もまた提起されてきていることの背景には、この選別的な補償と魂の「無差別的」同化に関わる選別と同化のダブル・スタンダードが存在している。「合祀」を拒否し、「合祀絶止」を要求する人々に対して、靖国神社側は分祀は宗教上できないと主張し、このことが神社の「宗教性」を印象づける仕掛けになっているが、靖国神社の基本的教義が「英霊」の「顕彰」にあり、一方的に「合祀」された人々の名において、戦争が美化され、永劫に登録・記憶されるシステムとして機能している以上、このような日本国家イデオロギーに死者の魂を縛りつける「宗教」のあり方自体が問われるのは当然であろう。

だが、こうした靖国神社の問題性、ひいては国家儀礼の中での戦没者の扱いに関する問題について、「平和主義」を掲げる「革新」の側も十分に問題にできていたわけではなかった。一九五〇年代半ばから靖国神社の国営化をめぐる「靖国問題」が政治上の論題となっていくが、ここでは「終始、論議は保守派がリードしていく」という。

社会党に代表された革新派は、国家が合祀に関わるとは何かとか、「国のための死」とは何かをほとんど問わなかった。したがって政治の世界の「靖国問題」は、根本のところを不問にしたまま議論が重ねられていくのである。[27]

一九五六年三月、先に見た第八回全国戦没者遺族大会において決議された靖国「国家護持」を受けて自民党は初の靖国神社法案を発表する。それは「靖国〇社」と名づけられ、靖国神社から宗教性を薄めた施設として提示されていた。一方、これへの対案として出された社会党の「靖国平和堂（仮称）に関する法律案要綱」は「殉国者」を国家として「顕彰」するための施設として位置づけられており、「自民党案との違いはわずか」な代物であったと田中伸尚は述べる。

「靖国平和堂法案」が作られたのは、社会党の左右両派の統一が生み出した政治的産物だったと思われるが、それを戦後の反戦・平和運動の大きな担い手であった社会党が作ったという事実は、いわゆる戦後の革新運動が「国のための死」を問い切れず、あるいは克服し得なかったことを象徴的に語っていよう。国家はなぜ戦死者を称えるのか、称えねばならないのか、を問題にしないかぎり、大日本帝国の行った戦争責任は核心部分で曖昧になってしまう。[28]

遡れば、「講和問題」をめぐって「全面講和」を選択した社会党・総評は「日本平和推進国民会議」を結成（一九五一年七月二八日）し、一九五一年九月一日、靖国神社で「平和国民大会」を開催している。『社会党の三十年』では、この国民会議の運動を「社会党はじめての国民運動組織」であり、「このもとで展開された全面講和運動は、日本で最初の本格的な国民運動であったといってよい」と位置づけている。[29] 国民会議の前身となったのは、日本山妙法寺などが中心となって作られた「宗教者平和運動協議会（宗平協）」（一九五一年六月一二日結成）であり、ここには妹尾義郎（仏教社会同盟委員長）、渋川謙一（全国神道青年協議会書記長）、小平国雄（日本基督教団平和委員長）、丸山行遼（日本山妙法寺）、李英克（東鮮寺）、小塩完次（世界連邦協会）などが参加していた。国民会議はこの宗平協の呼びかけで結成された形になっている。[30]

国民会議は広島に原爆が投下された八月六日から「平和週間」を呼びかけ、同日には広島で「全国労働者平和大会」を開催している。[31] 九月一日の「平和国民大会」は、主催者側発表で五万人が参加して行われた。これについて、大河内一男・松尾洋は次のように記している。

大会は、平和推進国民会議の事務局長妹尾義郎の司会で開会され、各団体代表が挨拶にたったが、アメリカ・フレンド奉仕委員会代表や駐日インド代表ら外国人の顔もみえ、インドからは平和の仏使として白牛二頭が贈られてきた。大会は「平和憲法を守れ」、「全面講和・中立堅持」、「再軍備反対」、「軍事協定反対」などのスローガン、大会決議を可決したのち、次のような大会宣言を採択した、——［……］

午後二時四十分、参加者は、本所緑町の震災記念堂をめざし、全自動車〔労働組合：引用者注〕のブラスバンドを先頭にデモ行進に移った。行列のなかでは、うちわ太鼓を打ちならす日蓮宗徒や白衣の傷痍軍人が人目をひき、沿道の人びとのデモを見る眼は好意的だった。[32]

「平和国民大会」がなぜ靖国神社で行われることになったかについては管見の限りでは明らかではない。ただ、『戦後東京労働運動史』によれば、集会が行われたのは「靖国神社前広場」であり、「それへの参加について東京地評内に多少の反対があった」ことが記されている。[33] この異論の中に「靖国」で平和集会、という設定に対する違和感が表明されているかどうかは今のところ明らかにしえていないが、後にも先にもたった一回のこの靖国での反戦平和集会がどのような思惑と力関係によって実現されたのかという点については、解明が待たれる。

田中によれば、「靖国の思想」が真の意味で問われ始めるのは一九六五年以降のことであるという。一九六二年に日本遺族会の会長となった賀屋興宣のもとで、遺族会は靖国「国家護持」運動を協力に推進するとともに、「英霊顕彰」という色彩を強化する。[34] 自民党は一九六九年から七三年にかけて五度にわたり靖国法案を提出する。

こうした中で、神社と公権力との関連を問題にする最初の訴訟が三重県の津市で始まった。いわゆる

「津地鎮祭訴訟」である。同裁判は、折からの靖国法案をめぐる論議と重なり合い、「政教分離」の意味を鋭く問うことになった(35)。

吉田裕は、同じ一九六〇年代後半に戦争責任論における民衆の加害性を問う思想があらわれてきたと指摘している。その第一の契機はベトナム戦争の勃発とそれに対する反戦運動(ベトナム反戦運動)にある。ベトナム反戦運動において重要な担い手の一つとなった「ベ平連(ベトナムに平和を! 市民連合)」は「日本の市民が戦争にまきこまれ再び戦争の被害者になることに反対すると同時に、加害者の側に加担することをも自覚的に拒否すること」を理念とした運動であった。これと合わせ、吉田は「日中国交回復問題」が戦争観の見直しをする上で重要な契機となったことも指摘している(36)。それは冷戦期の「ダブル・スタンダード」にほころびを生じさせることになるだろう。

「加害性」の認識の広がりと深まりは、日本遺族会とは別な形での「被害者」の思想を生み出していくことになる。

3 「被害者」の思想

一九六〇年代中盤以降にあらわれた「被害者」の思想のうち、最もラディカルな内容をもっているといえるのが、小田実による「難死」の思想である。小田が立つ場所は、日本敗戦直前の大阪空襲である。八月一四日に行われた大阪空襲の際、米戦略爆撃隊は同時に「戦争は終わりました」というビラを投下していた。戦争が終わることを知っていて一つの都市を焼き払い、その攻撃の元で人々は「虫ケラ」のように逃げまどい、黒焦げになって死んだ。「難死」とは、このようになすすべもなく空爆下で無意味に殺されていく人々を起点においてとらえられた死のことである。これはまったく無駄な死、「犬死に」であった、と小田はいう。

私にとって、死とは——映画で見たり新聞で読んだりしたものではなくて、本当に自分の眼でおびただしく見た死は——決して、特攻隊員の死のように、たとえば「散華」という名で呼ばれるような美しいものでも立派なものでもなかった。また、彼らの死のように「公状況」に有意義な死でもなかった。私が見たのは無意味な死だった。その「公状況」のためには何の役にも立っていない、ただもう死にたくないと逃げまわっているうちに黒焦げになってしまった、いわば、虫ケラどもの死であった。〔……〕あれこそ、もっとも無意味な死ではなかったろうか。すでに敗戦は確定していた。[37]

この無意味な死をどのように考えるのか。小田は次のように述べる。

たしかなことは、彼らの死がいかなる意味においても「散華」ではなく、天災に出会ったとでも考える他はない、いわば「難死」であったという事実、ただそれだけであろう。[38]

しかし、敗戦という意味喪失によって、「散華」と呼ばれた死もまた無意味と化し、「「散華」は「散華」すべき方向を失って「難死」と同一線上に立つものとなった」。小田の洞察は、この「散華」と「難死」とを同列に並べ、「散華」もまた「難死」ではなかったかと問うところに重要な意味がある。実際、日本軍の死者の多くが「餓死」によるものであったことは、「名誉の戦死」が「難死」にほかならなかったことに気づかせるだろう。だが、戦後復興を遂げたのち、人々は一度喪失した戦争の意味を回復しようという欲望に駆られることになる。

日本の自信の回復がナショナリズムを呼びさまし、人々の眼をその自信のよって来たる歴史に向けさせる。そのとき、太平洋戦争の「偉業」(あれはたしかに「偉業」であった)が人々の眼に大きく映じて来るのもまた当然であろう。その「偉業」を行なったのは誰なのか。あきらかに「難死」した男女たちではなくて、「散華」した若者たちだろう——人々は、もう一度、彼らの死の意味をとらえなおそうとする。それを、「散華」を「難死」からはっきり区別する態度で行なおうとする。[39]

こうした状況に対し、小田は次のような明快な立場を提示していた。

今、おそらくもっとも必要なことは、横行し始めた「公状況」に対して、もう一度「私状況」を確立することであろう。「戦勝国ナショナリズム」に対して「戦敗国ナショナリズム」、ロマンティシズムに対してリアリスティックな眼、「砂金」に対して「雑巾」、「散華」に対して「難死」。[40]

ただし、「私状況」優先の原理は危険な面をもっていることに小田は注意を促している。

「私状況」優先の原理は、もろ刃のやいばだった。それは、たとえば、まず、「難死」の最大責任者である天皇の戦争責任を曖昧なものとした。彼のかつての「私状況」を強調することで(天皇陛下個人は戦争に反対だったのだ、というふうに）、「公状況」と彼のつながりを不明確にした。〔……〕同じような理由で、「私状況」優先の原理は、旧指導者層の戦争責任を曖昧なものとし、彼らの勢力温存を実現したのである。[41]

それゆえこれにもう一つ、「「難死」から導き出されて来た平和思想」が重要であることを小田は説いている。戦後の日本は「表向きの軍備をもたず、徴兵制をもたない」ことで、人々の「ものの考え方、心理、行動から軍事的な配慮が一切欠け」た状態をもたらしている。小田はこれを「非軍事の思想」と呼んでいるが、[42]これ以後彼はこの思想を発展させていくことになる。

こうして展開された小田の思想のなかでもとくに重要な鍵となるのが、「加害」と「被害」の二重性、という認識である。この点については拙著『占領と平和』において次のように位置づけた。

――戦争に関わるということは、各々の人間を「加害者」であると同時に「被害者」の立場に立たせる、と小田はいう。

はっきりと自分の個人の原理を確立しない限りは、国家の命令によって自分は弾を打たなければならない。そしてその弾によってだれかが倒れる。そして自分はその場合、加害者の立場に立つ。しかし同時に、国家からみれば、国家に対しては自分自身は被害者である。そういった奇妙な関係が成り立つと思います。[43]

個人は単なる「被害者」なのではなく、「加害者」でもあるという、重大な問題提起である。自らが銃をとらされるという「被害」の経験は、同時に他者に銃を向けるという「加害」の経験でもある、という「加害」「被害」の往復によって、「戦争」を生きるという人間の全体的な構造、また「加害」の相手との関係構造を明らかにし、その構造を個人に強いる国家の存在に目を向けさせる、ひじょうに射程の長い議論である。小田のこの問題提起は、同時代のさまざまな運動課題にパラフレーズできる広がりをもち、それゆえ「加害」―「被害」の関係構造を可視化させることで、事態を「告発」し、根底的に問い直すための思考回路を与えることになったといえる。その意味でこの議論は、「反戦平和」運動、社会運動におけるパラダイム・チェンジを生み出したといってよいだろう。

この「加害」―「被害」の連鎖を断ち切るための「寄りどころ」となるのが、「市民的不服従の原理」であると小田は述べている。そしてその市民的不服従を「一国内だけの問題ではなくして、それを国際的な場においても考え」るという、「市民的不服従の連帯」を提起し、ここから小田は「アメリカで現在、徴兵拒否を続けているアメリカの若者たちの行動を支持したい」と述べている。これを支えるのは「国家の上にある人類普遍の原理」であり、この立場に立つとき、それは「国家政策に対する加害者の立場」に立つことを人々に求めることになる。[44]――

こうして小田において重要な意味をもつのが「国家原理」に対する「普遍原理」の立場である。敗戦時、多くの日本人が強烈な被害者意識をもったのではないかということから、小田は戦後の「被害者体験」の意味に迫ろうとする。

おそらく、被害者体験、そして、その自覚は、戦争と戦後をつなぐ一つの重要な支点として働いていたにちがいない。とすれば、戦後思想のすばらしさ、くだらなさ、強さ、弱さも、そこに大きな原因をもとめて考えることができる。

被害者体験、その自覚が私たちの思想にもたらした最大の功績は、そこに腰をすえることによって、これまで絶対的強者であり絶対的正義、善であった国家原理に対して正面からむきあう姿勢をあたえたことだと、私は思う。(45)

戦争の理念が国家の強制原理としてあるとき、それに対決し、抗する道は、より高次の人類の普遍原理に依拠することだろう。(46)

しかし、その個人的体験からする国家原理からの身の引き剥がしは、先に「私状況」の原理、という形で定式化された弱さを内包している。また、ときに国家は国家原理と普遍原理とを重ね合わせた形で人々の協力を調達しようとする。このとき人は国家原理に対して脆弱になってしまうことに小田は注意を促している。国家原理に回収されないためには、「国家原理と普遍原理の裂け目」を見出すことが必要である。それが「個人の眼に見えて来るのは、状態が悪化して、個人の側に被害者体験が積み重ねられて行ったときだろう」という。(47)その被害者体験に根ざすことを怠れば、個人の被害者体験は容易に国家原理に回収されていく。

裂け目を結び合わせる便利な接着剤としてのナショナリズム——それは、まず、個人体験を、今一度、過去の国家原理に接着させようとする。ナショナリズムも救いはしなかった個人の被害者体験が、どのようにして、また、ナショナリズムによって、かつて冷厳と自分を捨てた国家原理にひき寄せられて行くか。しかけは簡単だろう。それは、被害者体験そのものにある。まず、被害者体験の集大成として民族の被害者体験を考え、それをそのまま国家（原理）の被害者体験（国家もまた、その原理が完遂されなかったという「被害」をもつ）に転位することで、個人の被害者体験と国家（原理）のそれとを同一視させる、というよりは、個人の被害者体験を国家（原理）のそれの一部分とみなさせる——しかけはこれだけのことだ[48]。

結果は、いつでも普遍原理と個人体験の結びつきは国家原理を通過したかたちで行なわれ、これは、支配階級にとってはまさに都合のいい図式となる[49]。

こうした国家原理への回収を拒む個人体験と普遍原理との結合を果たすためには何が必要か。小田は過去の「加害」と「被害」の重層性を完結した過去と見なすことなく徹底的につきつめてみることを提唱する。

ここで、かんじんなことは、過去の被害者体験、加害者体験を過去のすぎ去ったもの、完結したものとせず、現在、未来にわたる問題としてとらえることだろう。そして、もう一つ、かんじんなことは、普遍原理をそうした過去、現在、未来にわたる被害者体験、加害者体験のからみあいのなかに突き入れ、その重みの下に位置させることによって、それを国家原理に対して個人がよって立つ原理—

―個人原理（それは言いかえれば、国家と自分とは別ものであるという強烈な自覚だろう）にすることであると、私は考える。[50]

そうした前提から、連合国の戦争犯罪をもまた、同じ普遍原理に乗って告発することが可能であり、東京裁判に見られるような「勝者の裁き」によるダブル・スタンダードを超えることができる、と小田は考えている。[51]

このことを、被爆者運動、原水爆禁止運動のなかで先鋭的に考えていたのが岩松繁俊である。岩松は「原爆被爆問題を論ずるためには、まず加害者責任を問わなければならない」「原水禁運動が真の意味での反戦運動でありうるためには、単に原爆被爆者・「死の灰」被曝者の立場にたつだけでなく、加害者としてのきびしい自己批判をみずからにくわえ、日本の戦争責任を自覚した立場にたたなければならない」と述べる一方で[52]、「被害者」としての立場に徹しきることを主張している。

被害者としての立場を徹底的におしすすめてゆけばどうなるだろうか。

被害者としての立場をとことんまで追求してゆけば、ふたつの局面にぶっつからざるをえなくなる。ひとつは、他国の被害者との共通性の認識である。そしていまひとつは、いたましい被害者をうみだした加害者の存在への認識である。前者は戦争被害者としての共通認識による国際連帯の自覚であり、後者は被害者認識の極限における加害者認識への意識の転換である。[53]

しかしながら、それ以前の運動において、日本の「被害者」たちは「被害者」に徹しきることができていなかった、と岩松はいう。

とことんまで被害者の立場に徹しきったとき、同じ被害者として朝鮮人の被害者の姿がみえてくるはずである。中国人の被害者の姿がみえてくるはずである。ヴェトナム人、フィリピン人の被害者の姿が、総じて東南アジアの被害者の姿がみえてくるはずである。太平洋諸国の被害者の姿がみえてくるはずである。これらの被害者は、戦争犠牲者として、日本人被害者と同じ立場にたっているはずである。

にもかかわらず、日本人にこれらアジアや太平洋の被害者の姿がみえないとすれば、それはまだ日本人被害者の被害者としての立場が、アジアや太平洋の被害者の立場にまで徹しきっていないからである。

なぜ徹しきることができないか。日本人の立場は、結局は、これらの人びとの立場とまったく同じ立場にはないからである。〔……〕被害者としての立場に微妙な相違があるからこそ、被害者としての認識と思想に甘さがうまれてこざるをえないのである。〔……〕日本人民大衆は完全な被害者、徹底した被害者ではなかった。広島・長崎の被爆者も、徹底した純粋被害者ではなかった。[54]

このようなきびしい被害・加害の関係の探求をする岩松においては、「被害」の程度を相殺するような発想とは無縁である。

アメリカが日本の二都市に原爆を投下した犯罪は世界の歴史に比較しうるものがない。しかし帝国主義日本の朝鮮・中国・東南アジア・米国・英国・オランダにたいする攻撃は重大な戦争犯罪であって、アメリカの原爆投下の犯罪によっても帳消しにすることはできない。また逆に、アメリカの犯罪は日本の戦争犯罪によって帳消しにはできない。

両国の戦争犯罪はお互いに相殺しあうものではない。唯一の正しいアプローチは人間的・社会的・国際的かつ地球的観点から構成された基準によって判断することである。この方法によれば、日本の侵略と残虐行為は重大な犯罪であると同時にアメリカの原爆投下は重大な暴行であったと結論づけられるにちがいない。(55)

このようにして「普遍原理」の立場に立つということは、しかし「被害」「加害」がせめぎあう場に対して超越的であることを意味するわけではない。小田は「侵略者、抑圧者が圧倒的な暴力をもって人びとに襲いかかって来たとき、「自決」を求めて人びとが起ちあがる。そのとき、「殺すな」ははたして有効な原理か」と問いを立てる。(56)「「殺すな」がその現場で論理、倫理として持ちこたえられるかどうか」と。これに対する小田の答えは次のようなものであった。

「殺すな」が「殺せ」を前提として存在する原理である以上、そして「殺せ」が積極的行為である以上「殺すな」もまた「殺せ」にまっこうから対立し、それを押しつぶそうとする積極的行為である[……]。逆に、積極的行為を前提としない「殺すな」は原理として成り立ち得ないし、それほどの力をもって「殺せ」とせめぎあわない「殺すな」は「死ぬな」であり得ても、「殺すな」でない。[……]そこにあるのは、もはや、「殺せ」に対する「非暴力抵抗」でもなければ、「非暴力行動」で

もない。あり得るのは、ただの「非暴力無抵抗」であり、「非暴力無行動」だろう。(57)

このことは、「非暴力」を考えるとき重要な手がかりを与えてくれるように思う。

いま見たように、反戦市民運動や反核運動のなかで「被害」「加害」のせめぎあい、からみあいを見すえた意識、ことばが生まれていたとき、遺族運動内部からも少しずつ「英霊」の思想から自覚的に脱却する動きが生まれ始める。だが、それが大きな動きとなるにはもう少し時間が必要であった。一九八〇年代中盤に生まれた「平和遺族会」の運動は、戦没者「遺族」の立場から「被害」「加害」の問題に向き合おうとするものであった。重複になるが、『占領と平和』に記したところを見ておきたい。

――「国家秘密法」への反対運動が高まっていた一九八五年八月一五日、中曽根首相は靖国神社に対して公式参拝を行っている。これに対し、諸外国からの批判がなされたが、国内では戦没遺族や宗教者から抗議・反対の運動が展開されている。日本遺族会が靖国神社の「国家護持」や閣僚の公式参拝を要求する運動を展開することに異和感や批判をもった遺族は、各地で「日本遺族会」から離脱して「平和遺族会」結成の動きを作り出していた。八五年の九月には、これらの連合体である「平和遺族会全国連絡会」の結成準備委員会が設立され、翌年七月、同連絡会が発足している。連絡会結成宣言では、死んでいった自分たちの家族が、戦争の被害者であると同時にアジアに対する加害者であることを認識し、このような加害／被害を作り出す政府と天皇制に対する批判の姿勢を強く打ち出していた。

私たちの肉親を奪ったあの戦争は、アジアの国々の平和をおびやかし、民衆の生活を破壊し、二〇

○○万を上まわる生命を奪った侵略戦争だったのです。私たちは息子、夫、兄弟、父の死を、「意義ある死」として、自分自身を慰めることもできなかったのです。

私たちは戦没遺族であるからこそ、誰よりも強く平和を求めます。私たちはもう二度とアジアの人々を敵視し、平然と何の罪もない民衆を殺すようなことをしてはならないと思います。私たちは、戦争の悲劇を味わった者として、日本の政府が再び戦争の惨禍をもたらすことがないように最善の努力を払いたいと思います。〔……〕さる侵略戦争の最大の責任は、近代天皇制国家において戦争を計画し、遂行した天皇を頂点とする軍国主義の指導者にあります。〔……〕私たちは、靖国神社「公式参拝」を絶対に認めることはできません。〔……〕私たちはこうした危険な方向に反対し、自覚を新たにして真の平和をつくり出す原点に立ち、アジアのそして世界の戦争犠牲者と手をつなぎ、力を合わせ、連帯します。(58)

ここには、「被害者」に徹することで、その「被害」を生み出した国家の責任へと迫る視点がある。人は自らのかけがえのない人生を生きる中で、その人生を生きるに足るものとするべくときに誠実に問題に立ち向かう。「被害者」の連帯としての自らの加害性の認識、というこのすぐれた視点は、遺族たちが「被害者」という経験にこだわり抜いたからこそ獲得されたものというべきであろう。――

遺族がもつ国際性が自覚的に追求されていることがわかる。それはまた、自分たちのかけがえのない人たちの名において戦争が正当化され、新たな戦争国家作りに利用されることへの拒絶の意思表示でもある。

4　Not in our names!——「わたしたちの名前を使わないで！」

この拒絶の意思の表示において、近年注目すべき動きを作り出しているのが、アメリカの「９・11」事件の被害者遺族による運動「ピースフル・トゥモロウズ」である。メンバーの一人であるデイビッド・ポトーティは、自分たちの活動について、次のように性格づけている。

あの朝家族を失ったわたしたちは、とくに痛ましい立場に置かれることになった。私たちが味わった悲しみは、単なる殺人行為ではなく、国際的な出来事であり、シンボルであり、そして公的な事件であった。私たちの愛する者の死の瞬間を経験したのは、何十億という人々であった。それゆえ好むと好むまいと、彼らの死は公的存在となるべきものであった。彼らはいろいろな機会に祈りの対象になるだろうし、いろいろな目的に用いられるだろうし、また見知らぬ人々によって、さらに多くの場合に、意見の違う、あるいは好きでもない人々によって祈りの対象になるはずであった。

わたしたち遺族の大部分は、悲しみに対処するために、テレビやラジオのスイッチを切った。しかしながら、ある者は、悲しみの公的性格を認識して、犠牲者の家族が抱かなければならない伝統的な感情とはしばしば相容れない声明を発することによって、死者を贖い出す道を選んだ。つまりそのような声明を発することを通して、わたしたちは出会い、戦争に代わる道を選び、暴力の悪循環を断ち切るために、非営利組織「平和な明日を求める９・11家族会」（September 11th Families for Peaceful Tomorrows）を結成することになったのである。[59]

彼らは「9・11」事件のあとすぐに、アメリカ政府が「報復」としてアフガニスタンを空爆するという知らせを得たとき、次のように考えた。

彼らはまず第一に、親のどちらかを失うことから心的外傷を受けた幼児たちを身近に見ていた。また、亡くなった成人した子どもたちのために泣いている年老いた親たちをも見ていた。さらにまた、自分たちと同じような年頃の兄弟や姉妹たちが、失われた自分の兄弟姉妹の未来を確信していたがゆえに、虚無感にたたき落とされた姿をも見ていた。かくも身近に暴力や死を痛感したことは、彼らにとって、他者が同じ悲運にさらされるような可能性は断たなければならないことを意味した。(60)

そしてさらに彼らが心を痛めたのは、この戦争が彼らの愛する人々の名において行なわれるということであった。遺族であるフィリスとオーランド・ロドリゲスは、九月一四日に電子メールで次のような声明を知人・友人に送っている。

わたしたちは、わたしたちが出会うすべての人々の間に痛みと怒りが現れているのを知っています。わたしたちは、毎日溢れ出てくるこの災害に関するニュースのすべてに、関心を払っているわけにはいきません。しかしながら、わたしたちは今、われわれの政府が暴力的復讐の方向につき進んでいるというニュースに、もううんざりしています。このような事態の進むところでは、遠い国の息子や娘や両親や友人たちが死に、苦しみ、そしてわたしたちに対する恨みをいっそう増し加えていくことになります。これは進むべき道ではありません。それはわたしたちの息子の死に対する仕返しの道であってはなりません。とくにわたしたちの息子の名においてなされるものであってはなりません。[61]

同じように、自分の愛する人の名において戦争がなされつつあることに耐えられない思いを感じた人々が集まってできたのが、「ピースフル・トゥモロウズ」であった。彼らは空爆後のアフガンや、開戦前のイラク（湾岸戦争の後遺症の残るイラク）に足を運び、自分たちと同じように「難死」によって愛する人を失った人々と出会う。それは一つの「和解」を含むと同時に、彼らに攻撃を仕掛けたのは自国の政府であるという加害性を意識しないわけにはいかず、相手もまたそのことを意識している。彼らは「被害者」の立場に徹することで、「加害」と「被害」がせめぎ合う場に立とうとした。彼らは日本からの「ヒバクシャ」と交流し、イラク戦争をやめさせるために非暴力直接行動による市民的不服従をもって抗議をする。ここには、これまで見てきた「被害者」の思想が響き合っていることが鮮やかに見て取れる。それは「難死者」の国際連帯である。

「ピースフル・トゥモロウズ」の「わたしたちの名前を使わないで！」（Not in our names!）という叫びは、戦争被害者（この場合は「戦争」へと水路づけられてしまった「テロ」被害者ということになるが）が「被害者」に徹することによって見出される原理であるように思われる。「靖国」の問題を考えるとき、どうして「わたしたちの名前を使わないで！」という叫びがこれほどまでにわずかなものであったのか、そのことは「戦後」の日本を考える上でも重要な問題である。

国家の加害性に向き合うとき、「わたしたちの名前を使わないで！」という叫びは小田実がいう意味での「普遍的」な可能性に開かれている。「わたしたちの名前を使わないで！」という声を上げた人たちを孤立させてはならない。それが私たちの倫理である。

注

(1) たとえば、田中伸尚・田中宏・波田永実『遺族と戦後』岩波新書、一九九五年、田中伸尚『さよなら、「国民」——記憶する「死者」の物語』一葉社、一九九八年、田中伸尚『靖国の戦後史』岩波書店、二〇〇二年ほか、一連の田中伸尚の著作以外にも多数ある。

(2) 田中『さよなら、「国民」』四七頁。

(3) 同、四八頁、五三—五四頁。

(4) 同、五二頁。

(5) 同、五五頁。

(6) 同、七五頁。

(7) 川口恵美子『戦争未亡人——被害と加害のはざまで』ドメス出版、二〇〇三年、一〇九頁より重引。

(8) 同。

(9) 北河賢三『戦後の出発——文化運動・青年運動・未亡人』青木書店、二〇〇〇年。全未協はのちに「売春防止法」制定要求運動に対する賛同要請を断り続けたが（鹿野政直「戦争未亡人」鹿野『兵士であること——動員と従軍の精神史』朝日選書、二〇〇五年、二五〇頁）、それは社会の「浄化」や「貞操」の観念という大義名分以上に、身体を売るほかに生活の手段のない女性たちの退路を断ちたくないという意思のあらわれであると解釈することができ、「戦後」の苦境を「英霊」に対する賛美を媒介に結合して生きようとした「遺族会」とは異なる志向を見ることができる。

(10) 田中・田中・波田前掲書、四一—四二頁。本部は神奈川県厚生連盟内に、連絡所は靖国神社内に置かれた（同書、四四頁）。

(11) 同、四二—四三頁。田中『靖国と戦後』一二三頁。

(12)『遺族と戦後』五一—五二頁より重引。

(13) 同、五二頁。

(14) 波多野澄雄「遺族の迷走——日本遺族会と「記憶の競合」」細谷千博・入江昭・大芝亮編『記憶としてのパールハーバー』ミネルヴァ書房、二〇〇四年、二五八頁。

(15)『靖国の戦後史』四〇—四一頁。

(16) 同、四一—四二頁。

(17) 同、三七—三八頁。

(18) 同、四二、七一頁。

(19)『遺族と戦後』七九頁。

(20) 同、四五、四六頁。

(21)『靖国の戦後史』三七頁。

(22) たとえば賀屋興宣会長の下で長らく遺族会の事務局長を勤めた板垣正（陸軍大将板垣征四郎の次男、元参議院議員）は、沖縄の「祖国復帰」運動について次のようにコメントしている。「われわれ遺族は、沖縄に対しては、特に切実な感情を禁じ得ない。恩給法、遺族援護法等はそのまま沖縄に適用されていることは、せめての幸いであるが、政治やイデオロギーをこえたもっと赤裸々な民族感情の次元でわれわれこそ本当に沖縄の人びとの心を理解し力になるべきではないか。」（「声なき声」『日本遺族通信』一九六七年五月一日号、板垣『声なき声——二五〇万英霊にこたえる道』トータルブックプレス、一九七八年、二四—二五頁）

ほぼ全県的に地上戦が戦われた沖縄では、恩給法・援護法の適用にあたって非軍人の戦死者をも「準軍属」の扱いで補償する枠組みが整備された（『遺族と戦後』一〇二—一〇九頁）。政府の補償体系においては、あくまで「公務」による死の延長におくことによってしか給付がなされない枠組が維持され、なぜ・どのようにして人々が死に至ったのか（日本軍による虐殺か、自決の強要か、壕の追い立てか……）は不問に付されることになった。板垣の感情移入は、「国のため」に死んだ「英霊」として沖縄の死者たちを意味づけるまなざしによって可能となっている。

(23) 吉田裕『日本人の戦争観──戦後史のなかの変容』岩波現代文庫、二〇〇五年、九一頁。

(24) 同、三二─三七頁。

(25) 同、一四四頁、二三四─二三五頁。

(26) もう一つ、戦争観に関して超えることのできない一線は、原爆投下の責任をめぐる問題であるといえるだろう。一九九五年にアメリカで起きたスミソニアン博物館の原爆展示をめぐる論争と在郷軍人会の反撥を想起する必要がある。この点については、さしあたって、R・J・リフトン、G・ミッチェル『アメリカの中のヒロシマ』下巻、大塚隆訳、岩波書店、一九九五年を参照。

(27)『靖国の戦後史』四七頁。

(28) 同、七一─七二頁。

(29) 月刊社会党編集部編『社会党の三十年』日本社会党中央本部機関紙局、一九七六年、一四五頁。

(30)『総評四十年史』編纂委員会編『総評四十年史』第二巻、第一書林、一九九三年、三七六頁。この資料によれば、国民会議には総評や宗平協参加の組合や宗教団体ばかりでなく、「未亡人会」や「傷痍者団体中央連合会」といった戦争被害者の団体も参加していることが注目される。この点でも、「遺族会」へと組織された戦争観とは別の可能性が戦争被害者の中につねに存在したことが確認できよう。この時期高野実は論文「平和闘争の実践について」(『社会主義』一九五一年五月号、『高野実著作集』第二巻、柘植書房、一九七六年)のなかで「平和闘争」推進のために「戦災未亡人、戦災孤児、傷病者、移住者、疎開者その他戦災者を役場で調べて動員する」ことを提唱していた(四七五頁)。平和推進国民会議の動向については、森下徹「全面講和の論理と運動──日本平和推進国民会議を中心に」広川禎秀・山田敬男編『戦後社会運動史論──一九五〇年代を中心に』大月書店、二〇〇六年も参照。

(31) 大原社会問題研究所編『日本労働年鑑』第二五集(一九五三年版)、五一四頁。

(32) 大河内一男・松尾洋『日本労働組合物語　戦後Ⅱ』筑摩書房、一九七三年、七〇─七一頁。

(33) 東京地方労働組合評議会編『戦後東京労働運動史——東京地評の二五年』労働旬報社、一九八〇年、三四〇頁。

(34) 『遺族と戦後』七三—七四頁、『靖国の戦後史』八二頁。一九六四年五月には、機関紙『日本遺族通信』の題字下に会発足以来掲げられていた「戦争防止」「平和」「福祉」の三語が「英霊の顕彰」に取って代わられることになる。

(35) 『靖国の戦後史』八九—九六頁。

(36) 『日本人の戦争観』一四四—一四五頁、一四八—一四九頁。べ平連の行動と思想については拙著『占領と平和』で詳しく論じているので、参照されたい（同書第Ⅱ部第四章）。

(37) 小田「「難死」の思想」小田『「難死」の思想』岩波同時代ライブラリー（初出『展望』一九六五年一月号）、一九九一年、五—七頁。

(38) 同、七—八頁。

(39) 同、八、九頁。

(40) 同、三九頁。

(41) 同、二五—二六頁。

(42) 同、三〇—三二頁。

(43) 小田「平和への具体的提言——日米市民会議での講演」小田編『市民運動とは何か——べ平連の思想』徳間書店、一九六八年、四三頁。

(44) 同、四七、四五、四四、四九頁。

(45) 小田「平和の倫理と論理」『「難死」の思想』（初出『展望』一九六六年一月号）、五六頁。

(46) 同、五七頁。

(47) 同、五八、七五、七四頁。

(48) 同、九一頁。

(49) 同、九三頁。

（50）同、八〇頁。

（51）同、七九頁。小田のこうした「普遍原理」による戦争犯罪の告発、という発想は、少くとも上山春平の問題提起に遡ることができるだろう。上山は一九六四年三月に発表した「再び大東亜戦争について」（『中央公論』）において、次のように述べている。

「私はまえに「主権国家は主権国家を裁くことはできない」と書いたが、武装自衛権が国家主権の本質的要素をなすかぎり、そして、国家が本来的に暴力装置をそなえる戦争勢力であるかぎり、ある国が他国を戦争行為のゆえに裁くことは背理である。戦争裁判が正当なものとして成立しうるためには、戦勝国と戦敗国の区別なく、戦争の発生に直接責任を有する者および国際法に違反した者を処罰するという原則が確立されねばならない。そのためには、人類が特定国家の名においてではなく人類共同体の名において、国家の戦争行為を裁きうる権限を確立していなければなるまい。しかし、より根本的な対策は、いうまでもなく、国家の武装自衛権を廃棄することである。」（『大東亜戦争の遺産』中央公論社、一九七二年、五五―五六頁）

上山の普遍主義要求は、国際法次元における正義に関心が向きすぎ、戦争責任への自覚を欠いた抽象的な問題提起にとどまっているように思われるが、他方で次のような述懐もしていることを合わせ考えるとき、彼なりの個人体験が生きているとも考えることができるだろう。

「私は、特攻の戦列に加わった体験をとおして、戦争目的にかんしては戦友たちと共有した理想像を、戦後もしばらくは執拗にいだきつづけたのであるが、植民地解放の理想を植民地支配の現実によって踏みにじられた体験を五体に深くきざみこんで大陸から引揚げてきた知人や、東亜共栄の理想を軍人や時局便乗者たちの狭量な自国本位の考えによって非難攻撃された先輩たちの回想をきくにおよんで、動揺をおぼえざるをえなかった。いらい、私は、自らの幻想をきり崩す動かしがたい事実を累積し、戦後数年をへておくればせながら、上述のような見解に達したのである。」（同、七六頁）

（52）岩松『反核と戦争責任』三一書房、一九八二年、一二二頁。

(53) 同、五〇頁、強調引用者。栗原貞子は「ヒロシマというとき」という詩のなかで次のように加害性と向き合っている。

〈ヒロシマ〉というとき
〈ああヒロシマ〉と
やさしくこたえてくれるだろうか
〈ヒロシマ〉といえば〈パール・ハーバー〉
〈ヒロシマ〉といえば〈南京虐殺〉
〈ヒロシマ〉といえば女や子供を
壕のなかにとじこめ
ガソリンをかけて焼いたマニラの火刑
〈ヒロシマ〉といえば
血と炎のこだまが返って来るのだ

〈ヒロシマ〉といえば
〈ああヒロシマ〉とやさしくは
返ってこない
アジアの国々の死者たちや無告の民が
いっせいに犯されたものの怒りを
噴き出すのだ。
〈ヒロシマ〉といえば

〈ああヒロシマ〉と
やさしくかえってくるためには
捨てた筈の武器を　ほんとうに
捨てねばならない
異国の基地を撤去せねばならない［以下略］

（栗原『核時代に生きる』三一書房、一九八二年、一七七―一七八頁）

(54) 岩松前掲書、五一―五二頁。
(55) 岩松『戦争責任と核廃絶』三一書房、一八一頁。
(56) 小田「「殺すな」から」『「難死」の思想』（初出『世界』一九七六年一月号）、二六八、二七〇頁。
(57) 同、二七二―二七三頁。
(58) 『遺族と戦後』一四九―一五一頁。
(59) デイビッド・ポトーティとピースフル・トゥモロウズ『われらの悲しみを平和の一歩に――9・11犠牲者家族の記録』梶原寿訳、岩波書店、二〇〇四年、v-vi頁。
(60) 同、一三―一四頁。
(61) 同、一五頁。

学徒兵体験の意味するもの――『きけわだつみのこえ』を読む

1　戦後「平和主義」の転換点

私はこの間、イラク反戦運動の盛り上がりと有事法制定の動きを見ながら、戦後日本社会において重要な意味をもってきた「平和主義」が、ある転換点に立っているという印象を強く受けていた。もちろんこの「転換」はこの一年で急に浮上してきたものではない。ヨーロッパを中心とした「冷戦」の劇的な終焉と、その間隙を縫うように「国連」の名のもとに行われた「湾岸戦争」、さらにPKOへの自衛隊部隊参加、日米新ガイドライン、「反テロリズム」の名によるアフガン戦争の支援、と積み重ねられてきたこの既成事実の前に、戦後「平和主義」は求心力を失いつつあるかのように見える。

「転換点」ということの意味は、一つには戦後「平和主義」の重要な柱であった「非武装・中立」の理念が、担い手を失いつつある、ということにある。いいかえるならば、日本国憲法の前文と第九条に依拠した「憲法平和主義」が空洞化を蒙りつつある、あるいは死滅させられようとしている、ということだ。だがその一方で、イラク戦争という「不正な戦争」に対する反対の声が――世界的には決して高い〝動員〟水準ではないとしても――個々人のレベルから湧き起こってきたこと、このことの意味を考える必要がある。

大切なことは、一つ一つの戦争の不正を告発し、また戦争へとつながる流れをいかにチェックし防止していくか、という点にある。その作業はまた、人々の心に触れるアピールを伴うことが必要であろう。そのセンス、判断力を養っていくためには、実際に考えたり身体を動かしたりした経験が大切な出発点になる。自らの経験を大切にすることは自己に閉じこもることではなく、他者の経験に対する敬意をもち、そこから学んだり盗んだり、交流したりといった、関わりの出発点となる。それが思想を作り、行動の想像力を豊かにする。

好戦的な世論が煽られ、そしてそれは「一時の風潮」にとどまらず国家の軍事行動として表現される危険すら生じてきた現在、人はなぜ戦争に反対し、「平和」を望むのか、というごく基本的な事柄から始め、この好戦性を煽る世論に対して説いていく必要があるのではないか。

2　徴兵制と「反戦平和」

こうした好戦的な議論の背景を考えてみるとき、現在の日本が国家制度として徴兵制をもたなかったことが、逆に無責任な好戦的傾向と結びついてきているように思われる。どういうことかといえば、現時点での日本における好戦的世論は、「自分はまさか戦争に行かないだろう」という安心感を根のところでもっており、さらに自分たちが傷つく可能性もない、つまりいくら戦争協力しても、「銃後」の自分たちは傷つくことなく安全に「観戦」していられる、という「観客戦争」のイメージが強い、ということである。この裏には、戦後の「平和主義」のもっていた消極性、つまり、「戦争に巻き込まれる」ことへの拒否意識によって支えられた「平和」観のなれの果てを見て取ることもできるかもしれない。「巻き込まれ」さえしなければやっちまえ、先制攻撃でも何でもあり、そんな「平和」へと変質しつつあるとしたら、もはや空洞化は極まったというべきであろう。そしてまた、いうまでもなく日本国自衛隊は志願軍であり、軍事的「貢献」をいくら呼号しても、自衛官でない限り現地で銃をとる義務はない、そういう安心感が自衛隊「活用」論を規定している。

この好戦的な議論がやりたがっている「戦争」は、「勝てる戦争」だ。先代ブッシュ大統領が「世界新秩序」を呼号してからのこの十数年、「同盟国」アメリカが繰り広げる「いじめ」「なぶり殺し」のような戦争を私たちは見せつけられてきた。[1] この〝汚い戦争〟の「勝ち組」に参加したい、という欲望が昨今恥ずかしげもなく表明されている。佐藤健志が『ゴジラとヤマトとぼくらの民主主義』（文芸春秋、一九九二年）で指摘したように、「勝ち組」に加わりたいという欲望は、たとえば一九七四年のアニメ「宇宙戦艦ヤマト」で、「ヤマト」に乗るなぜか「日本人」ばかりの「地球防衛軍」が、独裁者「デスラー」、将軍「ドメル」といったナチスドイツを想起させる「敵」と戦い、滅亡寸前の地球を救う、というストーリーの中に現われていた。日本は「連合軍」の側に比せられているのだ。こうした「勝ち組」への欲望は、端的に戦争の忘却、という歴史意識の欠如に由来している面もあるが、他方で「終わらない戦後」の問題に直面した回避行動ともいえる。こうしたサブカルチャーに見られる歴史への態度は、決して「オタク」の問題とレッテルを貼って済む問題ではなく、根深いものをもっているというべきだろう。それは、「勝ち組」に参加することを通じて、「普通の国」になろう、という意識の問題でもある。[2]

「普通の国」とは、もちろん原理的な意味で「普通の国」なる規格があるわけでもなく、国家の「自然権」の名のもとに現憲法の平和主義を「異常」のものとし、軍事力行使に関する憲法上の規定を無化するための合言葉とでも理解するほかないような融通無碍なマジックワードでしかないのだが、政府がその時々の事情（つまりはアメリカの要請）に応じてフレキシブルに対応できる体勢を作りたい、というのが実態であろう。かつて小沢一郎が『日本改造計画』（一九九三年）のなかでこのことばをキーワードとして用いたときは、「国連中心主義」がその見かけ上の内実として設定されていたが、いまや「国連中心主義」すら打ち捨てたブッシュ政権に寄り添おうとしている日本政府小泉政権にとって、憲法に対する冷笑的な態度を裏打ちするものとして、「普通の国」のイメージがあるように思われる。

おそらく、「普通の国」になりたいのであれば、軍事力を強化することよりもまず先に、政治迫害による「難民」「亡命者」を受け入れることから始めるべきであろう。政治的事情により自国を追われた「難民」「亡命者」が庇護を求めてきた場合、それを受け入れるという慣習が国際的に存在しているが、日本政府は「難民条約」加入以降もほとんど受け入れていない。己れの良心に従って脱出してきた人々に対し、日本政府は一貫して冷淡である。たとえばベトナム戦争のとき、韓国軍を脱走した金東希は、徴兵制をもたず不戦を声明した憲法をもつ日本ならばと「亡命」を申し出たが、日本政府は出入国管理令違反で彼を大村収容所に収容し、韓国へ送還しようとした。結果的に社会党が間に入り、本人の希望もあって金は北朝鮮へと向かった。アメリカ軍から脱走し、日本への「亡命」を希望した兵士たちに対しても、べ平連の活動家は、それが不可能であることを説明しなければならなかった。[3]

自分ではない誰かに「国家」の名において銃をとらせ、その「国家」の栄誉をただで手に入れる。これが「普通の国」だというのなら、その「国家」は引き裂かれているというべきだろう。ここには棄民の構造がある。それは徴兵制のもとでも同じことである。戦争を企画する人々は、自分ではない人々に銃をとらせることで、その成果を手にしようとする。人間を捨てて顧みない「国家」こそが「普通の国」と呼ばれてきたものの内実であろう。「普通の国」はあらかじめ引き裂かれているのである。

この前提条件としての断裂をイデオロギー的に糊塗するために、為政者は「共苦」の経験を強調する。苦難も栄誉も共にするのが「国民」であると。当然のことながら、これを拒否する者は、「非国民」として排除されることになる。かくして「国民」はその内部に「非国民」を見つけ出しては、〝除去〟の外科手術を行うことになるだろう。それは暴力的なものであり、その手術には終わりがない。

こうした血なまぐさい「国家」の現実に対し、さまざまな「市民的抵抗」の経験が積み上げられてきた。言論・集会・結社の自由、良心的兵役拒否、市民的不服従、脱走、亡命、といったこれまで積み上げられ、制度領域に食い込んできた抵抗線をますます活用するとともに、そうした抵抗は市民の権利であるということを訴えていくこと、国民的「共苦」の陶酔に抗して「否」を言えること、またはそう口にする人を支える人間関係をつくり育てること、それこそが、「国家」以前の権利として一人一人の市民が原理的に担保している「普通の」権利（自然権）であろう。国家に譲り渡すことのできない「市民」としての「自衛権」がそれである。[4]

こうした「市民的抵抗」と結びついた平和主義の思想と行動は、戦後「平和主義」の中に必ずしもメジャーではなかったけれども貴重な経験を積み上げてきた。また、徴兵されて自分はどうするべきかと悩むような事態に立ち至るはるか以前の地点、すなわち徴兵制そのものが導入できない、という現実に押しとどめてきたことも重要な成果である。その結果、徴兵制度というものがどういうものか、国家の命令で兵に取られるということがどういうことか、ということを戦後の日本人たちは幸いにして体験せずにきた。この意味で「巻き込まれたくない」という意識はそれなりのリアリティと緊張感をもって抑止力の意味をもってきたということができる。

しかし、徴兵制が導入できなかったという現実は、「日本人」の努力によってのみ維持されてきたわけではない。中国革命、朝鮮戦争以後のアメリカの東アジア戦略においては、韓国・台湾・南ベトナムを「反共前哨国家」（李鍾元）とし、これらの国を軍事化された防波堤として位置づけるとともに、日本を東アジアの経済的要とし、基地を提供するが軍事的には補完的役割にとどめるという分業体制が構築されてきた。このレジームのもとで徴兵制導入が回避されてきたという現実を認識しなければならない。「平和運動」が手柄を独占することはできないということだ。そして現実に、このような軍事的経済的分業の構造の中で、日本もまた「経済援助」等によって、これらの国家の軍事化、さらには独裁体制を支えることで軍事を外部化し、経済成長を遂げてきたという歴史を振り返る必要がある。戦後日本の「反戦平和」運動は、日本に徴兵制を導入しようという企てが高くつく、これを米日の政治家たちに認識させてきただけの意味はあった。ただし、アジアの「冷戦」という構図の中でそれが可能であった、という配置を見失ってはならないのである。台湾や韓国では一九八〇年代に民衆運動によって民主化が達成され、現在徴兵制度が揺らぎ始めている。台湾では志願制に移行し、韓国でも徴兵拒否の運動が拡大しつつある。それらは「市民的抵抗」の行使とともにかち取られてきたものであり、「非国民」を排除する一枚岩志向のナショナリズムに抵抗しながら、戦争を否定する思想と行動を豊かなものにしていく可能性を含んでいる。

3 「わだつみ会」の経験

戦後、一貫して徴兵制のなかった日本では、兵の死や、その痛みが「過ぎ去った歴史」の中に閉じ込められ、風化させる力の中に置かれてきた。このことは一面においては「戦争のない社会」を生きる、という現実に規定されていたわけだが、他方では非経験者の中で「兵士」となること、「兵士」として死ぬことがロマン化され、戦争が美化される傾向を生み出すことにもなった。「わだつみ会」はそれに抗い、まさに己れの生の続く限りその痛みを「現在」として生きざるを得ない人々の思いによって支えられてきた。このことは、継承されるに値する大切な内容をもっている。

わだつみ会は、戦没学生の手記『きけわだつみのこえ』(以下『こえ』と略記)を編集する過程で縁のできた遺族・友人たちと、戦没学生の死に心を寄せ、手記から受けたインパクトを大切にしながら「平和」について考える先行世代・同世代・後発世代の人々からなる団体である。出発点には戦没学生の手記があり、それに触れてインパクトを受けた読者層が補充されつつ今日に至っている。この「手記」はしかし絶対的な「聖典」ではない。初版の渡辺一夫のことばにもあるように、編者の思いによって「編集」されたものであり、紙面の都合により収録できなかったものや編集の意図からカットされた部分、つまり紙面に現われざる経験が存在することは当初から明示されていた。『こえ』が出版された後にも、手記を寄せた遺族や友人の証言、寄せられた声などにより、これらが書かれた背景や、書かれていることばに込められた意味などをよりいっそう掘り下げて読むことが可能になった。『こえ』は、印刷された書物として自己完結しているのではなく、開かれたテキストとして存在していたのである。『こえ』の出版的成功によって「戦没学生」の存在は広く認知され、同趣旨の手記集が編まれたり、個々の戦没学生の遺稿集が出版されるなどして、「わだつみ」経験の掘り起こしは層の厚いアウトプットを生み出した。

こうした手記や経験の掘り起こしに支えられて、『こえ』の新版（一九九五年、岩波文庫）には重要な増補が施されている。たとえば新たに追加された海上春雄の遺書は、以前から収録されていた一行の走り書き「元気デ任地へ向イマス。春雄ハ凡ユル意味デヤハリ学生デシタ。」という切ない一文をより際立たせる効果をもつ。亡くなる一年少し前、出征直前に書かれた「遺書」の、兵としての「満点答案」のような決意表明と対比することで、彼の人間性を知ることができるばかりでなく、時間の経過や書かれた文脈に応じて違った相を見せる、しかしそれについて生きて注釈することのできなかった彼らの真実に迫ろうとするための最初のきっかけを得ることになろう。

さまざまな戦没学生の掘り起こしとともに、広がりをもってきた「わだつみ」的なものに関し、『こえ』は、その世代の経験を独占するわけではないにしろ、重要な集約点となってきたことは確かである。とりわけ新たに読者となり、戦没学生の経験に触れる者にとっては。

こうしてすでに三〇〇万以上の読者を獲得してきた『こえ』は、一読してインパクトを受ける書物である。私たちは著者のすべてがあらかじめこの世にいないことを知っている。「満洲事変」以降日本がたどった道、そしてその帰結も。「学徒出陣」を必要としたほどに追い詰められていた日本の現実、その他手記を書いているその時間においては著者たちが知りえなかった事実についても。たとえば著者たちのうちの幾人かは、私たちが「後から来た者」としてその時代を眺めるときに用いる視線と同質の視線をもちあわせている、そのことに気づいて私たちは素朴な驚きを感じる。と同時に、敗戦後に生きる私たちと異なるのは、その戦争を彼ら自身が主体的に戦っているという現実である。敗戦を予感しつつ、あるいはこの戦争に正義がないことを感得しつつ、彼らは戦線から離脱することはない。

インテリでもあった彼らは、ときに文学的・哲学的な表現を交えながら、自らが兵士となり、銃をとり、変わってゆく自分、日本の現実、戦争の行く末、死を約束された現実について考える。そして生還することはなかったのである。あるいは生き延びることができたなら、「若い頃は理屈っぽく考えたもんだよ」と相対化することもあったのかもしれない若い思索は、そのまま永遠に途切れている。そのことに読者は胸騒ぎを覚えるだろう。さらに、著者たちもまた、自分たちの死後に、自分がもはやこの世にいないときになって、自分の書いたものが読まれる——不特定多数にとは思わなかったにしても——ことを意識していた（「遺書」とはそういうものであろう）、という事実が、テキストに複雑な色彩を与えている。

そして実際にこれを読むとき、消費され、風化されることを拒む強いインパクトが存在することは確かである。テキストのもつ長い生命と、体験者・関係者の有限性のはざまで、このテキストはどのように次代へ受け渡されていくのだろうか。繰り返しになるが、「わだつみ会」は戦没学生の経験と、彼らの残したテキストに引っかかりやこだわりや、忘れ難いものを感じた人たちの集まりである。戦没学徒たちに最も心を寄せ、その死を忘れ難いのはおそらく遺族の人々であろうが、手記が公刊され、広汎な読者をもつということは、それが「追悼」を超え、読み手にとってのそれぞれの新しい意味となって受けとめられる広がりをもつということでもある。この両者の存在があって「わだつみ会」という共同の場がもたれてきたのだということもできるが、その両者の関係は、決して予定調和的なものではありえなかった。わだつみ会が「転機」を迎えるとき、つねにこの問題が関わっていたのである。一面ではこの現実が会に「危機」をもたらすと同時に、新たな担い手を得ることは会の生命それ自体とも関わっていたため、新たな参加者に門戸を閉ざすことはありえないことであった。この二つの立場を本質的に敵対的なものととらえるのは誤っている。『こえ』に心引かれたという出発点をともにする以上、その共有点に立ち戻ってそれぞれにとっての「平和」の意味を考え、意見を交換し、経験を交流させていくことは、「わだつみ会」が担うべき根本的な役割であると考えられる。

だが、この両者を敵対的に峻別しようとする読み方も示されている。保阪正康『「きけわだつみのこえ」の戦後史』（文春文庫、二〇〇二年）は学ぶところの多い本であったが、『こえ』への向き合い方を次のような二つの非和解的な立場へと分断し、対話を不可能にする構図に貫かれている点で政治的な意図を含んでいる。

『きけわだつみのこえ』は毎年、万余に及ぶ読者を獲得していくことになったが、私の見る限り、読者の受け止め方には、大別して二つのタイプがあり、この二つを軸としてさらに幾つかに分かれているように思える。二つのタイプとは、追悼、供養の意味で読む読み方と、政治的に読む読み方である。過去の戦没学徒の無念を共有し、それを教訓とするのが前者なら、現在から将来への社会変革のために戦没学徒の心情を政治化していくのが後者である。（六八―六九頁）

私の考えるところ、死者に向き合う態度は「追悼、供養」のみではない。「追悼、供養」に対置される「政治的」というカテゴリーも、むしろそれ自体が政治的である。「追悼、供養」でもなく、「社会変革」のためにでもなく、しかし「現在から将来へ」の「平和」を考えるよすがとして『こえ』を受けとめる、というあり方は、多くの人々に共有されているようにも思う。漠然としてはいるが、その幅広い支持層をどう受け止めるかが重要であり、さもないと、遺族と政治的活動家の二種類しかいないことになってしまう。保阪はこうして、「追悼、供養」を主とする遺族的なあり方と、「社会変革」へと「政治化」し利用していく政治運動的なあり方という架空の理念型を作り出し、分断線を入れながら「わだつみ会」は前者に純化するべきことを示唆している。

だが「追悼」と「現在・将来」志向は不可避的に対立するものではない。「現在から将来へ」と想像力を開いていくことは、経験の継承という意味では大切な営みであるはずである。問題となるのは、戦没学生の手記のインパクトそのものが忘却・消去され、たんなる「反戦闘争」の草刈場と化す事態であろう。かつて全共闘の時期に会の分裂の危機に際会して鶴見俊輔が提起した会の二分割案は、「追悼」と「現在・将来」志向という二つのモメントをともに維持しようという「折衷主義の立場」によるものであったろうが、遺族や学徒兵世代にとっての主体的な拠り所としての会の意味が重視された結果、学生会員は多くが脱退することになった。この時期にそうした選択をしたことは、セクト的運動の隆盛期に際しての自己防衛という意味もあったろうし、それゆえにわだつみ会固有の問題関心を残しえたものと考えることができる。そしてまた結果的に良心的兵役拒否の研究や天皇制論の深化という面で思想的な遺産を残していった。こうした作業は当然のことながら「追悼、供養」にとどまるものではない。

そもそも、『こえ』のテキストは、単なる「追悼」にとどまることを拒んでいるように私は思う。『こえ』を読んだ者は、おそらく必ず「自分だったらどうしたろうか」と考える。これが読者に抗いがたい力で主体的なあり方を要求する。戦後世代にとって『こえ』のインパクトというとき、戦没学生に向かい合い、「自分だったらどうしたろうか」と考えさせられる、その主体化の力を私は強く感じる。「こんな時代もあったんだね」「昔は大変だった」という他人事で片付けることのできない向き合い、出会いの事件となるのである。著者たちのうち何人かは忘れることのできない死者となる。こうした初発のインパクトがその後の生においてどのように深められ、あるいは希釈され、あるいは意味づけを変えていくのかについては、それぞれの生き方ばかりでなく、それぞれが生きた時代との関わりも重要な意味をもつ。その時代との関わりとは、各時代の「反戦平和」の課題や経験との関わりでもある。わだつみ会とそこに集ってきた人々の経験は、一冊の本を機縁とする「反戦平和」の思想と行動のあゆみと広がりの大切な蓄積をもっている。

そうした経験の出会いの中から、『こえ』の忘れられない死者の向こうに、この死者たちが傷つけ、殺したかもしれない人々と、その傷つき、殺されたかもしれない人々を忘れることのできない遺族・友人や、心寄せる人々がいることへのまなざしが生れてきたのは、おそらくベトナム反戦運動などによって広く共有された、戦争の被害者は同時に加害者でもあったという問題意識の芽生えとともにであったのではないか。近年、この「加害者」性をめぐる議論は、「日本人」を「悪者」とする「自虐的」な議論であるかのように喧伝され受けとめられている向きもあるが、本来はそのようなものではなく、国家の「被害者」としての戦争経験が、他方自ら弾を打つ相手にとって「加害者」の経験でもある、また、そうした「加害」の経験は、同時に国家によって強いられた「被害」の経験でもある、というこの二重性こそが人間の現実であったという認識から、この経験のリアリティをつかみ直していこう、という全人間的な問題提起であったことは強調しておく必要がある。(5)

「加害者」である苦悩は、たとえば川島正の手記にもあらわれている。中国の民間人を岩石で殴打した同僚を横目で見ながら、彼は次のようにいう。

俺の子供はもう軍人にはしない。軍人にだけは……平和だ、平和の世界が一番だ。（新版『こえ』九〇頁）

このように国家の「被害者」である彼は、しかし「戦に敗れたら日本人が外国人からこういう目に合わされるのだ。絶対に戦にだけは負けてはならぬ。」（同）と必勝の決意を新たにする。[6] この同じ動機が、サイパン島や沖縄では民間人の「自決」を生み出していった。「加害」と「被害」はこのように絡み合って、戦争を生きる人々にのしかかっていた。戦没学生に戦死を強いた同じ力が、彼らを「加害者」にし、また民間人に「自決」を強いたのである。この問題は、決して戦争の構造から個々の戦没学生を切り離して「罪人」化することを意味しているのではない。「加害」ということばに対して拒絶的な論客は、この点を故意に隠蔽して、個々バラバラに孤立化させられた戦死者が、歴史の淵に投げ入れられ、封印されてしまうかのように喧伝する。しかし、「被害／加害」をめぐる議論とはそういうものではない。死者を二度殺すのではなく、なぜそのような現実が生じたのか、その中でその人はどう生きようとしたのか、という人間の現実をつかみたい、というのが本質である。この戦争の構造、その中での人間の可能性、という点についても『こえ』は多くのことを考えさせる。

4　「反戦平和」の課題と戦争への抵抗

かなり手前勝手な希望と読み込みを述べてしまったが、戦後の「平和主義」、「反戦平和」の経験を読み直し、豊かな経験の交流と対話を行っていく上でも、わだつみ会の経験は貴重なものとなるばかりでなく、今後わだつみ会自身がその対話の場としての意味を求められていくのではないか、と私は考える。それは、それぞれが戦争に反対していく「根」を問い直す作業として共有されていくことになるだろう。

とくにこのことが重要な意味をもつのは、二〇〇三年以降成立してしまった有事法制により、国家が戦争のための動員の権限を手に入れてしまったということが大きい。自衛隊が志願軍であったとしても、有事法のもとでは民間人も「軍属」として徴用されることになる。[7] 意に沿わぬ軍務、良心に反する戦争協力が強いられ、「平時」から戦争協力の体制づくりが進められることになるだろう。ここで大切になってくるのが、先に述べた「市民的抵抗」「市民的不服従」ということになる。戦争への抵抗は、複合的・多段階的に取り組まれるべきものであり、相互の取り組みを尊重し合いながら、「市民的抵抗」の幅広い領域をつくり出していくことが必要であろう。

戦争経験の継承は、自らの忘れることのできない記憶を継承していく行為であるとともに、おそらく、第二次大戦後に起きたさまざまな戦争の経験とともに受けとめていくべきものである。そうした戦争経験同士の交流、という、言うだけなら簡単だが現実には容易でない課題への取り組みの中で、新たな意味と共通の認識も生まれるかもしれない。

戦争による被害経験は個別化され、分断されるべきではなく、他の被害経験とつながっていく可能性に開かれている。世界にはなお学業を中途で放棄し銃を執らざるを得ない若者がいる。かつて朝鮮人学徒兵が「志願」したように、徴兵制の廃された現在のアメリカ軍では、市民権や学業の機会と引き換えにマイノリティの若者が兵士となっている。学問を享受する機会もなく銃を執らされる少年兵がいる。心ならず兵となり、死没していった人々への哀惜は、縁者の心の中に、深く刻まれていることだろう。

戦争経験は、過去のある一点で「終わった」ものなのではなく、残念ながらこれからも生み出されていくだろう。死者とともにあった時間の固有性と、問題の普遍性とをともに受けとめながら「反戦平和」を考えていくこと、ここから始まる対話の領域は広い。

注

(1) もちろん、アメリカがこの十数年、いつも「勝ち組」だったわけではない。ソマリアの撤退や、今現在進行中のイラク戦争を想起せよ。

(2) 詳しくは、拙稿「「普通の国」史観と戦後」『インパクション』一〇二号、一九九七年(本書第Ⅳ部所収)を参照していただきたい。

(3) 坂元良江・関谷滋編『となりに脱走兵がいた時代』思想の科学社、一九九八年、参照。

(4) ダグラス・ラミス『ラディカルな日本国憲法』晶文社、一九八七年、参照。

(5) 小田実は一九六六年の「平和への具体的提言」(小田実編『市民運動とは何か――ベ平連の思想』徳間書店、一九六八年所収)という論文の中で次のように述べている。「はっきりと自分の個人の原理を確立しない限りは、国家の命令によって自分は弾を打たなければならない。そしてその弾によってだれかが倒れる。そして自分はその場合、加害者の立場に立つ。しかし同時に、国家からみれば、国家に対しては自分自身は被害者である。そういった奇妙な関係が成り立つと思います。」(四三頁)

(6) 川島は一九四三年二月一〇日の手記において、次のように書いている。「「民心把握について」師団司令部より訓示が来た。全くだ。威圧と恐怖手段のみでは統治は不可能だ。従来の駐屯部隊の暴虐は一騒動来なければ不思議なくらいだ。/支那事変は陸軍の勝手な功名心により勃発した戦だから致し方もない。/二連隊の将校以下二十余名

が部落民に殺されたという事件が起ったが、来るべきものが遂に来た感じだ。」（『新版こえ』九一頁）

軍事占領、という形で、軍事力によって人が人を支配管理しようとするとき、生じる事態は普遍的である。同じことはベトナムでもイラクでも繰り返されている。川島は宣戦布告なき戦争が招く泥沼状態と、そこでの「占領」の実態を正確に記録している。

（7）すでにテロ対策特措法の段階からこの問題はあったことはいうまでもない。

拉致問題と国家テロリズム——東北アジアの脱冷戦化のために

はじめに

東アジアにおいて「冷戦」とは、決して「軍事衝突なき戦争」などではなかった。この地域は、一九四七〜四九年の中国国共内戦、一九五〇〜五三年の朝鮮戦争、一九七五年にいたるインドシナの長い戦争、七八年中越戦争、その他多数の武力衝突を伴う「熱い冷戦」が戦われてきた地域である。

ここで「東アジア」とは、中国・台湾・朝鮮半島・日本を含むいわゆる「東北アジア」とインドシナ半島・インドネシア・フィリピンを含む「東南アジア」をあわせて「東アジア」という地政学的概念として考えている[1]。このうち、「東南アジア」に関しては、一九九〇年代初頭のカンボジア和平の進展に伴い、冷戦期の軍事的緊張は著しく緩和された。だが、「東北アジア」に関して見るかぎり、朝鮮半島は依然として「休戦」状態を継続し、五〇年にわたる軍事的対峙の体制は解除されていない。

二〇〇〇年六月の南北首脳会談以後、朝鮮半島の緊張緩和は進んできたが、周辺国も含んだ軍事的緊張の解消にはつながっていない。韓国、日本と軍事同盟を結ぶアメリカは、北朝鮮を「悪の枢軸」の一角を占めるものと名指しで非難し、軍事的緊張をむしろ昂進させている。ここにきて、日朝の国交樹立のための外交交渉が再開され、その過程で「拉致」事件の真相の一端が突如明らかになった。これまでそのような事実を否定してきた北朝鮮（朝鮮民主主義人民共和国）政府は、一転して事実の開示を始め、拉致被害者の故郷訪問許可など一連の対応をするに至っている。

ここでは、こうした最近の日朝交渉に関連して浮上してきたこの「拉致」問題を中心に、この間考えてきたことなどについて述べてみたい。

1 東アジア冷戦の中の「拉致」——構造化された国家テロリズムの装置

今回の「拉致」事件の事実は、日朝国交交渉の過程で明らかにされたが、これを東北アジアの脱冷戦化のプロセスの一環として受けとめることがまずは必要であるとともに、このような問題が真相解明されることは、緊張緩和に役立つものと評価しておくべきであろう。ただし、一九七〇〜八〇年代に生じた一連の事件を、突然に生じた北朝鮮の突出した行為として例外的に扱うのではなく、東アジアの冷戦体制の中で生じた一連の国家テロリズムとの関連において理解することが必要であるように思われる。

朝鮮半島に限ってみても、南北双方、さらにＣＩＡなどが「工作」を行っており、多数の行方不明者を生み出しているし、冷戦の「前哨国家」となったために、社会の軍事化が進み、基地周辺での暴行・殺人・行方不明などの暴力（日常化され恒常化された暴力）や、軍事独裁政権による暴行・拉致・監禁が多数発生している。これらは国家の暴力装置（謀略装置？）によって生み出されたテロリズム、という意味において「国家テロリズム」と呼ぶことができるだろう。これら国家テロリズムをたえず生み出す構造を内包していたのが冷戦体制であったということができる。そして、国家自体がテロリズムを支える機械であった。近年、台湾や韓国、日本など「自由陣営」における国家テロリズムを「白色テロル」として、被害経験を歴史的に共同検証していこうという動きが生まれているが[2]、「赤色テロル」もまた検証を免れるものではないということは確かである。冷戦体制が生み出す暴力の連鎖は、「白色」側に限定されるものではなく、「赤色」側にもつながっているのである。

このことは、「白」も「赤」も悪かった、仕方のないことなのだ、という形で陳腐化し、無害化する形で受けとめてはならない。このような一般化は、一つ一つの国家テロルを「よくある現象」へと陳腐化してしまうだろう。そうではなく、テロリズムを内包した東アジアの冷戦体制を歴史的に検証するとともに、被害者への確実な補償と、テロリズムを克服した社会の形成という課題へとつながる問題と考えるべきである。各国はこのような「国家犯罪」を繰り返してきた。それがいま、自らの過去の検証ぬきに特定国の「国家犯罪」を弾劾できる地位に立ったかのようなふるまいをすることは許されないだろう。いまや、「国家犯罪」の時代から「犯罪国家」の時代へと転換したかのようである。いいかえるなら、「国家テロリズム」の時代から「テロリズム国家」の時代に転換したかのような表象が生み出されている。しかし、このような特定国家への問題のシワ寄せは、ことば遊び的な転倒でしかないのではないか。もちろん、東アジア各国が経験した「民主化」のプロセスを北朝鮮がまだ経験していない、ということは大きい。この民主化を可能にした市民の力が、冷戦期の国家テロリズムを明らかにする原動力となっていることは重要な事実である。そうであればなおさら、「テロリズム国家」のレッテルを貼って封じ込めるといった対応は正しいとはいえないだろう。

日本は戦後、かつての自らの国家テロリズムについて、真相解明の努力を怠り、被害者の弾劾に十分に向き合ってこなかった。強制連行は、たとえば空襲による家屋焼失のような「戦争被害」なのではなく、国家が強制的に身柄を拘束し、意に沿わぬところに居住し、意に沿わぬ労働（苦役）を強いる、人間の尊厳に対する侵害であり、それゆえ「戦争」と相対的に区別される「国家テロリズム」なのである（それが戦時に行われたという意味では「戦争犯罪」でもあるが）。また、この国家テロリズムは当然のことながら「敵国」以外に対しても行使される。アメリカ占領軍の特務機関、キャノン機関が行った鹿地亘拉致事件（一九五一年）をはじめ、「日本人」に対するアメリカの国家テロリズムも行使されている。また、現在の韓国大統領金大中が東京から拉致された事件のように、国会議員が自国政府によって拉致される時代もあった。

日本は決して国家テロリズムの被害者にとどまるものではない。冷戦構造の中で占めていたポジションを捉えなおさなければ、暴力の連鎖を可視化することはできないだろう。ポジションを問題にするということは、拉致されて当然だ、起こるべくして起きたことだ、という単純な正当化の論理とは異なる取り組みである。やられたから、やりかえす、という単純な応酬のプロセスではなく、暴力に満ちた関係の中を生きていた、ということをまずは理解しておくべきだ。国家テロリズムの被害者に責任はない[3]。彼／彼女らが過剰な注視の中で自らの自己決定権を奪われ、「外交の道具」とされるのだとしたら、それは二度目の暴力として、被害者をより傷つけることになる。取り巻く者たちが、自分も「被害者」のような意識で「テロリズム国家」を糾弾することには、東アジア冷戦を単純な物語へと還元してしまう「勧善懲悪」のメカニズムが働くことになることにはいくらでも注意する必要がある。

2 国家テロリズムに対する個人補償

今回の拉致問題に関連して最も驚いたことは、北朝鮮側が国家犯罪を認め、謝罪したことである。どのような経緯でこうした発言がなされたかについては、さまざまに分析されているが、いまだかつて国家がこのような形で自らの犯罪行為を認め、その行為の責任者となる者自らが謝罪したことはなかったように思われる。どのような理由や思惑に基づくものであるにしろ、こうした国家犯罪の解明と正当な補償、という問題について、よき前例としていくべきであろう。被害を受けた者は、その国家犯罪を告発し、正当な補償を受け取る権利がある。国家犯罪を取り引き可能な形に量化し、相殺する政治（賠償交渉）に回収させることなく、より広い国際的な監視のもとで決着を図っていくべきではないか[4]。その意味では、今回「平壌宣言」で北朝鮮側が放棄してしまった戦争被害・植民地支配の個人補償問題に関しても、国家テロリズムというべき非人道的行為に関しては、賠償・国交交渉から切り離しても、国際的な監視のもとに正当な補償がなされるよう、真相究明とあわせ、取り返しのつかない過去についての「償い」を追求すべきである。

冷戦期の構造化された暴力を検証していくためには、東アジア冷戦体制のもとで経済重視の政策を優先的に追求することをアメリカに保証され、一見この暴力と「無縁」に存立していたかのように表象されがちな日本もまた、冷戦の一翼を担った当事国であったということを正確に認識する必要がある。公開の進んでいない政策文書、とりわけ外交・防衛・皇室関係の公文書を公開し、日本がこの構造化された暴力に対し、どのような関与をなしていたのかを明らかにしていく責任があるばかりでなく、「解決済み」としてきた第二次世界大戦と植民地支配の被害に対し、まず、真相の究明と「解決」されたとする「責任」の中身を自ら明らかにすることが求められる。その上で、朝鮮半島に関するかぎり、一九六五年の「解決」が、国際正義にかなったものであったのかを再度論議し、戦争責任・植民地支配責任を果たしていくということが、脱冷戦化を真に実現する国交回復のあり方であろう。(5)

焦点となるのは、個人補償である。それは国家間の「賠償」の中で相殺されるべき問題ではない。国家テロリズムに対する個人補償の原則を確立することは、国家が「国家理性」のために犠牲を生み出す権利を有する、というかのような、功利主義的な「公共の福祉」論を厳しく問い返し、国家が公共性を独占するこれまでのパターナリスティックな国家のあり方を清算する機会となる（東アジアの冷戦体制は、このようなパターナリスティックな開発国家と米ソの大国によって構成されていた）。北朝鮮が個人補償を請求しなかったことは残念なことであるし、社会主義の独裁政権に、「個人補償」の発想が親和的かどうかにも疑問がある。だが、「拉致事件」の個人補償を自ら提起しつつ、戦時強制連行の個人補償の問題を提起するならば、日本政府としても論議せざるを得なくなるのではないか。

むろんこれは、主体的に日本政府にしかるべき責任をとらせることのできていない「日本人」の弱さをあらわにする「外圧」頼みの発想でもある。しかし、原則は明確である。国家テロリズムの被害は、国家がその被害者である個人に対して補償すべきものであるということ。その際、国家機構がどのような形でこのテロリズムに関与したのかという真相究明が必要であるということ。「トカゲの尻尾切り」のように、特定の「責任者」になすりつけるのでなく、そうした犯罪行為を生み出す機構そのものを社会科学的・構造的に解明すること。こうした作業を受けて、東アジア冷戦体制の中で相互の暴力・国家テロが連関していたのかを、体制の確立期である一九四〇年代、さらにはおそらくワシントン体制期にまで遡って検証する作業が今後必要となるだろう。政治的・軍事的な緊張緩和は、真の意味で「国家犯罪」を根絶しうる作業によって支えられるはずだ。

また、ここで付言しておきたいのは「脱走米兵」の問題である。朝鮮とベトナム、という二つの冷戦正面の連関が可視化した一九六五年に板門店から北へ「脱走」したという元米軍人について思うことは、国家テロリズムからの離脱が、新たな国家テロリズムへの包摂でしかなかったという問題をどう考えるか、ということが、地上が隙間なく「国家」によって覆われ、「国籍」をもつ自由が強制されている現代世界において、つまりますます「亡命」が難しくなっている現代世界において重要な問いとなるだろう、ということだ。(6) 脱走兵ということでいうならば、かつてベトナムに参戦する韓国軍を脱走し、日本に密入国して大村収容所に入れられ、社会党と日本政府の政治判断で（本人の希望もあったというが）北朝鮮へ送られた金東希の行方、という問題も気になる問題である。小田実は次のように述べている。

七六年一〇月に「北朝鮮」にはじめて出かけて、金日成主席に会ったときに私はじかに彼のことを訊ねてみた。彼はこの話はまったく知らなかった。国家の最高指導者が一脱走兵のことなど知らないで当然だろうが、彼はそう言ってから、調べさせると親切につけ加えてくれた。しかし、後日、調べたが、そんな人物はいない、という答えがかえって来た。(7)

国家犯罪を可能にする、軍・特務機関などの暴力装置や秘密外交を排することによって実現する（であろう）国家の透明性について、それが国家の隙間を逃げ延びながら国家テロリズムから身を引き離そうとする人々の生存戦略までも困難に陥れるとすれば、そこには何か誤った「透明性」が成立してしまっていると考えるべきだろう。自由通行の権利、望む場所に住み続ける権利、こうしたものを国家による資格賦与によってではなく、いかなる国家も承認しなければならないルールとして逆転することはできるだろうか。

3 自民族中心主義を超えて被害の連鎖を考えること

この問題に関し、現在日本政府は、ご都合主義的に「日本国籍」を伸び縮みさせることで対応しようとしている。被拉致者が日本に来ることを「帰国」と呼ぶのはよいにしても、北朝鮮で生まれ、当地の「国籍」をもっている少女を「帰国」させる、というのはどういうことなのだろうか？　被拉致女性を「帰国」させるために、「脱走米兵」に特別措置をするようアメリカ政府に働きかける、という。在日米軍の米兵犯罪による被害者を救済することなく、本国移送をやすやすと認める日本政府の「人道主義」は、自由にその定義を変えるかのようである。

罪のない人々の拉致が人道に反する許すべからざる犯罪であるのなら、どうしてアルベルト・フジモリをペルーに送還して、フジモリ政権下の軍や国家情報局による拉致問題、「失踪者」問題の真相解明に協力しないのか。[8] フジモリには「日本国籍」があるというのがその「理由」だそうだが、これら一連の「ホスピタリティ」あふれる行為には、いずれも融通無碍な「日本国籍」の適用と、恣意的な「人道主義」の採用がある。フジモリの送還が「人道」に反するとするなら、政治的迫害の可能性のある難民認定申請者を送還することはもっと「人道」に反するだろう。それは「脱北者」に限ったことではない。

こうした自民族中心主義的な日本政府の方針に対し、ある拉致被害者家族の語ったことばは示唆的であった。あるニュース番組の中でインタビューに答えて言ったそのことばは、国家テロリズムに対する被害者の論理を純粋に表現していた。

「謝ったからといって国交回復できると思ったら大間違いだ」

このことばはもちろん、発話者に即していえば金正日に向けて発せられたものだ。しかし、同じことばは、昭和天皇にも、田中角栄にも、小泉純一郎に対しても、投げかけられる可能性を秘めている。ここには国家テロリズムを許すことのできない被害者（家族）の立脚点がある。彼らは取り引きによる解決ではなく、もっと本質的な解決を求めるだろう。被害者の論理にはそういう質が含まれている。そして、その被害経験は、特定の国籍保有者が独占できるものではない。「被害者」として問う、糾弾する、という経験は、同時に自らが問われる際の、問いかけに対する理解を深めるものであるべきだろう。こうした問い問われる関係の始まりが、国家犯罪の相殺につながるのではなく、相互の経験の尊重、歴史への敬虔な態度、そして国家テロリズムへの徹底した拒絶という価値を、より豊かに育んでいく関係の始まりであることを望みたい。

注

（1）私の主たる関心は、いわゆる「東北アジア」にあるが、両者を「東アジア」として一括するうえで、次のような文脈を考えている。冷戦期のこの地域の連関をつくりだしたのは、第一にアメリカの世界戦略であるということ。

対共産圏、とりわけ対中国という課題を抱えたアメリカは、日本を拠点とし、重点的に工業化するとともに、共産化した中国の代わりに東南アジアを後背地としてあてがい、台湾・韓国には「前哨国家」としての役割を割り振るという形で冷戦体制を構築していった（こうした地域秩序を正当化するために、アメリカの当局者は「大東亜共栄圏」構想を支えた経済・社会認識を引用してもいる）。また、これらを貫いて対米軍事同盟網が形成されたが、アメリカの一極優位のもとでのこの秩序は、ヨーロッパにおけるNATOのような形にはならなかった。第二の要因は、中国である。中国は東北アジア・東南アジアをつなぐ地政学的位置を占め、「対中国」という形で各国の戦略は連関を有することになった。それはとりわけ、「分断国家」となった台湾、韓国、南ベトナムにとって利害の共通性を生み、それは相互の派兵提案としてあらわれることになる。第三に、日本やNIESの経済発展を考える上でも、この地域の経済的な分業体制と政治・軍事との関連を考えることは不可欠である。以上の点については、李鍾元『東アジアの冷戦と韓米日体制』東京大学出版会、一九九六年を参照。

（2）これらについては、『21世紀東アジア平和と人権　済州島シンポジウム報告集』国際シンポジウム「東アジアの冷戦と国家テロリズム」日本事務局、一九九九年、『日米の冷戦政策と東アジアの平和・人権——沖縄シンポジウム報告集』国際シンポジウム「東アジアの冷戦と国家テロリズム」日本事務局、二〇〇〇年、を参照。また、この冷戦体制における暴力への抵抗をどう考えるかについては拙稿「東アジアの冷戦とナショナリズムの再審」『現代思想』二〇〇一年一二月号［拙著『占領と平和——〈戦後〉という経験』青土社、二〇〇五年、所収］、参照。

（3）新聞報道によれば、拉致被害者蓮池薫さんのもとに、「あんなところにいるのがわるい」などといった罵りの手紙が寄せられているという。

（4）国家犯罪を「戦争犯罪事典」のように横並びに陳列することは、下手をすると、当の国家犯罪の相対化へとつながる危険性をもってしまうのではないかと考える。戦争犯罪をカタログ的に眺めたり、「どの国がどのくらい悪いことをしているか」といったことを量的に比較するにとどまるなら、「国家による犯罪」がつねに救済あるいは「償い」の困難な形で一人一人の生身の人間に対して犯される、という根本的な事実が見失われてしまう。国家犯罪を脱文脈化することなく、歴史の中で暴力の連鎖を生み出す構造（それはしばしばトランスナショナルな秩序でもある）を明らかにし、そこから責任を持つ者の責任を問うていくという作業が必要である。

（5）和田春樹『朝鮮有事を望むのか――不振船・拉致疑惑・有事立法を考える』彩流社、二〇〇二年。

（6）鵜飼哲「難民問題の現在」『現代思想』二〇〇二年一一月号、参照。

（7）小田実『「ベ平連」・回顧録でない回顧』第三書館、一九九五年、一六一頁。

（8）小倉英敬『封殺された対話――ペルー日本大使館公邸占拠事件再考』平凡社、二〇〇〇年、二二四頁、参照。

Ⅲ　ネオリベラリズムの同時代史

「戦後」と「戦中」の間——自己史的九〇年代論

はじめに

「九〇年代」とはひじょうに近い過去であると同時に、いま現在を規定している同時代的文脈の中にある時代でもあり、その総括は容易ではない。いま現在の問題意識あるいは「危機」の意識に規定されて、五年先、一〇年先に再検討を要するような、時局に局限されたふり返り方しかできないかもしれないが、この政治情勢の中でもネオリベラリズム二大政党化と日本の軍事化・米日軍事一体化、さらにはこれと連動した改憲の動きとそれを支える歴史観・戦争観の変容の問題を「九〇年代」の動向の中に読み込んでいくことを本章の課題としたい（反戦平和運動の動向については拙著『占領と平和』第Ⅱ部第六章で論じているので、ここでは詳しくは論じない）。

ただし、すでに大きすぎる問題の立て方をしてしまっているので、詳細な検証は後日の「宿題」として——宿題ばかりが増えてしまった感は否めないが——、私自身の同時代経験をふり返りながら進めていくことにする。いささか「印象記」的な記述となってしまうことだろうが、その際、私自身にとって認識の〝節目〟となった三つの年を軸に考えることにしたい。その「三つの年」とは、一九九二年、九五年、九九年である。

1　「九〇年代」という時代

一九九〇年代という時代が、「ネオリベラリズム」が可視化し、社会の支配的趨勢となった時代であることについては、すでにいくつかの著作によって検証されている。大内裕和・酒井隆史・三宅芳夫・山根伸洋・柿原泰・藤本一勇による「座談会・八〇年代とは何だったのか」(『現代思想』二〇〇一年一一月号)は、一九七〇年代、八〇年代からのネオリベラリズム化と、それが社会諸領域でどのように進行したのかについて、社会運動の動向も分析しながら刺激的な問題提起をしていたし、酒井隆史『自由論――現在性の系譜学』(青土社、二〇〇一年五月)では、このネオリベラリズムの権力を生み出した思想とテクノロジーの「系譜」が示唆に富む分析によって示されていた。酒井はこの本の「あとがき」で次のように述べているが、これは当時、レーガンやサッチャーの名前とともに〝過去〟の領域に属するかのように意識されていた「新自由主義」が、狭い意味での「先進国病」への臨床的対応にとどまらず、「冷戦」後、「グローバル化」する世界の中でモデル的な意義を持ち、続々とバージョンアップされているという現実を端的に告げていた。

おそらく私たちは、知らないうちに外堀をほぼ埋められてしまっていたのだろう。ともかく日本では一〇年前ですらとうてい考えられなかった驚くべき事態が、ほとんど沈黙によってときには積極的に支持されながら次々とまかり通っているのだ。[1]

ふり返れば、九〇年代前半にはすでに小沢一郎によるネオリベラリズムの政策パッケージが「小沢調査会報告」（一九九二年二月）、『日本改造計画』（講談社、一九九三年五月）の形で提示されていた。そしてこの小沢構想を批判的に読解した渡辺治『政治改革と憲法改正——中曽根康弘から小沢一郎へ』（青木書店、一九九四年六月）には、政治権力の再編成、軍事大国化、改憲に焦点を当てる形で、ネオリベラリズム化の動向が詳しく分析されていた。私自身、『日本改造計画』を批判的に読解する作業を行ったりもしていたのだが、[2] その後小沢一郎自身が政治的には浮沈を繰り返すことによって「政界再編」の〝目〟としての意義を一時的に減じていったこともあって、この政策パッケージをもっぱら小沢個人のものと〝属人的〟に受け止める過ちをおかしていた。そのため酒井の書によって改めて「驚くべき事態」に対する理論的理解の目を開かれることとなった。

この〝遅れ〟は、九〇年代を同時代的にはほとんど無自覚に、おおむね場当たり的に経験するという結果となってあらわれた。そのことをはっきりさせておきたい。「ネオリベラリズム」という名でこの新たな権力編制を理解することができたのは、世紀が転換したあとのことであった。私にとっては、酒井の仕事がまとめられたことではじめて、目前の事態を理解する道具がまとまった形で手に入ったのだ。

小沢によって明快な形でパッケージ化されたネオリベラリズム政策には、とくにその軍事・憲法政策との関連で「普通の国」という標語があてがわれた。この「普通の国」という国家観には、ポスト「冷戦」の時代を背景に、ポスト「戦後」国家の形、つまり「戦後」からの脱却の志向が示されていた。それは一つの新たなナショナリズムの形であるということができるが、「普通の国」という標語は湾岸戦争時に見られた「国連中心主義」、すなわち国連の権威の下での軍事活動・武力行使への参加が志向され、これに対する憲法上の制約を突破するために掲げられたシンボルであった。小沢自身は、必ずしも歴史修正主義的な戦争観・歴史観を提示してはいなかったが、「普通の国」という表象は、第二次世界大戦に至る近代日本の戦争・戦後責任を否定し、政府の政策や戦争行為を肯定する「自由主義史観」などと結合して、その後エスノセントリックな政治─歴史観にも共通の国家観を提供していくことになったといえる。(3)

もっとも、その後「国連中心主義」なる軍事─外交論は、国連による軍事活動を活性化し、国連の「平和創出」機能を増強しようとしたガリ事務総長のＰＫＯ構想の破綻──アメリカの意向による一期での異例の更迭──と、クリントン、ブッシュJrと継続された、アメリカのいわゆる「単独行動主義(unilateralism)」の強化によって、アフガン戦争(二〇〇一年)、イラク戦争(二〇〇三年)を経て後景化してしまう。この経過の中で、「普通の国」という国家像は、さらに融通無碍な展開を遂げていった。過去の戦争責任を問われず、戦後責任から逃避して、アメリカの要請のもとに戦争のできる国家、それを実現するうえで制約となる壁にぶつかるたびに持ち出されるのが「特別な国ではない」という自己意識であり、それは歴史意識の希薄化と独善的な国家意識によって作り出された内向きの言い訳でしかないものである。

そして、そのような意識が拡大していくことで、「普通の国」なる国家像自体が議論の対象ですらなくなり、問われざる前提となってしまっているように見える。つまり、第二次世界大戦後の国際連合体制をフォーマットとして、いいかえるなら一定の主権の制限を前提とした国家像の中で「普通」とはどういうことを意味するのか、といったレベルの議論は後景化し、国際連合体制があろうがなかろうが「国家固有」の自衛権があり、それが国際連合体制に先行するのだ、という、〝自然法〟的理解が押し出され、そのために二〇世紀の経験が公理系として参照されなくなっているのである——他方で安保条約体制という日本国の主権を制限する「二〇世紀的」条約体制にどっぷりとつかりながら。

こうした国家意識が蔓延してくる中で、それに対応した政治構図の大きな変化があった。それは日本社会党の解体である。かつては議会第二党として、政府の重大政策、とくに軍事化や生活・労働問題に関わる重大政策に対しては対決的な選択をしてきた社会党が、九〇年代の一〇年間を通して解体した。結果として生じたのは、自民党と民主党という二大ネオリベラル政党の競合体制であり、ネオリベラリズム「改革」に対する反対派の政治チャンネルは極小化することになった。まるでマルクスの『ブリュメール一八日』を見るかのごとく、そのときどきの役者を交代させながら、九〇年代一貫して進行したのは、「反対派」としての社会党が解体されていく政治劇であった。そして、その過程の進行に対し、社会党はなすすべをもたなかった。これが一八四八—五一年のフランスと異なるのは、最終的に「皇帝」権力を握るであろう「ルイ・ボナパルト」——マルクスに言わせれば「彼の叔父の甥であること以外に何の特性もない男」——は存在しない、ということである。人の支配ではなく、組織の支配——そして一九世紀とは異なる代表制の危機。

2　一九九二年——ＰＫＯ協力法と海外派兵の時代

①湾岸戦争と「国際貢献」イデオロギー

一九九〇年代の政治動向を考える上で、一九九二年に制定されたＰＫＯ協力法と、それに基づく自衛隊の海外派兵の開始は、私にとって最初の大きな「転換点」となった。もちろん、一九九二年にメルクマールを置くことに異論があるのは当然のことである。本来ならば、イラクがクウェートに侵攻した一九九〇年夏の「湾岸危機」、九一年初頭の「湾岸戦争」、そしてこの戦争に対して「後方支援」を目的とした自衛隊の派兵構想「国連平和協力法案」をめぐる攻防、戦争後のペルシャ湾への海上自衛隊掃海艇部隊の派遣（九一年四月）、という一連のプロセスの中に「転換」を見ることの方が正当であろうからである（そのような見解に立ちつつ、拙著『占領と平和』では、九〇年以降の動向を一つの時期区分として採用している）。

だが、ここではそのような「転換」の認識しそこないをふり返ることで、酒井のいう「知らないうちに」という過程を多少なりとも追いかけてみることができるのではないかと思う。正直にいって——恥をさらすことではあるが——、私はこの「湾岸危機」問題を通じて「危機」意識が希薄であった。九一年四月から七月にかけて、掃海艇部隊派遣反対のアピールを大学のあちこちに貼ったり、公開学習会を設定したりと、アリバイ的に動いてはいたものの、〝例外的〟なものだという意識が強くあり、「転換」にはまったく意識が及ばなかった。「戦後」の政治の枠組み——「五五年体制」——における「国対政治」のもつ〝復元力〟に対する期待があり、自衛隊の海外派兵は戦後民主主義の越えることのできない一線であると考えていたのである。それは短期的な結論としては正しかったが、そのときその一線をどうやって越えるかを危機意識をもって考えていた人々がいたことについては思いもよらなかったし、「五五年体制」がその後急速に終焉していくとも思っていなかったのである。その「戦後」的意識に〝危機〟を感じたのは、九二年五月、ＰＫＯ協力法が衆議院を通過しそうになって以降のことだった。

「湾岸危機」以降、政府サイドからは「国際貢献」というスローガンが繰り返し投げかけられ、反戦平和運動のサイドからは「非軍事による協力こそ国際貢献」という対抗スローガンが提示されていた。「国連平和協力法案」が廃案となる一方、日本政府が戦費一三〇億ドルを支出しながら、アメリカや湾岸諸国からの何らのリスペクトも得られなかったことの「後遺症」が喧伝され、納税者意識へのアピールと「大国」意識への挑発が奏効してか、「血も汗も流す国際貢献」というよりいっそう脅迫的なスローガンが提示されるようになっていった。

この一連の動きをリードしたのが、当時自民党幹事長であった小沢一郎である。小沢は、「国際貢献」イデオロギーをもとに、湾岸戦争時に成立した〝国連安保理決議に基づく「多国籍軍」〟型の軍事行動に自衛隊を参加させることは合憲であるという解釈を出すことで「国連中心主義」というスローガンに積極的な軍事行動を組み込んだ主張を行っていた。「国連」の枠組みの下での軍事活動については、古くは日本の国連加盟時や、安保闘争前後のオルタナティヴ（とりわけ坂本義和の「国連警察軍」参加構想）が論じられた時期に若干議論されてはいたものの、具体的な問題に直面してにわかにこれをめぐる議論がマスコミをにぎわせたことは事実である。それは「非武装中立」のスローガンに象徴される戦後日本の「平和主義」の原則を新たな形で根底から考える一つの機会でもあった。

だが、ここではPKO協力法の成立とカンボジアへの自衛隊部隊派遣という「現実」が先行しつつ、「非武装中立」の担い手の急速な縮小へと向かっていくことになった。私が〝危機〟を感じたのは、実際に自衛隊が派兵されるという事実とともに、こうした事態において「平和主義」が動揺に瀕しているということからであった。

②PKO協力法と「戦後」の終わり

ポスト冷戦の世界における自衛隊の海外派兵の可能性を確保しておきたい小沢らは、九一年九月にはPKO協力法を国会に上程する。翌年の発足を予定している国連カンボジア暫定統治機構（UNTAC）への自衛隊派兵を実現しようと、公明党・民社党からの修正も受け入れたため、九二年五月には法案は通過寸前の状態にあった。友人からの電話で事態の切迫を知り、法案が通過する六月一五日まで私は連日デモに次ぐデモに参加し、毎日のように国会にかけつけることになった。社会党・社民連による最大限の「牛歩」戦術、議員総辞職という戦術（これは六〇年安保時に提起されたが実施されなかったことをのちに知った）によって抵抗したことは、その後わずか三年で解体してしまう社会党の最後の院内闘争の「花」であったということができるだろうが、それも空しく法案が通過してしまったことで、私はかなりのショックを受けていた。

このような形で派兵を許してしまう戦後の平和主義とは、そして他ならぬ「戦後」とは何だったのか、ということを考えざるを得なかった。私の「ポスト冷戦」「ポスト戦後」の問題意識はこうして始まった。それは「戦後史」そして歴史への問いの始まりでもあった。「戦後思想」の中にこうなってしまった要因はないか、こうならないための可能性はなかったのか、といったことを探る作業が始まった。大学院生の有志と、また大学外の在野の場所で、複数の時局論や戦後に関する研究会を作ったり関わったりした。こうした中で、批判的に検討したのが、小沢一郎の政策構想や、社会党系ブレーンによる「平和基本法」構想、また読売新聞社の改憲試案などであり、丸山眞男らの平和問題談話会に始まる「非武装中立」主義、坂本義和らの中立構想であった。

だが、関心をもって読みかつ考えてはいても、ここに統治の転換を明確な形で認識することは私はできなかった。「復古」ではないことぐらいはわかってはいたものの、軍事の問題とその他の社会再編の問題を結びつけることは困難であった。当時ソヴェト連邦やユーゴスラヴィア連邦の崩壊と「冷戦」下で封じ込められていた民族紛争の噴出、そしてベネディクト・アンダーソンの『想像の共同体』に依拠した国民国家論の流行に規定されながら、ナショナリズムの人工性の認識による「民族」の相対化という観点からものを考えていたが、それゆえナショナリズム強化の動きに対して批判派は攻勢に立っているという認識でいた。

九〇年代前半は、のちにも述べるように、八〇年代以来の「国際化」イデオロギーの浸透の中で、自己中心的ナショナリズムがいまだ後退していた時期であったように思う。バブル崩壊による「日本的経営」への自負もなくなり、ナショナリズムの真空期であったともいえるだろう。それゆえ軍事化の問題とナショナリズムの問題を切り離して考えるということがあった。そのバックラッシュは九〇年代中盤にやってくる。

③細川政権と小選挙区制――社会党（自己）解体ゲームの開始

宮沢内閣のもとで小選挙区制度の導入を中心とした「政治改革」法案が廃案になると、小沢一郎・羽田孜ら旧竹下派の半分や武村正義らのグループが野党の提出した内閣不信任案に賛成してこれが成立、解散後の総選挙を経て、九三年八月、「日本新党」の細川護熙を首班とする「非自民」八党派連立政権が発足することになる。同政権は、同年一〇月には小選挙区比例代表並立制に基づく選挙法改正を行った。

この選挙法改正こそ、社会党解体の決定的な一撃だった。しかも、社会党自身そのことを知りつつも、なすすべがなかった。小選挙区制のもとでは社会党は自民党に対して圧倒的に不利であるばかりでなく、選挙に勝つための他党との政策すり合わせ等のために独自の政策を希薄化させざるをえないという点で、社会党の存立基盤を脅かすとともに、政策の「現実主義化」なるものを強いられることになる。戦後社会党を人材の面でも選挙の面でも地域活動や大衆運動の面でも支えてきた総評はすでに八九年に解散し、「連合」の時代となっていた。「連合」主導の政権づくりのなかでネックになると考えられたのが、社会党の「非武装中立」政策であった。

小選挙区制の導入は、このような政策を社会党が単独で掲げ続けることに対する〝外圧〟として機能したばかりでなく、小選挙区制導入を進めた細川政権への参加を通じて、基本政策のなし崩し的な後退を続けることで、同党が党としての拠りどころを次々と喪失していく規定因ともなった。当時高畠通敏は次のように鋭く指摘していた。

連立第一党である社会党が、現在、演じている役割は、滑稽であるというより悲惨であるというしかない。［……］今や、社会党は、連立政権にしがみつくことによって、支持率を日々低下させているのが、偽らざる現実なのである。

社会党は、党が中曽根政権時代から反対し、闘争してきたはずの新保守主義革命の積極的な片棒かつぎになった。非自民政権というスローガンは、そこでは何の意味ももたない。社会党が反対することによって、細川政権を内部崩壊させたという非難が集中すれば、次の選挙が戦えないという恐怖が社会党を金しばりにさせているという。しかし、選挙制度改革の結果、社会党が生きのこれる可能性はどんどん小さくなっている。いや、社会党が、他の保守新党と違うどのような独自の立場を訴えることができるのか。それさえも疑う有権者が多くなっていることも事実なのだ(4)。

社会党最大のアイデンティティのよりどころであった「自衛隊」と「安保」に対する評価は、細川政権参加における暫定的棚上げから、後述するように村山政権下において両者の積極支持を表明するに至り、イデオロギー的にも崩壊した。

こうしたなし崩しの現状追認的な政策転換に〝歯止め〟をかけ、そして同時に社会党の「政権担当能力」を内外にアピールする下敷きになることを目指して作られたのが、一九九三年四月の『世界』に発表された「〈共同提言〉「平和基本法」をつくろう」(古関彰一・鈴木佑司・高橋進・前田哲男・山口二郎・和田春樹・高柳先男・山口定・坪井善明)であったといえるが、事態はあっという間にこの提案よりも先に進んでしまった。

自衛隊の縮小と日米安保条約の非軍事化、という重要な政策目標を掲げたこの政策提言は、「攻撃能力をもたない自衛組織」を「最小限防衛力」として保持することを「合憲」とする、という点で、従来の政府が自衛隊に対して行ってきた説明——たとえば「戦力なき軍隊」——を何周遅れかで反復しつつ、これまでの「非武装」論的憲法解釈を技術的に変更することで成り立っていた。「連合」に対する説明としては成り立つのかもしれないが、社会党に投票してきた支持層に対しては、原則論ではなく技術論的な態度変更と映ったように思う。現に、同提案の中にはそれまでの平和主義の思想と運動に対して、故意の切り縮めがあるという点を渡辺治は鋭く批判している。

そもそも提案者たちは、従来の護憲論、自衛隊違憲論を〝乗り越える〟ために、従来の議論を故意に戯画化している。「私達の主張は、憲法違反の自衛隊を即廃止するというような、従来の『護憲論ではない』」（傍点引用者〔＝渡辺〕）。しかし、一体いついかなる党派の護憲論が、違憲の自衛隊の「即廃止」を主張したのか。典拠をあげていってみよ。社会党の非武装中立論とて、論者たちのいう程度の「最小限防衛力」への自衛隊の改組を主張してきたのではなかったのであろうか。(5)

この批判に沿って考えるなら、自らの運動史や戦後経験への安易なレッテル貼りによって「新しさ」「現実性」をアピールするこの「提言」は、「平和主義」の歴史的経験を政党間の象徴闘争の中に廃棄してしまうという意味で、その足もとを掘り崩すものであったということもできるだろう。反戦平和運動の中では、これを「軍縮」提案として評価する動きと軍事力容認とみて批判的な立場をとる動きとに分岐し、当の社会党本体はその対立をはるかにまたぎ越して安保・自衛隊「堅持」の立場へと移行してしまったのである。

④小沢一郎のネオリベラリズム「革命」

この提言とほぼ同時期に出版された小沢一郎『日本改造計画』は、湾岸危機以降の「国際貢献」論をベースに自衛隊の海外派兵、そのための改憲あるいはその代案としての「平和安全保障基本法」制定による派兵の合憲化——ひいては国連安保理常任理事国入り——、政治体制の根本的改編のための小選挙区制導入とそれによる「保守二大政党制」の実現、国会運営の「多数決」強化による批判政党の行動封じ、首相権限の強化、外交・防衛に特化した国家機能とそれ以外の機能の「地方分権」、危機管理体制の確立のための有事法制定、法人減税と間接税主体の税制、雇用のフレキシブル化と規制緩和、など、のちに「ネオリベラリズム」として括られる政策を体系的に提示していた。

小沢はここで「世界の激変に対応し、日本の平和と繁栄の基盤を再構築するためには、なれ合い、もたれ合いの構造を壊し、政治のあり方を根底から変えなければならない」として、小選挙区制の導入を提言し、次のように述べる。

一つの選挙区で三～五人を選ぶ中選挙区制では、野党は候補者を一人に絞るかぎり、黙っていても必ず当選する。何がなんでも与党に反対する二割ほどの反体制的批判票が必ず存在しているからだ。(6)

つまり、小選挙区制の導入は、「政権交代のある民主主義」（後房雄）創出のための「政治改革」なのではなく、「二割ほどの反体制的批判票」を封じるための公論世界の縮減にその主要目的があった。その「反体制的批判票」とされる標的とは、社会党以外の何ものでもなかった。小沢はこのことを公言していたにもかかわらず、社会党は小沢ら新生党による非自民連立政権の呼びかけに対し「選挙で絶滅の危機に瀕していたわけでもないのにこれに乗り、その結果、安保、自衛隊はおろか、コメ、あげくは消費税についてまで次々と政策の変更を強いられて、「政治改革」による選挙が来る前にすでに「解体」「ぶっ壊」われが進行しつつあ」った。(7) このとき、決定的に社会党は方向を見失っていた。

社会党の側は、同じ時新生党の結党にあたっての基本綱領、結党宣言を手に入れて分析し、それが社会党『九三年宣言』と「ほとんど変わらない」ことにびっくりして、新生党との本格連立政権を考えたという。おろかなことであった。社会党が〝わが党と同じ〟と喜んだ「自立と共生」という言葉が六〇—七〇年代の福祉国家型政治を解体し大国としての政策遂行のための財政を確立するとともに、社会党を解体して諸改革の障害物を除去することを意味していることは、明らかであった。「自立」とは、福祉を国家への依存ととらえた上でその廃止を意味するとともに、農業や流通に関する規制をとっぱらってそれを競争にさらすことを意味しており、またそういう福祉と保護を続けてきた「与野党なれあい政治」の解体を意味していたからである。地獄への道は無知に敷きつめられていたのである。(8)

こうして、小沢の国家再編の戦略は、「普通の国」という表象のもとに軍事機能の強化を伴って提案されてくる。

「普通の国」とは何か。二つの要件がある。一つは、国際社会において当然とされていることを、当然のこととして自らの責任で行うことである。当り前のことを当り前と考え、当り前に行う。日本国内でしか通用しないことをいい立てたり、国際社会の圧力を理由にして仕方なくやるようなことはしない。(9)

たしかに「日本国内でしか通用しないこと」を歴代の保守政府はいい続けてきた。曰く、「戦力なき軍隊」「事前協議はなかったから核持込みはなかったと信ずる」「自衛隊の海外派遣は海外派兵ではない」「自衛隊のいるところが非戦闘地域」……。しかし、小沢がここで提出しているテキストもまた、それに新たなバージョンを付け加えるだけではなかったのか。

そして、自衛隊については「専守防衛戦略」の枠を撤廃し、アメリカとともに「平和創出戦略」に携わるため、「組織再編成」を行って活動領域をグローバル化することを提案する一方（これはのちの「安保再定義」につながる）、改憲あるいは基本法で合憲化しようという構想であった。このような政策パッケージは、小沢が突然に提出したものではない。高畠通敏は、この政策体系の源泉が、大平内閣にあったことを指摘している。

国際的な新保守主義の潮流に沿って、日本の政治・経済・社会の構造改革に乗り出したのは、起源をたどれば大平内閣だったというべきだろう。保守本流のハト派であった大平首相は、訪米して日米対等の「同盟」をはじめてうたい、日本の防衛費の増大と防衛領域の拡大を公約した。帰国しては、欧米と並ぶ経済大国となった日本が、二一世紀に取るべき道を模索するため、知識人、官僚、マスコミの連合軍による九つの審議会を組織した。そして急死した大平首相の後を継いで、本格的に新保守革命への道に乗り出したのは、いうまでもなく中曽根政権である。彼が掲げた「国際化の時代」と「戦後政治の総決算」というスローガンは、その主たる標的が革新勢力にあったというよりも、新国際的潮流に保守主義の背を向けて、ひたすら経済大国化以前の保護主義的政策を追いつづけていた旧来の保守本流派にあったというべきである。［……］だが、ここで中曽根内閣が、保守本流派の党に対抗するために、大平首相から継承し組織化した「改革派」官僚、知識人、財界、マスコミの連合体は、その後今日にいたるまで、新保守革命推進の中核となっている。当時から、昭和研究会の再現と目されたこの連合体に、小沢一郎は党人として加わってゆくのだが、その意味では、彼はいわばこの連合体のリーダーというより政治的なシンボルなのである。[10]

こうした背景をもちながら、この「革命」の実行には制約が伴っていた。外ならぬ自民党組織自体がそれを阻んでいたのである。小沢はそれを打破する構想をまとめ、自ら実行した。このことが、九〇年代前半において小沢を「台風の目」とした要因であった。同時期の自民党はといえば、小沢と同じ旧竹下派であり、のちに首相もつとめる橋本龍太郎は、著書『Vision of Japan――わが胸中に政策ありて』(KKベストセラーズ、一九九三年一二月)の中では軍事問題についてはもちろん、PKO参加や改憲の必要に言及もしているが、あくまで「アジア各地の民衆の心情を十分に踏まえることが是非とも必要」として、ごくあいまいにしか展開していないばかりか、「厚生族」としての自らの立場を明示しつつ、アメリカの医療事業の日本市場参入への反対を明確かつ長大に展開していた。

同書は小沢ほどの体系性もなく、政権を追われた自民党の立場から、小沢的なものに対する異論・修正を提示しているにすぎなかったといえる。橋龍はこのとき、まだ「ネオリベ」ではなかったのだった。小沢の先行性は明らかであろう。政界再編を伴う本格的なネオリベラリズム「革命」は、小沢によって始動したのであり、小泉純一郎に率いられた自民党もまた、ここで始動した「政界再編」の中で改編された存在である。むしろ、小泉こそ自覚的に自民党をネオリベラリズム政党へと改造し、小沢を追い越してしまったというべきだろう(『日本改造計画』で小沢は、田中派出身らしく日本全国の新幹線網と高速道路網の整備を地図入りで打ち出していた。このあたりが当時の「限界」であったといえるかもしれない)。

小沢は細川が首相を投げ出したあと、羽田政権を擁立する際に、さきがけと社会党を外した統一会派「改新」を立ち上げ、社会党をさらなる解体へとゆさぶった。後藤道夫は次のようにいう。

小沢一郎がひきいる新生党は、日本新党などの改革諸派と民社、公明などを糾合して自民党に対抗できる大政党を結成すべく、社会党と「さきがけ」をはずして、九四年四月に新会派「改新」を結成した。旧来の社会党では合意しにくい「改新」の政策を踏み絵として、社会党の解体・吸収をねらったものであった。[11]

この間、北朝鮮の核問題が浮上しており、羽田政権ではアメリカによる武力攻撃に対応した「有事」体制の整備が進められたが、核危機の回避とともに、先述のごとく村山政権が誕生した。「改新」をベースに小沢は自民党と「保守二大政党」を形成する「新進党」を九四年一二月に立ち上げるが、路線の不一致から党の大半を分裂してできた「民主党」に奪われ、解体に向かう。

3　一九九五年——五五年体制の霧消と「ポスト戦後」国家

①村山政権下における「政治決着」と自社連立政権

先に見たように、村山政権のもとで社会党は安保・自衛隊に対する基本政策を変更するとともに、自民党とネオリベラリズムの双方に対する対抗軸を自ら失っていった。このとき社会党首班政権として実現を許されたのが、いくつかの社会紛争に関する「政治決着」であった。

すでに海部政権時代から「決着」のためのプロセスが進められてきた三里塚闘争——反対同盟熱田派と政府・空港公団・自治体との間の「公開シンポジウム」を通じた強制収用の放棄——をおくとすれば、水俣病未認定患者のための政府責任を解除した「政治解決」、先住権の保障なき「アイヌ新法」の制定、国家補償の観点を排除した「被爆者援護法」の制定、元「従軍慰安婦」へのこれも国家補償の観点を排除した「アジア女性基金」の設置など、これまで自民党政府が「解決」を放置してきた問題に対し、本質的な部分を回避した上で「救済」を施すという国家パターナリズムによる「決着」が続々とはかられた。この「決着」を受け入れる上で運動内には激しい議論と分裂とがもたらされたが、水俣病関西訴訟のように、国家責任を最高裁が確認するという結果も出てきている今、再検証が必要な時期にきているということができよう[12]。

村山政権自体は、九五年一月の阪神大震災への「危機管理」能力批判や、オウム真理教への破防法適用問題、沖縄における軍用地強制使用問題、「安保再定義」をめぐる諸問題そのほか、社会党として対応不能の事態に次々と直面して、事実上政権を投げ出す形で九六年一月、首相の座を自民党の橋本龍太郎に譲り、終焉した。橋本内閣に対しては、社会党は第一次内閣では連立で入閣したが、一九九六年一〇月の総選挙以後は閣外協力の立場をとった。この小選挙区制初の国政選挙で、社会党（九六年一月、改名して社会民主党）所属議員の大半が民主党から立候補する事態に至り、党は選挙の結果もあわせ、壊滅的な打撃を受けた。この間党「左派」によって九六年一月、「新社会党」も結成されている。

村山政権誕生時は、小沢的なものに対する「五五年体制」の側からの「歯止め」としての期待ももたれていたが、社会党自体が軸を失い、自民党は政権奪回とともに徐々にネオリベラリズム政策を強化していく中で、社会党解体の最終局面が進行してしまったというのが現実ではないかと思われる。橋本、そして小渕内閣において、旧来の自民党的体質の政治家たち——旧竹下派——を動力として続々と「改革」を打ち出し、ネオリベラル化を進めていったことは、自民党自体にも混乱と内紛を生み出したが、これ以後「改革」へのまとまった抵抗は各個撃破されていく。後藤道夫は次のように述べている。

規制撤廃と低効率部門保護の後退にたいする抵抗は、自民党全体が「構造改革」政党に転換するなかで、「構造改革」の範囲をせばめスピードを遅らせる「抵抗勢力」の努力という形となってあらわれた。農業、流通部門の自営業などでは、業界団体と保守系議員との関係が強く、保守政党から独立した反対運動は少なかった。保守派議員と連携を保ちながらの抵抗であったが、すでに自民党をふくむ保守諸政党は、全体として「構造改革」政党となっており、「構造改革」そのものへの対抗は困難となり、業界団体の抵抗も、政権党内部の駆け引きへの圧力という水準を超えることはほとんどなかった。[……]小渕首相、次の森喜朗首相、さらに自自公連立をとりしきった野中広務などは、農村部や都市の零細小売業、建設業など、旧来型保守の支持基盤と手法で生きてきた政治家であり、彼らの行動は、少なくとも中長期的には自らの支持基盤を掘り崩す働きをもったものであった[13]。

そしてこのとき、ネオリベラリズム「改革」への抵抗がすべてあたかも「五五年体制」における既得権擁護者による「守旧」的「抵抗」であるかのように演出されてしまったことは、ネオリベラリズムにより有利な状況を作り出す力になった。

②敗戦五〇年と「記憶の戦争」

村山富市が首相を担当していた一九九五年は、一九四五年の敗戦から五〇年目に当たる年であり、何らかの国会決議をあげることは政権成立時の与党の合意事項として入っていた。ところが、この決議をめぐる激しい抵抗が与党の自民党、野党の新進党の内部から噴出する。決議に際して、新進党は党内意見が集約できずに欠席、自民党の決議反対派や社会党内の決議をめぐる妥協反対派も欠席して、採決に出席したのは当時五〇二人の衆議院議員のうちちょうど半数の二五一人にすぎなかった[14]。決議の内容は、植民地支配に言及しながらも近代世界における一般的現象へと解消され、不戦を誓いつつも戦争責任は曖昧という限界の大きいものであったが、戦争の侵略性を承認──「社会党が「侵略戦争論」を放棄し、自民党が「侵略的行為論」に歩みよることで成立[15]」──した点で、細川内閣時の政策転換を引き継いでいるといえる。

この決議にあたって、衆議院議員の半数が欠席、国連安保理常任理事国入りのために戦後処理問題への取り組みを不可欠のものとする小沢に率いられた新進党ですら党議が集約できず、自民党も連立の政策合意を維持できないという有様を目の当たりにしたことは、私にとっては「意外」でもあった。小沢は『日本改造計画』の中で次のように述べていた。

過去の歴史の一面として、日本がかつてこの［アジア・太平洋：引用者注］地域の侵略者となった事実を否定するわけにはいかない。戦後日本においても、戦争責任を問う論議がなかったわけではない。しかし、あったとしても、それはもっぱら国内向けであった。侵略されたアジア・太平洋側に向けて自らの責任を問うものではなく、侵略責任を真正面から受け止めて過去の清算を試みた動きは、残念ながら政治を含めてほとんどなかったといわざるを得ない。世論も、過去の侵略にかかわった政治家の再登場を許さないほど厳しいものではなかった。

こうした歴史の一面に対する自己に厳しい反省と認識は、今からでも取り組む必要がある[16]。

小沢においてはこの構想は、「アジア・太平洋地域の利益を代弁」する国連安保理常任理事国入りを実現するために、その「障害」となっている「戦後処理の問題」に取り組むこととセットになっていた。

言葉で謝罪することも必要だが、同時に誠意ある対応が求められる。戦後補償は国際法的には解決済みであっても、なすべきことはいくらでもある。［……］政府はもちろん、民間レベルでも対応することが望ましい。[17]

だが、敗戦五〇年にあたってこのような対応がなされることはなかった。実現したのは、「民間レベル」での「アジア女性基金」のみという実態であった。新進党ももちろん「反省」と「補償」に向けた政策を提案したわけではなかった。考えてみれば、これが戦争観をめぐる政治的なバックラッシュの公的な開始点と見ることができるかもしれない。

吉田裕は、『日本人の戦争観』の中で、小沢的な「政治主義的で現実主義的な戦争観」、つまり、大国主義的政策目的のために「戦後処理の問題」に取り組むべしとする立場に加え、「七〇年代から八〇年代にかけて、戦争の侵略性や加害性は、多くの国民の明白に認識するところとな」っていたと述べている。[18] 戦争責任をめぐるダブル・スタンダード、すなわち対外的には東京裁判を受け入れてみせることで昭和天皇の戦争責任を封印し、対内的には戦争の侵略性すら曖昧にして「大東亜戦争」観を延命させるダブル・スタンダードが、次第に矛盾を深め、昭和天皇の「平和主義」性を強調すればするほど、少なくとも戦争を起こした軍部の侵略性は否定できなくなる、という形で、戦争の侵略性・加害性が事実においても戦争観を構成する論理においても認識として定着してきたというのである。

「ダブル・スタンダードの動揺」という形で吉田が定式化した彼のこの観察は、不可逆的な形で日本社会に定着したものであると私は思っていた。小沢的な政策的合理性を見ても、戦争観におけるバックラッシュが今日のように力をもつとは当時まったく予測していなかった。軍事化が進められようとも、戦争観に関しては、「侵略戦争」の認識が攻勢に立っている、戦後補償の流れは止めることができない、と思っていた。その背景としては、日本の戦争犯罪が新たな形で国際的に可視化し、国境を超えた責任追及の動きが始まっていたということもある。九〇年代後半からの歴史修正主義の拡大は、これらの動きに対する反動以外の何ものでもなかった――「新しい歴史教科書をつくる会」は一九九七年一月に誕生している。この反動の活性化について吉田自身もまた二〇〇五年に次のように述懐している。

本書では、侵略戦争と植民地支配の歴史に対する反省という方向への転換が対外的必要性を優先させる形で行なわれたこと、したがって、そうした転換に見合う形での歴史認識の成熟が、日本社会においてみられる訳ではないことを重視した。その上で、状況次第では、この国において攻撃的ナショナリズムが台頭する可能性があることに警鐘を鳴らしたつもりだが、歴史修正主義の台頭は、この予想を裏切るものとなった。しかし、首相の靖国神社参拝の再開や歴史教科書記述の後退については、充分予想することができなかった。全体としてみた時、本書執筆の時点では、「保守の英知」に対する過大な評価があったように思う。(19)

吉田が見誤っていたのは――私自身もまた――、「保守」が変質していたということ、ネオリベラル化していたということであった。

このネオリベラル化と戦争観や国家観をめぐる言説の内閉化の接合、という現象は、分析を要する事態である。一九九〇年代前半における小沢の政策パッケージでは、まだしも〝開かれた〟ものであった——軍事化推進の論理もまた「国連中心主義」であった。「戦後処理」の問題は、日本政府の一方的な恩恵とされることを拒みつつ、普遍的な正義を要求するグローバルな市民運動の流れへと接続していった。他方、これに対する反動の形をとって、内閉的なポピュリスト言説が歴史観・戦争観を突破口に溢れ出してきた。「戦争の記憶」が重大な政治問題となるとともに、思想的・文学的問題として急浮上してきたのがこの九五年であった。「自由主義史観」なる自己中心史観の登場ばかりでなく、加藤典洋の「敗戦後論」をめぐる「歴史主体論争」もこの年起きた。この年、制作から一〇年目にして初めて日本で公開されたクロード・ランズマンの映画「ショアー」や翌年に公開されたビョン・ヨンジュの「ナヌムの家」もまた、傷ついた被害者からの「戦争の記憶」の問題を強く喚起した。

政治言説が内閉化するのと対照的に、批判的言論においては、こうした一連の問題への関わりを通して運動との接点が大きくなり、アジアそして世界との同時代性の意識をも萌しながら、国家暴力の問題やポストコロニアリズムの文脈における「戦争」の多様な問題が思想的課題として急速に浮上し始めた。東京外国語大学の研究チームによるコラボレーション、『総力戦と現代化』『ナショナリティの脱構築』（柏書房、一九九五年一一月、一九九六年二月）の二部作が公刊されたのもこの時期であった。

この時期の「総力戦体制」論にとってやや不幸だったのは、高度成長を支えた「日本型経営」システムを指す「一九四〇年体制」を標的とした攻撃と「規制緩和」の合唱の中で、これと同趣向の議論と受け止められる傾向がないわけではなかったことであった。ここでは二〇世紀前半と後半の連続と断絶、とりわけ総力戦体制と植民地主義の継続に焦点が当てられたため、福祉国家体制と規律訓練社会を基軸とする「システム社会」がネオリベラリズムによって解体・再編を被っているという問題については積み残しとなった。

ちなみに、この点を決定的に進めたのが酒井の『自由論』であった。酒井は次のように述べている。

「交渉（negotiation）」、「調停（settlement）」といった概念は、二〇世紀型福祉国家の法的骨格をなしている、いわゆる「社会法」の中心概念を占めていた。社会法はひとつの視点からすれば、社会を和解不可能な諸勢力のコンフリクトの場として把握したうえで、コンフリクトのその都度の収斂の場を設定するためのルールとして機能しているといえる。社会法は〈経済的なもの〉と〈社会的なもの〉を相互制約的な関係に導き、さらにポジティヴな循環形成（経済的局面での労働者の妥協が社会面での「豊かさ」を保証するという）をもたらす――フォーディズム体制の――ための結節点として機能していた。［……］ところが危機管理・緊急状態のポリティクスのメカニズムの機軸にあるのは「抑圧」ではなく〈排除〉である。それは「正常状態」の達成と維持を、媒介を省略して性急に、そして暴力的に実現しようと試みる。〈排除〉の機制のもとでは、コンフリクトはシステムの言語に翻訳されないのであり、コンフリクトは正当性の場に登録されないのである。敵対的な社会実践は端的に病理でありテロルとしてたちあらわれる。[20]

九五年の時点では国民国家批判と歴史修正主義批判とが中心的な思想課題となり、植民地主義を一方的に忘却した戦後日本の「国民」意識と、その改悪版である「自由主義史観」とが系統的に批判されていた。『ナショナル・ヒストリーを超えて』（東京大学出版会、一九九八年五月）は、先の二著の作業の延長線上にある仕事であった。ここから戦後思想・戦後社会運動の中にある「帝国」意識の再審も進められた。この作業が「帝国」の残存の摘発を超えてその克服の可能性を歴史に即して探求していく作業へと接続していったのは、世紀が転換してからのことであるといってよいだろう。占領者と被占領者、植民者と被植民者の境界、戦略的対峙と交渉、といったテーマで探求されている現在の研究—運動状況は、九〇年代の経験に多くを負っており、そこから社会運動の読み直しも進んでいる。

私自身は、「戦後史」を「占領」という視点から読む視座を、一九九四年に始まった「戦後研究会」において学び、そこから試作的に「戦後日本思想史年表」[21]を作成する作業に携わった。だが、「戦後史」や「戦争の記憶」をめぐる問題系と、政治社会の再編に関わる問題系は、依然として別々のものであった。

③「危機管理」と「安保再定義」

九五年の動きとして、のちにつながるいくつかの動向についてもふれておかなければならない。まず第一に、「危機管理」論の急浮上、ということがある。すでに九〇年代前半のネオリベラル構想の中でも「危機管理」の語は重要な意味をもっていたし、九三—九四年の北朝鮮核問題に際しても、この語は「有事」体制づくりと結びつけて多用されていた。これを自衛隊・警察を結ぶ形で大がかりに具体化したのが九五年一月の阪神・淡路大震災と、同年三月の地下鉄サリン事件およびその後破防法適用手続きの発動に至るオウム真理教への対応の中でであった。

第二に、すでに進められつつあった「安保再定義」の過程に大きな抵抗として浮上した沖縄における反基地運動の盛り上がりがあった。九五年九月に女子中学生に対する米兵の集団暴行事件が起き、この事実が知らされるとともに、米軍基地撤去の大がかりな運動が沖縄全土で展開された。折からの軍用地使用期限延長問題に絡み、大田昌秀県知事は、軍用地特別措置法に基づく強制使用のための代理署名手続を拒否、村山政権からは職務執行命令訴訟を起されることになる。大田県政は基地の整理縮小へと目標を設定し、県民投票も実施したが、代理署名には最終的に応じた。

「安保再定義」のプロセスは、九七年になって「安保新ガイドライン」として形になるが、社会党がこの「安保再定義」の過程に対して何ら意味ある関与をなし得なかったことは、同党にとってむしろ幸せなことであったろうか。戦後史を通じて社会党がその発動に反対してきた破防法を発動し（ただし適用除外の結論）、基地の整理縮小を要求する県知事に社会党の首相が強制収用の手続きを命じる。戦後政治も大きく変容したことは明らかであった。

4　一九九九年——ネオリベラル化の不可逆点通過

小渕政権下で開催された一九九九年の第一四五国会は、こうして九〇年代に進行した諸領域におけるネオリベラル「改革」の一つの頂点をなすものであった。

この国会で可決された法律は多岐にわたる。周辺事態法他新ガイドライン関連法、盗聴法他組織的暴力対策法、住民基本台帳法改正法、国旗・国歌法、男女共同参画社会基本法、地方分権一括法、食糧・農業・農村基本法、中央省庁改革関連法、労働者派遣法改正法、職業紹介法改正法、そして憲法調査会法が成立した。一挙的な大展開であった。規制緩和、軍事化、ナショナリズム強化とともに、セキュリティ関連の重要法が成立している。単なる市場主義というのではなく、国家主義の強化と相携えて進行するネオリベラル化が誰の目にも可視的なものとなった瞬間であった。

ここから遡って、一九九二―三年という時期がいかに決定的であったか、とりわけ九三年の小選挙区制の導入が決定的だったかが痛感されることであるが、後の祭りである。ネオリベラル化はもはや不可逆点を超えていることを思い知らされたのだ。

とくにガイドライン関連法の成立は、PKO派兵を超えてついにアメリカ軍と共同の戦争遂行を立法化するものであり、非軍人の戦争動員を内容として盛り込んでいたことから、飛躍は大きかった。これらの法律は、「新ガイドライン」を読まないとそれ単独では理解できないほど、この法律でもない文書に依存していた。武藤一羊は次のように述べている。

「ガイドライン」とはいかなる種類の外交的取り決めなのでしょうか。それは条約でしょうか。それとも日米半導体協定のような国際協定なのでしょうか。そのいずれでもありません。それは、一九六〇年安保条約の下で機能する安全保障協議会の防衛協力小委員会によって作成された低い資格の作業文書に過ぎません。正規の国際協定ではないので、政府代表による調印すらも行われませんでした。日英両文のどちらが正文であるのかさえ明記されていません。もし条約なら、国会審議にかけられ、議論され、修正され、批准もしくは否決されていたでしょう。低いあいまいな性格の文書なので、ガイドラインは公的な審議にさらされるこうした一切の手続きを免れています。それは、九七年九月二十三日、ただ発表されることで発効したのです[22]。

それは安保条約の実質的な改定であった。こうした方式での安保条約の改定は、一九七八年に作成された旧版の「ガイドライン」にすでに前例があった。六〇年安保闘争、そして七〇年の安保闘争の高揚に懲りた米日両政府が、議会を経由せずに条約を改定する手段をこのように脱法的に作り出したのがほかならぬ「ガイドライン」方式であるといえる。ガイドライン関連法の成立によって米日の軍事的一体化はよりいっそう進行した。それは二〇〇三―〇四年の有事関連法の成立によって総括されることになるだろう。

この「新ガイドライン」、そしてガイドライン関連法に対しては、動員が予定される運輸・港湾関係の労働組合がナショナルセンターの違いを超えて結集するという従来にない画期的な事態が生じている。この枠組みは参加している労組の数から通称「二〇労組」と呼ばれているが、アフガン戦争（アフガン特措法）、イラク戦争（イラク特措法）、そして有事法に反対する運動において、主導的な役割を担った。労働運動が反戦平和運動から後退して以降、画期的に重要な動向であるといえる。

労組が呼びかけたガイドライン反対集会には五万人の労働者・市民が集まったが、同法は大きな抵抗もなく国会を通過してしまった。この一四五国会における私の敗北感は大きかった。〇二年度以降のイラク反戦運動までしばらくは運動に希望を見出せなかった。

この一四五国会について、武藤は次のように述べている。

> 九九年一年間で、戦後国家体制のもとで自民党が「積み残し」としていた課題がすべて一気に国会を通過してゆく。しかもそれが、小沢一郎を首班とする内閣のような明白にイデオロギー的な政権によって強行されるというならまだしも、小渕という性格のはっきりしない、自分で真空だと称しているような人が首相になって、その下でほとんど挙国一致のような格好で、どんどん通っていく。自自

公だけではなくて、半分ぐらいは元社会党から成っている民主党というぬえ的な政党を巻き込みながら、通っていく[23]。

ここでの一連のネオリベラル「改革」は、橋本内閣で準備され、小渕内閣で実現を見たものである。しかし先に見たとおり、これは同時に旧竹下派の政治家たちの基盤を掘り崩す「改革」でもあった。ここで確立された地平をふまえながら、よりいっそうの「改革」を推進したのが小泉純一郎である。小泉政権四年半の間に、小泉と権力闘争をした元竹下派の政治家たちは一斉に失脚していった。旧竹下派は原形をとどめないまでに解体された。いま見た引用に続けて武藤はこういっている。「今起っていることは、自民党の綱領というよりむしろ小沢綱領が実施されている過程であるように見えます」と[24]。それは九〇年代前半に提起されたネオリベラル諸「改革」の一つの結実点であったのだ。

消費税、リクルート、湾岸、ＰＫＯ……という九〇年代初頭の一連の危機に対し、明確な方針で処方されていったのが、ネオリベラリストの「革命」ともいうべき事態であった。直前の消費税反対運動と「市民派」との連携の中で伸張した社会党は、この急激な「巻き返し」の中でまったく対応能力を喪失し、ネオリベラリストに利用し尽くされ捨てられてしまった。

この対抗軸の消失と、ネオリベラリズムの「一人勝ち」という〝危機〟を解読することが、そしてこの状況の中での抵抗の可能性を探ることが、奇しくも同時期にいったんは「輸入」という形で導入された日本のカルチュラル・スタディーズの使命であったといえるだろうが、狭義の「文化」的実践の中での抵抗の〝脆弱さ〟ゆえか、この危機の分析に挑む文化研究者はわずかである——より正確にいうなら、この間もっぱらナショナリズムの分析に集中してきた。この危機の構造と権力の布置を分析し、政治的実践へと接続してきたのは、酒井や渋谷望のほか、小倉利丸ら『インパクション』「ピープルズ・プラン研究所」に拠るアクティブな研究者／活動家たち、渡辺治ら『ポリティーク』誌に拠る社会科学者たち、次いで高橋哲哉ら『前夜』に拠る人文科学者たちであったといえるだろう。いずれも孤立した作業にとどめずに雑誌を通じて集団的作業に開かれている点で重要である。『現代思想』誌もまたそうした作業のための最も重要な場の一つであり続けてきた。

5 「戦後」と「戦中」の間——〇〇年代における政治と国家

二〇〇一年の「9・11」事件に対する「報復」戦争として始められた米英のアフガニスタン攻撃や、〇三年のイラク攻撃などに見られる「単独行動主義」戦争の動きに対し、日本政府は「国連中心主義」をもかなぐり捨ててアメリカの軍事行動を補完する行動を取り続けてきた。〇三年の「イラク特措法」は、アメリカによる一方的なイラク攻撃と占領を追認し、イラク占領軍に自衛隊を参加させるための強行措置であった。

日本はいま、イラク攻撃以降の戦争状態の中にある。「冷戦」の終結を受けて「国連中心主義」の旗印のもとに始まった政府による自衛隊の海外派兵の動きは、ついに新たな「戦中」を主体的に作り出すことになった。丸山眞男をひっくり返したような標題を掲げたのは、そのような含意によっている。

自民党の改憲草案が提出され、横須賀が原子力空母の母港となり、地元の反対を押し切って辺野古に新たな基地建設が日米両政府の「合意」によって頭越しに決定され、「米軍再配置」の名のもとに自衛隊と米軍の一体化・司令部統合化が進められている。他方で年金制度が改悪され、郵政民営化がトップダウン式に進められようとしている。

敗戦六〇年を迎えた二〇〇五年には、小泉首相が何度目かの靖国神社の参拝を行い、アジアからは「抗日」の非難が吹き付けてくる。そうした現在に、私たちは、いる。

米日両軍の一体化により、日本政府の自衛隊に対する統制権はどの程度残っているのだろうか。米軍による「統帥権の独立」によって、新たな文民政権の危機が訪れないとも限らない。こうした政策を推し進める人々によって「自主憲法」の制定が呼号されている。このことは「戦後」を貫く基本構図だったが、依然としてそれは深まりこそすれ、緩和されることはない。「保守本流」の「軽武装」路線を補完した非武装主義の反対派も解体された。歯止めを失ったこの従属ナショナリストによる内向きのポピュリズム政治により、軍事化しつつ従属を深めていくことになるだろう。

姜尚中は次のようにいう。

日本がどうしても過去のしがらみや憲法の制約や東アジアのパワーポリティクスの中で、しようと思ってもできなかったことをアメリカという回路を通じて今突破口を見つけたわけです。これはたぶん理屈としては緊急避難的だとか、アメリカの外圧で説明すると思うけど、僕はそうではないと思います。やっぱり内部的にはそれを受動的な形であれ、やりたい、それを突破口に何とか自衛隊の海外「派兵」を実現したいという力が働いていたと思う。(25)

たしかにそういう面はあるだろうが、安保体制という枠の中では、「自主的」にふるまいうる方向があらかじめ規定されている。「自主的」にふるまえばふるまうほど、アメリカの補完・従属を深めるばかりである。こうした「ねじれ」は、「五五年体制」を打破するぐらいでは解消されない。そして、今日の排外的・自己中心的ナショナリズムの噴出は、若干の「反米」志向を内包しつつ、ガス抜き的にそれが高揚することはあるが、形成されつつあるネオリベラル二大政党制のいずれの政党も、徹底して「親米」である。そしてそうであるがゆえになおさら、排外的ナショナリズムによる補完・方向づけを必要とする。

このナショナリズムは、シニシズムや排外主義とセットになっており、ネオリベラル「改革」によって排除される者たちを積極的なエージェントとする、典型的な「ポピュリズム」のパターンを反復している。このポピュリズムのマジックを打破することが一つの課題であろう。それは孤立分散した人々を、個々にとらえる。そこにはいまだ「コミュニティ」は生まれていない。かつての農本主義の基盤となった農村コミュニティはすでに限りなく縮小し、大都市圏以外の地域社会もまた、産業と雇用を失って解体の危機に瀕している。

その意味で、今日「保守」を名乗る者がいたとしても、それはネオリベラリズムの国家イデオロギーの保守者か、あるいは排外的な権威主義者という意味でしかない。共同体の「伝統」に遡ったり、地域社会の「連帯」を防衛するための国家との対決にふみ切る、ラディカルなコミュニタリアンは、その生活の基盤も含め、危機に瀕している。誘導された「地域づくり」が「ボランティア」をタダで動員するか、資本の要請に従属した形でのみ許されるとすれば、そこには「保守」すべき地域社会があるのではなく、また利害を調整する共同性が担保されているわけでもない。

ただし、「参加」の拡大は「参加への封じ込め」(渋谷望)という問題を根深く孕み、かつそれが統治理性としては期待されているとは考えられるが、同時に別な社会性を開く場でもある。「コミュニティ」

再建のための費用負担要求、「公民」としての権利要求は国家を揺さぶる力になる――右であれ、左であれ。そのような「保守」性が登場するのであれば、新たな「連帯」の「伝統」を作り出すだろう。

社会党の解体は、政治の構図における「保守対革新」という「五五年体制」を完全に失効させた。ある種の歴史哲学の裏づけをもっているかのように見える「革新」ということばは、その歴史哲学の失効とともに方向性を不透明なものとしたが、他方、「改革派」を標榜するネオリベラリストたちも、社会主義ないし福祉国家の歴史的負性を告発するための歴史の捏造――「守旧派」「抵抗勢力」という擬似的差異性の創出――によって方向性をひねり出しているにすぎない。原理としての市場万能主義には歴史は本質的には必要ないのであるから、そこには「保守」すべき「伝統」は存在しないはずであるが、市場万能主義にこれを警備する国家の権威を召喚し接合するとき、擬似的に歴史が作り出される。そのような意味で、「保守（conservatives）」なるものは「社会」あるいは「コミュニティ」なき国家権威主義を指すものへと縮小している。

ネオリベラリストが「新保守」と呼ばれるとき、それは、そのように矮小化された「保守」である。「新自由主義」における「自由主義」もまた、可能性を一方向に切り縮めた「自由主義」にほかならない。

こうして形成されつつあるネオリベラル二大政党制は、トップダウン式の強力な「リーダーシップ」によって統制された「党」のモデルを生み出しつつあるようである。とりわけ民主党よりも自民党は、「除名」まで大量に発動して、公明党や共産党のような「一枚岩の党」へと変質しつつあるかのようである。これは小沢が先鞭をつけ、「新進党」時代にいったん成立しかけたが、民主党に構成員が流れることで、先延ばしになっていたものである。「政界再編」が一巡して、いま民主党もまた「第二新進党」

と化しつつある。かつて新進党の「顔」であった小池百合子は、細川日本新党から小沢新進党、そして小泉自民党と乗り換えながら、ネオリベラリズムの中心街道を歩んでいる。ネオリベラリズムへの純化において、自民党が民主党に対し一日の長を確立したのが現在の状況である。

日本国内においては、ネオリベラル二大政党が競って政策を収斂させている間は小選挙区制という壁もあり、容易に政治的にオルタナティヴな方向性を見出すことはできないものと思われるが、世界的な反グローバリズム・反ネオリベラリズムの民衆運動の動向、また日本の国家主義化を監視し批判を続ける東アジアの市民社会とも連携しながら、この閉塞した日本政治を外側に開く可能性を探求することには希望があるように思われる。

そして当面は小選挙区制のもとで多くは「死票」となっている、社民党・共産党に仮託された基礎票七〇〇〇万の層——「改憲阻止」の「確信犯」となる社会層であり、小沢が沈黙させようとした声でもある——が存在することを強い励みとしつつ、孤立感の中で闘っている人々とのつながりを模索していくことだ。九〇年代のように状況を解読しそこなうことは、もはやないものと思いつつ。

注

（1）酒井隆史『自由論』四四七頁。

（2）道場親信「小沢一郎なんかコワくない！」『ポスト冷戦の「新保守主義」と市民社会』大学院生による・月イチの・「平和」に関する研究会、一九九四年四月。

（3）本書第Ⅳ部所収、「「普通の国」史観と戦後」参照。

(4) 高畠通敏『日本政治の構造転換』三一書房、一九九四年四月、四八八―四八九頁。
(5) 渡辺治『政治改革と憲法改正』一八四頁、強調原文。
(6) 小沢一郎『日本改造計画』、六七頁。
(7) 渡辺前掲書、四二七頁。
(8) 同、四二八頁、強調原文。
(9) 小沢前掲書、一〇四頁。
(10) 高畠前掲書、四八四―四八五頁。
(11) 後藤道夫「岐路に立つ日本」後藤編『日本の同時代史28 岐路に立つ日本』吉川弘文館、二〇〇四年九月、三一頁。
(12) もちろん、課題によっては苦渋の思いで同意した方々もおられるはずで、その方々に「裏切り者」のレッテルを貼るための「再検証」ではないことはあらかじめ確認しておきたい。そして問題ごとに「検証」の基準も異なるはずである。
(13) 後藤前掲論文、五二頁、五四頁。
(14)『日本労働年鑑』一九九六年版、一九九六年六月、三三頁。
(15) 吉田裕『日本人の戦争観――戦後史の中の変容』岩波現代文庫、二〇〇五年二月、二四二頁。
(16) 小沢前掲書、一五〇―一五一頁。
(17) 同書、一五八―一五九頁。
(18) 吉田前掲書、二二四頁。
(19) 同書「文庫版へのあとがき」二七九―二八〇頁。
(20) 酒井前掲書、三五―三六頁。
(21) コメンタール戦後五〇年編集委員会編『もうひとつの戦後へ』社会評論社、一九九六年二月、所収。

(22) 武藤一羊『〈戦後日本国家〉という問題――この蛹からどんな蛾が飛び立つのか』れんが書房新社、一九九九年九月、九三―九四頁。

(23) 武藤一羊「「変態」する戦後国家――私たちの土俵をどう構築するか」『インパクション』一一五号、一九九九年八月、一二七頁。

(24) 同頁。

(25) 姜尚中「危機の二〇数年」『現代思想』二〇〇一年一一月号、一〇九頁。

ポピュリズムの中の「市民」

1　研究の中から感じたこと

第二次世界大戦後の日本社会における社会運動史・思想史を追いかけていると、近年の研究状況の中に、承服しがたい怪しい傾向が生じているように感じられる。この間私は、社会運動圏内においても、人文社会科学「研究者」内部においても、「歴史」とりわけ「現代史」に対するアクチュアリティや、史的事実そのものに対する知識・感性が摩滅してきていることに注意を促してきた。ここではとりわけ社会運動史に関わる認識の問題点を指摘することから話を始めたい。

第一に、近年の社会運動研究においては、奇妙な「段階論」的歴史記述がじわじわと拡がり始めている。ここでいう「段階論」的歴史記述とは、「○○から△△へ」といった語り方で、同時並列的に存在する現実を歴史的発展段階に位置づけ、そうすることで特定の人間の活動を「時代遅れ」のものとして価値剥奪したり、反対に特権化するものをいう。たしかに歴史には「画期」というものがあり、不可逆的に進行するものであるが、たとえばある政治学者が述べる「住民運動から市民運動へ、市民運動から市民活動へ」という歴史図式は明らかに事実に反しており、彼はこの図式の中で、より後ろに位置するものを好ましいと考え、前に位置するものを「時代遅れ」のものと考えているようである。

こうした語り方に伴いがちであるのが、「抵抗から参加（創造・提案）へ」という整理（スローガン）であり、これを二者択一的に提示すること自体が、想像力の決定的な切り縮めへとつながってしまうことになる。これは一九六〇年代の構造改革論の時代にあった「抵抗から創造へ」というテーゼの再版ともいえなくもないが、現在の議論においては、その歴史的文脈は完全に見失われている。そして、見失われているが故に、このテーゼのもとで一九六〇―七〇年代に切り捨てられてしまったものが、いまなおリアリティをもっていることを反面教師的に実証しているように思う。

このような図式に加え、一九七〇―八〇年代に受容された「新しい社会運動」論が、いわばポピュラー・サイエンス化し、六〇―七〇年代の運動の「新しさ」が安易な二項対立図式の中に整理されてしまうことにより、そこで論議された主体像や「公共性」論の質を正確に位置づけることができなくなってきているように思われる。そこでは、「新しい社会運動」概念を提出したアラン・トゥレーヌ独自の歴史哲学や福祉国家・管理国家批判の文脈がつまみ食い的に利用され、日本の社会運動構造自体を問う自生的な問題関心を喪失してしまうことになる。

「怪しい傾向」の第二は、こうした理論的背景のもとで、運動史や社会史の流れをとらえる歴史意識が陥没してしまっていることである。先述の「段階論」的記述により、「古い運動」「新しい運動」というカテゴリーが作り出され、具体的な運動を価値づけ、選別するということが起こる。「古い運動」なるものはネガティブに価値づけられ、具体的経験もそこでなされた議論も一緒くたに捨てられてしまう。かくして、抵抗の経験と記憶はあっさりと「新しい運動」の自己意識のイケニエとなってしまう。

この相互に連動した二つの現象は、研究状況に固有の現象であるというよりは、社会運動をめぐる状況一般に共通の問題をはらんでいると思われる。[1]

2 「市民」「市民社会」概念の普及／腐朽

それゆえ、今日「新しい市民社会」「新しい公共性」などの議論が活性化しているが、そこでいう「新しい」ということばの意味、またその「新しさ」を正当化する歴史的文脈が問われてこざるをえなくなる。

「NPO」をめぐる議論状況についても、一方に中野敏男に代表されるような「ボランティア動員社会」批判が存在しながらも、[2]それは部分的にしか参照されないまま、大量の「NPO実務」本――「市民社会」の促成栽培マニュアル?――によって圧倒されてしまっている。もちろん、NPO法の施行によって、これまで法人格の得られなかった活動団体に法人格を与え、かつさまざまな活動に一定の規格化を施すことによって敷居を下げ、「支援体制」の整備まで進めたことはまさに画期的なことであったわけだが、同時にそこでは多くのNPO活動家が指摘するように、「下請け」化と「運動」の可能性の矮小化という問題が広範に生じている。とりわけ「市場」との距離の取り方の難しさと「経営」への埋没、「運動」性の消去、という問題の連鎖は、それが途中で見失われてしまうことでしばしば「問題」としてすら浮上しないことになる。

拙著『占領と平和』でも述べたが、「NGO」や「市民運動」内部で「「運動」性」が消去されてきているという実感が、ベテランの活動家から表明されるような状況が現在存在している。たとえば反差別国際運動（IMADR）の藤岡美恵子は、ＮＧＯ内における「〈運動〉の疎外」が生じていると述べ、埼玉ＮＰＯセンターの東一邦は、批判性や直接行動といった「運動」性が、一九八〇年代以降の「市民運動」アイデンティティの変容の中で、また九〇年代以降の「ＮＰＯ」化の中で忌避されていったことについて、次のように指摘している。

それは、市民運動のなかに「知性」や「理念」より、「感性」や「善意」あるいは「欲望」や「怨恨」こそが確かなものという風潮をもたらしたということでもあった。行動の原理が薄っぺらになっていったのだ。

［……］わたしたちがまちのなかで、苦労しながら大切に保とうと努力してきた「市民としての自己規定」とも「市民運動の論理と倫理」とも「自立した市民の連合体」とも「市民としての連帯」とも無縁な「市民運動」が、市民運動の主流であるかのように跋扈しはじめた。その延長線上に、あたかもその集大成のように登場したのがＮＰＯである。(3)

「新しい市民社会」「新しい市民的公共性」が称揚される一方で、その「市民」「市民社会」の中には、批判的・抵抗的運動の要素は排除されてしまっているのである。かつて「市民」概念は、日本社会にいまだ存在せざる「理念」を表現したものであったり、伝統や権威に対する批判的対峙、メディアに対する批判的意見形成を目標とした〈啓蒙的プロジェクト〉であったわけだが、いまや「市民」からそのような理念性、批判や抵抗の要素は閉めだされて、一面的な「参加」「パートナーシップ」ばかりが論議され、予算を投下される状況である。そこでは「市民」は予定調和的に行政や企業と協働するものとあらかじめ位置づけられてしまっている。

3　ネオリベラリズムのもとでの「市民」の再定義

こうした形で「市民」「市民社会」といった概念をめぐる議論が活性化している状況の背後に、ネオリベラリズムによる国家・社会の再編の問題が存在していることに、安田常雄は注意を促している。安田は、「市民」「市民運動」「自治」「公共性」といった概念が、一方で国家財政の破綻や「公共事業」の「公益性」への疑問の高まりによる国家的「公共性」への批判として、他方ボランティア、NGO・NPOによる「市民的公共性」への期待の高まりとしてあらわれてきていることを指摘しながら、「一九八〇年代以降のネオリベラリズムの再編強化のなかで」、これらの概念が「本来もつ意味が換骨奪胎され、ある場合にはまったく意味を変えられようとしている」という点を指摘している。

かつて万人に開かれていた「市民」という言葉は、いまや自ら積極的に「自己責任」(self-responsibility)を果たし、「自己統治」(self-government)に励むものだけが「市民」と定義され、そこから排除される人々は意欲なき無能なものとされるか、危険な存在として管理の対象にされるしかない。[……]「市民」「市民運動」「自治」「公共性」という場所は、一つのクリティカルな「争闘の場」を形成しようとしているといってもよい。(4)

これまで国家や行政が独占してきた「公共性」を非国家セクターに明け渡している現実の背景には、

国家の財政危機とネオリベラリズムによる公的セクターの縮小・「民営化」の動向が存在しているのであり、「NPO」の法的承認を楽観的に「チャンス」とのみとらえるのではなく、「下請け」化、「補完物」化への圧力を不可避的に伴う紛争的領域としてとらえることが必要であると考える。

4 「普通の市民」の転位

こうしたネオリベラリズムのもとでの「市民」の再定義、という問題を念頭に置いて、先の「運動」性の消去の問題を考えていくなら、それは近年のナショナリズムの広がりの中で見出された主体像と平行する現象であるということができる。

小熊英二と上野陽子は、『癒しのナショナリズム』[5]の中で、「新しい歴史教科書をつくる会」の地域組織に参加しているメンバーに共通して「フツーであること」への強迫観念、つまり、「フツー」でないとされることへの不安・恐怖が存在していることを指摘し、これを「左を忌避するポピュリズム」（小熊）と名づけている。これを受けて東一邦は、「市民運動」「NPO」における「運動」性の忌避もまた同様の問題を含んでいると指摘している。[6]ここでは明確に「フツーの市民」と「運動」とは切り離されているのである。

かつて小田実は、ベトナム反戦運動の担い手である「市民」を指して、「チョボチョボの市民」と呼んだ。小田はそうした「チョボチョボ」の存在が一人一人集まり、創意を凝らして戦争に反対するのが「市民運動」であると説いたわけだが、その「チョボチョボの市民」こそ、ほかならぬ「ふつうの市民」なのであった。ここで成立していた「ふつうの市民」と「運動」との間の連関は、いつの間にか断ち切られてしまい、右に見たような表象の転位が一部で生じているということを認識しなければならない。たしかに「市民」を名乗りつつ運動者を排除する動きは、「水俣病」の名称の廃止を訴えたり、患者たちを「ニセ患者」と呼んだ水俣の「市民」の例にとどまらず、多数の前例（ただし局地的な）があるわけだが、いまや社会全域をこのような反「運動」ポピュリズムが席巻し始めていることに注意が必要である。とりわけこの現象が加速的に進行しているインターネットの匿名掲示板などでは、運動に携わる市民を「プロ市民」と呼び、揶揄の対象として排外意識が煽られている。

こうした風潮の一端があらわれたものと私が考えるのが、二〇〇四年四月にイラクで起きた、NGO活動家の「人質」事件である。詳しくは『占領と平和』第Ⅱ部第六章を参照していただきたいが、ここでメディアによって撒き散らされた「自作自演」論は、活動家と「フツー」の人々を切り離し、「そんなことをやっている（「フツー」でない）人間は〇〇されてあたりまえだ」という排除の「自己責任」論として展開された。ここには、自立した人間の存在を理想とする啓蒙主義的な「市民」言説があるわけでもなく、ただ「フツーでない」人物像を作り上げておいて、「甘え」「自己満足」といった負のレッテルを貼るためだけに「自立」が説かれている。この「自立」の語の限定と矮小化は、ネオリベラリズムの下での「自立支援」などという語法と同様の問題をはらんでいるといえるだろう。

いまや、単に何もしないだけでなく、何か運動をしている人々を「反日分子」呼ばわりし、自らはあたかも「無色」であるかのように欺瞞して、他者の足を引っ張ることに快楽を見出すシニシストたちが、「ふつうの市民」の語の所有権を主張しているという現実がここには存在している。

5　ネオリベラル化と歴史修正主義の中での「市民」

このように「市民」像がいびつな形で転位させられようとしている現在、同時に運動の歴史や、運動を不可欠の要素として織りなされてきた第二次世界大戦後の日本社会の歴史までもが、恣意的に書き換えられ、〝記憶喪失〟へと誘導されているように思われる。

その端的な一例を挙げるとすれば、ネオリベラリストたちによる「政治改革」「構造改革」「憲法改正」論であるといえるだろう。そこにはつねに「戦後」に対する平板かつ歪曲された歴史像が伴っている。たとえば、「戦後」の政治をすべて自民党と社会党の「談合」政治へと還元し、政治的妥協を不純な利権政治と等号で結びながら、こうした妥協を一切排し、選挙による多数党が「決断」でもって政治を行うことがすばらしいことであると語られる中には、そのような「妥協」を余儀なくさせた社会運動の圧力や、多様な人々の利害や関心の対立といったものへの配慮は含まれていないばかりか、そのようなものを考慮に値しないものとする先入的判断が存在しているように思われる。このような「政治」観は、「歴史」観を決定的に貧しくする。「戦後史」から「運動」を排除することは、端的にいって歴史修正主義とならざるを得ない。

だが残念なことに、このネオリベラリズムに対抗する「政治」を模索する人々の中にも、しばしば同質、だが意図せざる歴史修正主義が存在している。たとえば、一九九〇年代に提案された「平和基本法」の構想は、日米安保の脱軍事化、自衛隊の縮小といった重要な政策目標を追求するという点で、きわめて重要な意義をもっているが、そこには「戦後」の平和主義をもっぱら社会党の安保政策の問題点を軸に整理するという切り縮めを含んでおり、「政権奪取」ないし「改憲阻止」といった短期的な政治目標のための〝生け贄〟として平和主義の経験が利用されてしまっていたと私は考える。有権者たちの「フッー」意識に無定見に迎合するとすれば、そこでは過去の抵抗の経験は無意味化され、現在と未来の「運動」をもあらかじめ無効化する想像力を涵養してしまうのではないか。仮に政策変更を行うとしても、単に「解釈」を変えるというだけでは、論者たちが批判してやまない歴代保守政権の憲法政策と変わらないものになってしまうのであり、また、「政権獲得」が当面する選挙民の「説得」にとどまるものであるとすれば、それは「説得」とは名ばかりに「迎合」へと転化する。

「観客民主主義」（福富節男）が深刻化する中で、国家に抵抗するようなことは何もせず、要求もせず、一人一人ばらばらに「自立」し、国家の業務を「自発的」に肩代わりする人々を「市民」と呼ぶような倒錯した状況に対し、あくまで抵抗の経験をつなぐ歴史像を、多様な形で手放さないことが、「市民」の概念を空洞化させる力に抗する上で重要な意味をもつものと私は考える。

6 「国家の言うままにならぬという記憶」のコミュニティへ

こうして体制批判的な「市民」が封じ込められ、分断され、連携できる政治勢力を見失いつつある現状において、他方では、かつて「革新」勢力と対抗した「保守」なるものもまた、解体に瀕している。市場万能化と「規制緩和」の嵐の中で、「地域」を支えてきた自営業者も農業者も基盤を解体されてきている。自治体の財源危機を煽りながら、大規模合併と引き換えに手渡される「地方分権」においては、政府の決定に異議を申し立て、地域住民の自己決定を具体化するためのハードルは、確実に高くなっている（たとえば、住民投票の単位が大規模化することで、実施がより難しくなるとともに、旧町村レベルの問題は「局地」的問題と再定義され、投票での勝利も難しくなっている）。

地域社会に根をもち、ときには中央政府に反抗するポーズをとりながら利権を引き出してきた田中角栄的「保守」が解体しているのはもちろんのこと、政府や政府が保護する企業の理不尽な活動から地域社会を防衛しようとする田中正造的「保守」――そうした人士こそが「住民運動」を支えてきた――も根絶させられようとしているかのごとく見える。よるべなき自治体が、軍事基地や原子力発電所を押しつけられる「見返り」にいくばくかの利権を得る、といった高度成長期以来の「国内植民地」政策は、放棄されるどころかますます強まるかもしれない。

こうした状況において、ポピュリズム、および「政治」をどのように考えたらよいか。「答え」があるわけではないけれども、考え方の糸口なりとも示すことで、この報告を終わることにしたい。

まず、主要な問題は「ポピュリズム」そのものをどうするか、というところにあるのではない、と私は考える。「ポピュリズム」それ自体は、近代社会におけるメディアの発達や大衆消費社会の成立によって生まれたもので、それを批判することは大切なことではあっても、解体することができるものではない。それはときには政治や社会を変える大きな力を引き出すものでもあって、「ポピュリズム」を根絶することよりも、それが何か別のものと結びついて悪魔的な力を発揮することをどのようにして防ぐか、を考えるべきである。それゆえ、ここで考えなければならないことは、ポピュリズムとネオリベラリズムの悪魔的結合――「悪」の枢軸――をどのようにして切断するか、ということであると私は考える。

また、制度が作り出す負の条件を客観的にとらえることなく、「運命」であるかのように嘆くことは、し、それぞれの主体が手に負える大きさに問題を可視化していくか、ということであると私は考える。

思考の敗北である。現行の小選挙区制が批判的な「市民」たちにとって不利な条件となっていることを冷静に認識し、中選挙区制下での選挙結果と単純に比較したり、それによって敗北感を味わったりするような錯誤は避けるべきだ。また、「市民運動」と公的政治（政党）との関係をどのように構築するかという問題についても、十分な経験と考察が蓄積されていないのであり、かつての社会党と「市民運動」の関係をモデルとして考えることはもはやできないのだということを前提に置く必要がある。包括政党への依存ではなく、課題ごとの共闘と自立的・批判的距離の確保を前提とした関係構築の方法論を鍛えていくべきであろう。メディア批判ももちろん不可欠ではあるが、現状ではなかなかドラスティックな変化は期待しがたい。

私が考えるに、迂遠ではあるが、右で述べてきた「歴史」の問題は、「市民（運動）」と政治との関係を望ましい形で再定義していくために不可欠の分野をなしている。不可視化された「歴史」の奪還、語りなおしによる「歴史」の創出を通じて、抵抗の経験の連鎖を可視化する作業、それが求められている。そうすることで、一九六〇年代以降ほのかに見えてきた批判的「市民」性の新たな継承・発展を可能にするものと考える。

いま現在進められつつあるネオリベラリズム「改革」が結果するのは、社会の中心的な受益者と抵抗権を奪われた周辺的受苦者の分断、自己決定権の剥奪、という事態である。政府批判が官僚批判や政治家の既得権批判にとどまり、政治権力が手を出すことのできない領域を保守する抵抗は、あらかじめ選択肢から外されてしまっており、この領域に対する感度が著しく低下していることが、この間の「セキュリティ」依存の状況となってあらわれている。政府はいまや「国民保護」の名のもとに、基本的人権の尊重によってこそ最も守られるはずの、人々の権利を停止し、「保護」なき裸の個人として管理する方策を整備しつつある。地域、そして自治体による抵抗を排し、軍事行動の至上権を政府が確保する形で、個人や地域の自己決定権が「強制収用」されつつある。

それゆえ、接収された自己決定権への徹底したこだわり、また、ネオリベラル的に再定義された「市民」から蒸発してしまっている「市民的不服従」「市民的抵抗」の経験と記憶こそがいまもなお、基本的な価値であり課題であり出発点であるということを確認したい。そこから、鶴見俊輔の言う「国家の言うままにならぬという記憶」を分かちもつコミュニティの可能性を考えていきたいと思っている。鶴見氏はこのことばを、かつてのベトナム戦争時にアメリカ軍から脱走し、スウェーデンへと脱出した兵士、テリー・ホイットモアが約二五年後に訪日した記念集会の講演タイトルとして選んだ。脱走兵たちは、彼らを匿い逃がすことに協力した多数の市民の「海」の中を渡りながら、現実にスウェーデンやパリへと送り出されていった。その不可視の「海」の広がりの全貌を知る者は一人もいない。ただ確認できる事実は、何人もの脱走兵を現実に隠し切り逃がし切るだけの深さと広がりとを、この「海」がもっていたということだけである。一人一人の「市民的不服従」の経験、その記憶こそが国家の「公共性」の主張に回収されない別な正義、別な公共性の可能性の根を形成する。

別な正義、別な公共性を分有し共有する人々の集まり、つながりは、地縁的な「住民」の形をとることもあれば、より分散的で不可視なネットワークの形をとることもあるだろう。たとえば、いまや世界大の軍事的ネットワークへと転じた「アメリカ軍」の展開と、そのための基地拡張や機能強化に対して、グローバルな反基地運動のネットワークが生まれつつある。二〇〇四年の「世界社会フォーラム」において、「国際反米軍基地会議」が開かれ、「世界反外国軍事基地ネットワーク」が立ち上げられた。ネオリベラリズム的「グローバル化」に抗する「もう一つの世界」を求めるオルタ・グローバリズム運動は、このようにして国家の軍事力によってネオリベラリズム的「グローバル化」が裏支えされ、コミュニティの自立性とさまざまな人権とが掘り崩される事態に明確に「否」をつきつけつつある。コミュニティ＝共同体はときに「個」を抑圧する空間となる。しかし同時に、コミュニティは力強い抵抗の場ともなる。グローバル化と軍事化が並行して進む今日の世界／社会再編に対し、「個」と「共同性」がせめぎ合いながらも、両者を同時に押し流していく巨大な力に抵抗しつつ、異なる個体性／共同性の模索がなされつつあるものと私は考えている。生きる中で、ぼちぼちと進めていきましょう。

注

（1）以上の点については、拙論「一九六〇―七〇年代「市民運動」「住民運動」の歴史的位置――中断された「公共性」論議と運動史的文脈をつなぎ直すために」『社会学評論』（日本社会学会）五七巻二号、二〇〇六年、で詳論しているので参照されたい。
（2）中野敏男『丸山眞男と大塚久雄――動員、主体、戦争責任』青土社、二〇〇一年。
（3）東一邦「「抵抗なき参加」と「参加なき抵抗」は、つながれるか」『季刊ピープルズ・プラン』二八号、二〇〇四年、二四頁。
（4）安田常雄「現代史における自治と公共性に関する覚え書」『法學新報』（中央大学法学会）一〇九巻一・二号、三五三―三五四頁。
（5）小熊英二、上野陽子『癒しのナショナリズム――草の根保守運動の実証研究』慶應義塾大学出版会、二〇〇三年。
（6）東前掲論文。

※本章は、思想の科学・公開シンポジウム「日本人とポピュリズム」（二〇〇六年四月）での報告に基づく。

Ⅳ　憲法と反戦平和――「戦後六〇年」の再審

「普通の国」史観と戦後――自由主義史観について

藤岡信勝らの提唱する「自由主義史観」についていろいろ気になるので読んだり人と議論したりしていたが、この「史観」自体に関していえば「またか」といった感じであまり目新しさを感じなかった。それよりも、以前から私がわりと危機感をもって見守っていたのは、小沢一郎に代表されるような「普通の国」論、およびそこに体現されている「国家理性」のようなものであった。つまり、面倒なことは謝ってでも何でもいいから早く終わらせてしまえ、という官僚的合理性からくる「戦後」への「決着」のつけ方（小沢にしてみれば、そうしないと国連安保理常任理事国入りは不可能だ、という判断がある）の方が、多くの人に「戦後はもう決着がついた」という思いを抱かせるのではないかと思っていたからだ。戦後補償の問題に関しても、「普通の国」への道をいつまでも妨げている問題を早期に解決したい、という立場から補償の必要性を認めている者も多いのではないか。

ところがこの官僚的合理性は、依然として国会議員レベルでは十分な基盤をもっていないとみえて、「戦後五〇年決議」の際には決議反対派の数の呆れるばかりの多さに私などはむしろ驚いてしまったほどである。「大東亜戦争は聖戦である」、このような復古的な戦争観を声高に主張する議員は決して少数ではない。「自由主義史観」なるものも、こうした単なる「復古反動」、「頑迷保守」のバリエーションにすぎないもののなのだろうか。

そうではない、というのが私の考えである。[1] もちろん、彼らが口にする個々の「歴史的事実」なるものは、これまでに蓄積されてきた「歴史修正主義」の寄せ集めにすぎないものである（それゆえ反論の側も蓄積された過去の遺産を存分につかうことが可能である）。歴史教科書をめぐる言い分をみても、「従軍慰安婦」をめぐる問題が（それが近年脚光を浴びてきたことに対するリアクションという意味では）「新しい」といえなくもないが、自己中心的な歴史観の一方的な表明、という点においては、何ら変化のないものであるように見える。「慰安婦」の事実を極小化し、ほとんどないものにしようとする、このような姿勢は、外務省ですらときに困惑する、自己中心的な歴史観の披瀝にすぎないものである。官僚（外務官僚）にとってみれば、八〇年代のときのように、外交問題に発展する恐れのあるものであって「まったく困ったやつらだ」ということにもなりかねないものであろう。

ところが、両者には重要な共通点がある。それは、「普通の国」というヴィジョンである。ドイツの「歴史家論争」にも見られるように、昨今の「歴史修正主義」にとって「普通の国」というヴィジョンは不可欠の触媒なのだ。この修正主義の物語は次のような形をとっている。敗戦の結果、ドイツも日本も「普通の国」ではなくされてしまった。自分たちは「普通の国」からの逸脱（「近代の超克」）を目指したために、その報いとして別な形での「普通の国」ではない国家であることを強いられてしまった。これは屈辱である。「普通の国」としての待遇を回復しよう。ここで重要なのは、「世界に冠たる祖国」という神話を要求しないということである。彼らは自分たちが特別に優れた国であるという主張を取り下げ、自分たちが守ろうとしている「祖国」が過ちを犯したことは認める、あるいはまったく無謬だったなどとはいわない。その上で、その「過ち」を「ごくあたりまえ（normal）のもの」にして、意味を薄め、「過ち」を認識することからくる「傷」を最小限のものにしようとするのである。[2]

そしてそのためにもちだされてくるのは、「我々はもともと普通の国だった」という論法である。それは、「アウシュヴィッツはなかった」「南京大虐殺はなかった」式の事実の否定に始まり、「収容所はソ連にもあった、いやむしろソ連が先行していた」「大東亜戦争は自衛戦争だった」式の、過去の行為の「普通」化（normalization）に至る言説の連鎖として存在している。そして、この「普通の国」への「復帰」ないし「転成」に対する欲望は年々強まっているということができるだろう。「自由主義史観」を主張する人々は、従来の「万邦無比の国体」やら「大東亜聖戦」といった呪文のとびかうファナティックな反動史観に拒否感を抱く人々にもアプローチし、支持を広げてきたのであるし、「自分だけが特別にエラくなるんだったら気持ち悪いけど、フツーになるんだからいいことじゃない」というかたちで、正当化を容易にする。[3]

とはいえ、その「正当化」の中身自体は問われる必要がある。いちばん問題となるのは「普通の国」（そしてそれとの対照における「異常＝例外な国」）という表象である。この点については、日本の戦後思想のなかでもあまり十分に探究されてこなかったといってよい。

例えば、「講座派」や丸山眞男に見られるように、日本のファシズムを「普通の国」からの逸脱としてとらえ続けてきた、という「伝統」がある。そこから丸山は「普通の国」としての「健全さ」をもった明治ナショナリズムを評価するとともに、戦後民主主義を「健全なナショナリズム」で下支えしようとしたのであり、彼にとって「普通の国」とは何よりも「健全なナショナリズム」であった。もちろん、その「民主主義」に対する想像力は、「自由主義史観」の提唱者たちとは大きく異なっているし、小沢や外務官僚たちのように、外交・防衛における「主権」の行使に力点を置いた「普通の国」論とは、力の配分が違うという点はおさえておく必要はあろう。だが、この「健全なナショナリズム」＝「普通の国」というヴィジョンは小沢や外務官僚たち（ひいてはさらに部分的に橋本龍太郎）にもある程度共有されており、日本ファシズムを「普通の国」からの「不幸な逸脱」、例外的な事例として排除するソフトな「修正」を行ってきた（それによって天皇制も延命してきた）[4]。

こうして考えてみれば、戦後の歴史観・国家観は、日本が何らかの「普通の国」の基準から、どこで・どのくらい逸脱しているか（していないか）、あるいは何が「異常な国」で、何が「普通の国」か、という点をめぐって論争されてきたわけであり、その問い自体が「戦後」とは何か、という問いと重なっていたのである。日本ファシズムを「異常」とした上で、戦後を「普通」とするか、「異常」とするか。ここではやはり、日本国憲法（あるいは日米安保条約）の存在が、「異常な国」としての日本、という意識を規定していたように思われる。右翼の一部は、この否定的な特殊性を拒否して、栄光ある肯定的な特殊性の回復を目指した（「大東亜聖戦」論）。また別な部分は、「占領憲法改正」「双務的安保条約」等々によって「普通の国」を手に入れようとした。これを批判する側は、一方で安保条約こそが売国的なものであり、それを支持する政府のもとにある戦後体制を「異常」なものと規定した（この立場には、社会科学的な「法則」に従った歴史のノーマルなコースをたどること、その意味で「普通の国」への志向がはらまれていた）。だが、その一方で、「普通の国」を批判しうる契機は存在していた。それが憲法第九条の解釈をめぐる論議である。

第九条の内容を思想的に深め、展開しようとした者たちは、戦後の日本が「普通の国」ではないこと（abnormality）をむしろ積極的に評価しようとした。だが、多くの場合、それは戦後日本の「異常＝例外性」を正当化することに作業が集中しがちであったとはいえないだろうか。ファシズム＝「異常＝例外な国」に対して、軍備放棄＝「異常＝例外な国」を対置する。これは、別ないい方をすれば、悪い「異常＝例外」なナショナリズムから、良い「異常＝例外」なナショナリズム（憲法九条と「日本の特別な役割」への使命感との結びつき。たとえば矢内原忠雄[5]、あるいは坂本義和[6]）への転身を意味している（もちろん、悪い「異常＝例外」なナショナリズムから良い「普通」のナショナリズムへ、という志向も存在した）。

だが、こうした「異常＝例外」へのこだわりは、経済成長を遂げ、軍事力を増強して、それなりの「民主主義」を謳歌するようになって、実質的に「普通の国」化してしまった高度成長期後の日本においては、徐々にリアリティを失っていく結果になった。「異常＝例外性」（あるいはその最たるもの）のあらわれとしての一五年戦争とファシズムの経験、という合意そのものが、戦争体験の風化とともに、参照軸としての意味を失っていった。それと同時に、「大国」意識が台頭し、「普通の国」でいいではないか、という言説が力をもつようになったのである。そして、藤岡がいみじくもいうように、「湾岸戦争」を契機として、「普通の国」への欲望は公然化し、「異常＝例外な国」の形象に安易に頼ってきた人々は、雪崩をうって「転向」（?）してしまうことになった。藤岡はさらに、「良い普通のナショナリズム」（と教師たちが考えるもの）に対しても、反論を企てている。「自虐史観」のどこが良いナショナリズムだというのだ、と。

ここで考えなければならなかったことは、むしろ「普通の国」観念を問い直すことだったのではなかっただろうか。「準拠国」をさがし続けたマルクス主義者と「進歩派」の放浪の帰結は、「準拠国」なしに歴史を相対的に、しかも批判的にとらえることはいかにして可能か、という問題であったはずである（それがいかに困難であれ）。私はここまで「戦後」の経験に対して批判的に語ってきたが、「普通の国」観念の呪縛から逃れる上で、「戦後」の経験はそれなりに意味のあることであった、と考えている。国家主権の制限（とりわけ軍事力の行使に伴うそれ）に対する合意と、常に「よりまし」な政治を探究する民主主義の「永久革命」（丸山眞男のもうひとつのモメント）への志向は、不十分ながら「普通の国」を疑う方向へ人々を促してきたというふうに評価したいからである。

この「普通の国」への疑いは、ただちに「異常＝例外な国」の正当化へと転化されてはならない。そのような知的怠慢こそが、「自由主義史観」の跋扈を許しているのである。あるナショナリズムを否定するのに、別なナショナリズムをもってする（あるいは複数のナショナリズムを使い分ける）ような論法こそが、いままさに足下をすくわれつつある。「想像の共同体」（B・アンダーソン）としての国民国家の成り立ちに関して歴史を記述することは決定的な役割を担っている。だが、「所詮歴史はそんなものだ」というニヒリズムに陥ることもまた知的怠慢というべきだろう。問題は、「普通」であれ、「異常＝例外」であれ、ナショナリズムをいかにして惹起するか、というところにあるのではなく、ネイション、ないしナショナリズムがたちあげられるときに、何を・誰を排除してしまうことになるのか、という点に対していかに感性を養うことができるか、ということではないだろうか。

注

(1) 藤岡のいう「ディベート」の重視というものは、一九八〇年代に流行した向山洋一らの「教育技術法則化」運動の流れ——自信のない教師たちに「標準化」された「技術」をあてがって「元気」を出してやる——や九〇年代はじめに流行した「プロ教師」的な物言いにその系譜を見ることができる。その内容と質はともかくとして、藤岡の提示する技術は、現在の教育状況からいって沈殿し制度化されていく危険性をもっている。岡崎勝ほか『不能化する教師たち――教育技術・法則化症候群』風媒社、一九八八年、参照。

（2）この点は、藤岡の特徴であるとともに、ナチスを引き合いに出して日本軍の行為をノーマル化する西尾幹二や、南京大虐殺を極小化しようとする秦郁彦の特徴でもある。吉田裕は、一九八〇から九〇年代にかけて、「従来の「[大東亜戦争：引用者注]肯定論」のような戦争の「正」の側面を正面に押し出した形での戦争論がしだいに影をひそめ、むしろ、その議論が、戦争の加害性、侵略性を主張する側の正当性の根拠を問い直すといった方向にしだいに暗転していったこと」を指摘している（『日本人の戦争観』岩波書店、一九九五年、二〇六頁）。

（3）ハイルブロンは、「自由主義史観」と平行的なドイツのニューライトが、反ファシズム的な知識人の姿勢を行き過ぎた「PC」だ、と受けとめていることを報告している（「ニューライトの知識人たち」『中央公論』一九九七年二月号）。エルンスト・ノルテほか『過ぎ去ろうとしない過去――ナチズムとドイツ歴史家論争』徳永恂ほか訳、人文書院、一九九五年、も参照。

（4）小沢一郎『日本改造計画』講談社、一九九三年、丸山眞男『戦中と戦後の間』みすず書房、一九七六年。

（5）池田五律は、キリスト者である矢内原が、日本の敗戦・占領を「バビロン捕囚」になぞらえ、「日本民族」を「選ばれた民」として位置づけていること、その上で、「日本は絶対平和の旗手として立つことが、わが国に与えられたところの歴史的使命である」と述べていることを指摘している（池田五律「変わらないことの意味と無意味――矢内原忠雄を検証する」『戦後研究』二号）。

（6）坂本義和『核時代の国際政治』岩波書店、一九八二年（新版）。

「普通の国」への抵抗

今回のイラク派兵によって、日本は米英軍によるイラク占領に軍事参加することになる。そもそも占領の発端となった戦争は、「大量破壊兵器」を保有するイラクの武装解除を名目としていたように記憶しているが、今日に至るまで「大量破壊兵器」は発見されておらず、我々が目にしたのは、アメリカ軍の「大量破壊兵器」がイラク軍やイラク市民を次々と殺傷していく圧倒的な光景であった。「大量破壊兵器」が出てこない、ということは、戦争まるごと「誤爆」であったということも意味し、「戦闘終結」宣言後も米英軍によって続々と殺傷されているイラク人は、国家が「誤爆」を糊塗しようとする「メンツ」への固執による被害者、国家テロルの犠牲者であるということができるだろう。これらの米英軍の行為はすべて戦争犯罪に属するものだ。

日本政府はこの戦争犯罪にわざわざ参加するために、膨大な税金を注ぎ込みそればかりか自衛隊の派兵まで行おうとしている。大塚英志が「グランドルールとしての憲法と戦争体験(1)」の中で指摘していたが、被占領国であった日本が、このイラク占領で占領国になることによって、戦後の〝トラウマ〟を払拭するという欲望がそこに存在しているといえるかもしれない。大塚自身は、そのことよりも日本社会が自らの被占領経験をベースに考えることが必要であるという主張に力点を置いているが、「復興」を名目とした「占領軍」への参加への焦りは、単なる疑似精神分析的な議論を超えて、いま政府が狙っているものを明らかにしているといえるだろう。

その狙っているものとは、派兵とそれ以後起こるであろう一連の出来事を既成事実として、改憲への道を開くことである。そもそも今回のイラクへの軍事攻撃・政府破壊・占領という一連の既成事実自体が、「国連憲章に合致しない行為」「過去五八年間、世界の平和と安定が依拠してきた諸原則に対する根本的な挑戦」（アナン国連事務総長）という点では日米安保条約にも日本国憲法にも違背する行為である。

一〇年前には「国連中心主義」を掲げ、憲法を「国連憲章」によって骨抜きにしようとした保守政権は、今度はアメリカの「単独行動主義」に追随することで「国連憲章」も「日本国憲法」も道連れに骨抜きにしようとしている。もちろん、保守政権は「常任理事国」入りという以上に「国連憲章」の改定については関心はないだろうが、より深い関心をもっているのは、日本国憲法の改定であるといえよう。

今回の派兵は、たった二つの動機、つまりアメリカへの追随（大橋巨泉のいうところの「ポチ外交」）と改憲、という、保守政権の欲望のみに基づいて行われている。「国連中心主義」によるものでもなければ、世論に従っているわけでもない（彼らにしてみれば、世論とは「作るもの」だろう）。準備不足の派兵、国際法上の地位も未確定な自衛隊員の「戦場」への派兵は、単にイラクが「危険」か否かというレベルではなく、人為的な危地へと自衛隊員たちを追いやる杜撰な棄民政策である。自衛隊員たちは、保守政権の欲望のために、「人柱」とさせられようとしているのだ。天野恵一氏が指摘していたが、小泉首相による元日の靖国神社参拝は、自衛隊から死者が出ることをあらかじめ見越してのものであるといえるだろう。派兵し、「戦死者」を出す、その形式づくりのために、自衛官の死があらかじめ予期＝期待されている。

では、その保守政権の「欲望」とは何か。ひとことでいえば「普通の国」なるものへの欲望である。「普通」とはどういうことなのだろうか。これは、アメリカが「旗を見せろ」といった場所には世界中どこでも自衛隊（そのときそういう名前であり続けるかどうか知らないが）を派兵する、そういう国家に日本がなることを指しているようである。一〇年前に小沢一郎がこれを言い出したときには、「国連中心主義」が名目だったから、「国連」の旗の下の軍事行動への参加がその意味である、ということになっていた（「旗を見せろ」といわれたら国連の旗を見せる、という意趣であろうか）。いまでは「普通」とはそんなものではないらしいことがわかった。そんな「ポチ外交」をしている国が「普通の国」とはとても思えない。

少なくとも、近代の国際法の発展に照らすかぎり、「普通の国」とは国連に主権の一部を委譲し、国際法を遵守する国、というのがそれであろうし、また軍事面ばかりみていてはダメで、たとえば「亡命」申請者や難民の受け入れもまた必要な条件であろう。政治的には、「市民的不服従」の尊重も加えるべきだと考える。藤田省三は、朝鮮戦争時に朝鮮に派遣された掃海艇部隊の乗組員が任務を拒否して「戦線離脱の挙」に出たことを「本当の精神的勇気」として次のように述べている。

離脱の精神を含まぬ単純な「参加」主義は、「翼賛」という名に代表される左右大小さまざまの追随主義を産む。[……] 理想的に言えば、全成員の脱出と亡命の可能性が常に考慮に入れられている時、始めて、国家を含む全ての組織体は健康でありうる。(2)

個人の自然権によって制約された国家、と同時に国際法によって制約された国家、これが「普通の国」であろう。その意味では日本国憲法によって設計された国家の形は、少なくとも保守政権が道を開こうとしている国家の形よりは、より「普通」であったともいえる。「普通の国」の名のもとの派兵・改憲に抵抗していくこと、また「離脱」の権利を自衛官自身にも保障していくこと、こうした「普通」の人間的権利に立脚することが、私たちの出発点であると言える。

注

（1）大塚英志「グランドルールとしての憲法と戦争体験」『世界』二〇〇三年一二月号。
（2）藤田省三「離脱の精神——戦後精神の一断章」『精神史的考察』平凡社、一九八二年、二五一頁。

「護憲」か「改憲」か？

私はいま迷っている。「護憲派」でいくべきか、「改憲派」でいくべきか。

有事法制が確立し、「自衛のための戦争」を日本国が行う法的基盤が整ってしまった。これは「憲法違反」だから無効である、と宣言する方法もあるだろうが、こうした法制を国会の圧倒的多数に議決させるほどに、日本の「戦後民主主義」が変容を遂げていることを考えるとき、ちょっとばかり「絶望」が湧いてきてしまうのを押さえることができなくなる。さて、どうしたものか。

戦後の「護憲」平和運動は、そのつどの憲法平和主義骨抜きの動きに対し、原則的な批判・反対を行なってきたし、その蓄積は、GHQがわずか二週間で起草した憲法に、ずいぶんと豊かな内容を盛り込んできたと思う。けれどもその憲法平和主義はいまやかなり追い詰められており、日本国憲法のテキストが「文字通り」与える理解と、法制上の理解との間には、まったく別な体系ができあがってしまっている。おそらく憲法学者もそこのところを苦労しているのだろうと思うが、こうして政府は、おそらく平和主義者たちが考えているのとは別な憲法と法制の体系をもっており、ここで作動してしまっている体系を、「あちら」の側でも「あちら」の憲法九条が支えているのである。さて、この「九条」をどうしてくれたものか。

「あちら」の「九条」は、改憲しないとだめなんじゃないか。誤解の余地なく軍備を放棄し、かつて吉田茂がいったように「自衛戦争」も含めて放棄したとしか解釈できない憲法に「改憲」した方がいいんじゃないだろうか。けれど、「こちら」は「こちら」で、その「改憲」を支える想像力の根源に、率直に現行の「九条」を読んで感じた体験をもっている。ここで得られた「九条」の意味を護りつつ、つまり「護憲」の立場に立ちながら、「あちら」を「改憲」することはできるのだろうか。

私にとって憲法の問題を考えるとき、いつも思い浮かぶのは、鶴見俊輔氏の「この憲法を守ろうという運動方法によってはこの憲法を守ることはできない」(「根もとからの民主主義」一九六〇年)ということばである。六〇年安保の渦中で語られたこのことばは、おそらく、一人一人がこの憲法を支える「根」をもつことなしには、空洞化していくだろうということを語っているように思われる。事態がここまで空洞化してきたときに、私たちは、「護憲」という課題のもとに守ろうとしてきた価値を、どのようにしてより豊かにしていくことができるのだろうか。

「最悪の事態に備えて」考えておくことは、「市民的不服従」ということであろう。ただ、「最悪の事態に備えて」という発想は「有事」という考え方と同一であり、「万が一のときにどうするか」ということばかり考えていると、「備え」としての軍事力、という発想と根を共有してしまうようにも思う。「市民的不服従」は、「有事」を前提として、その上での〝別なやり方〟なのか、「有事」という問題設定そのものを否定する選択なのか、ということは考える必要があるだろう。もちろん、災害その地の「非常事態」は起こりうるであろうし、もしかしたら戦争も起こるかもしれない。そのときあくまで「不服従」ということは大切であるにしても、それだけでは弱いようにも思う。

漠然とした表現になるが、「有事」から「不服従」を考えるのではなく、「不服従」から「有事」を考えることが必要なのではないか。つまり、「不服従」を前提として考えたとき、「有事」とはいかなる事態なのか、ととらえかえすことである。これは、単にひっくりかえしただけなのではなくて、議論している相手を説得する方法でもある。「有事」を前提とする人々は、個々人の力ではいかんともしがたい「非常事態」を想定し、そこで個々人の「安全と生命」を守るために、と称して、基本的人権の一部委譲を要求する。こうした古典的なホッブズ的社会契約（「契約」といっても、これは消火器の押し売りのような取り引きである）がここで押し出される。けれども、はじめに「非常事態」があるのではなく、はじめにあるのは、抵抗権も備えた個々人である、という前提に立つとき、「非常事態」といえども譲り渡すことのできない領域をそれぞれが留保する権利の問題が、摩擦熱によって温度を上げながら現われてくるだろう。この摩擦の中でせりあがってくる領域に対する合意を拡大すること、これは日常的に、私たちがさまざまな関わりを通じて実現していかなくてはならないことである。

実のところ、憲法の問題も、こうした「抵抗」の領域に対する合意・同意・好意・黙認を拡大することなしには、「あちら」の動員体制と、「こちら」の散発的抵抗が並行しつつ、「こちら」が追い詰められていくという暗い未来を思い浮かべざるを得ない。

こうした「抵抗」の問題と並んで重要なのが、憲法の読み方である。戦後の日本において、憲法を論じてきたのは、つねに国境の内側においてであった。平和主義を担った「革新」勢力と市民運動においては、憲法の問題は外交・防衛といった対外関係に関わる政策領域ではあったが、事実としては、それはほとんど国境の内側でのみ論じられてきたという意味においてドメスティックな議論にとどまった。だが、元来憲法というテキストは、「国民」のみが読むものではなく、普遍的な読者に開かれているはずである。とすれば、「内向き」の特殊な読解によって積み上げられてきた「万邦無比」の解釈改憲体系を、人類の共有財産である憲法思想のアーカイヴを貧しくするものとして批判していく作業も可能となるだろう。憲法の条文はもとより、憲法を解釈することばもまた普遍的言語でなければならない、と思う。憲法とは普遍に開かれたテキストであり、その解釈もまた普遍的世界に開かれた作業である。これまで日本国家は憲法解釈を内政対策のために閉鎖的に行ってきたが、それは普遍的言語に死を与える行為の積み重ねにすぎなかった。各国の人権と理想をうたった憲法、およびその解釈作業は、人類共通の財産=公共財として考えられるべきである。そうして、「九条」がもつ普遍的な解釈の方へ向けた「解釈改憲」を、「あちら」の憲法体系に対しても仕掛けられるような力を育てていきたいものだ。

「市民的不服従」を基礎において、普遍性を志向した「反戦平和」のことば・思想・経験を豊かにしていくこと、具体的にこれ、ということがいえるほど確かな何かをつかんでいるわけではないが、いままでの問いをどのように継承し、どのように組み替えていくか、ということについていま考えていることをことばにしてみた。これは一人でやっているとすぐ煮詰まってしまうので、仲間を大切に、末永くやれる「反戦平和」を考えていきましょう。

「郷土《パトリ》」なきパトリオティズム

「愛国心」ということばは、いまさらいうまでもなくpatriotismの翻訳語であるが、それは近代国民国家がもつstateとsociety（ないしnation）の二重性を表現する鍵でもある。人々の生活空間としての「社会」と、その上に〝上部構造〟として建築された人工物＝「国家」という対比を前提とした上で、前者の〝自然〟と後者の〝作為〟とを癒着させる〝選択意志〟として、patriotismは確立された政体に利用されてきた。

だが、生活に根ざした「郷土（patrie）」を守り、郷土に連なる「祖国（patrie）」を守る、という延長軸の中でいったん〝自然〟化された「国家」は、その「郷土」社会に破壊の危機をもたらすとき、再び「社会」からの反撃に遭うだろう。これは近代国民国家が抱える本質的なイデオロギー的流動部分であり、同じく近代国家を支える社会契約説と並び、「国家」を構成（constitute）する〝作為〟を正統化するとともに正統性を奪うダイナミックな原理である。このダイナミズムは、〝自然〟さというフィクションと、〝作為〟という文字通りのフィクションとの落差によって生じる、（政治）共同体のあり方をめぐる運動である。

それゆえ、「祖国」のイメージはときに現有の国境を越える。それは過大な拡張主義の形をとることもあれば、たとえばパリ・コミューンの代議員選挙において、選挙民たちが本人に何の断りもなくイタリア統一運動の「英雄」であったガリバルディをコミューン議員に選出する、というような事態も起こる。patriotism を説くならば、「国家」の手に負えないコミューン、コミュニティの存在を消去することはできない。

また、右記のように「郷土」を破壊する国家の政策、たとえば巨大公共事業に対し、住民の自決権に立ってその「公共性」の仮象性を批判し、地域の公共性を対置する地域主義、住民運動の動きもまた patriotism の文脈で理解できる。「地域」を切り捨てるネオリベラリズムに比してみれば、そのことは明らかであろう。かつて横浜新貨物線反対運動のイデオローグであった宮崎省吾は、従来住民運動に対して投げかけられていたレッテルを裏返し「地域エゴイズムこそ公共性」という思想を展開した。その上で彼は、「地域エゴイズムの連帯」による社会形成を提起している。つまり、どの地域にも作ることが望まれない施設は作るべきでないし、それによる不利はそれぞれが拒絶した責任において引き受けるべきだ、という考えである。

同じことは、軍事基地についてもいえるだろう。基地を押しつけられた地域が分断され、孤立させられれば、あとは「条件闘争」しか選択肢がなくなってしまう。だが、誰も、どこも引き受けたくないのなら、なしでやっていくしかないではないか。現在、辺野古で続いている基地建設への抵抗、韓国平《ピョン》澤《テク》基地拡張に抵抗する農民の闘い（本書第Ⅰ部参照）、またグローバル化に抵抗するコミュニティが今日国境を越えて広範な連帯を模索しているように、「郷土」防衛の patriotism は必ずしも地域に自閉した闘いではなく、開かれた、「窓」のあるコミュニティの新たな姿をもたらしつつある。そこには、生活者から土地を、場所を奪い、外国政府へと、多国籍資本へと差し出す自国政府の「売国」性を撃つ、〝原点〟が存在する。

保守の崩壊とナショナリズム
——「自由・平等・博愛」なき社会へようこそ（酒井隆史との対話）

——監視や管理の強化、市民的権利の制限といった動きがますます強まっていますが、今、日本では「自由」というものの人気がとても下がってきているのではないでしょうか。そのあたりからお話しいただけますでしょうか。

酒井　そうなんですか？　「平等」が暴落してるのは感じてましたが。いずれにしても、「自由」とか、そしてとりわけ「平等」って、むずかしくてややこしい概念です。しかし、いまはこうした概念を粗暴に単純化して、それを否定する身ぶりが拡がっているのが一つの背景にあるような気もしています。たとえば、平等のイメージが「運動会でみんなで一緒にゴールする」になってしまうとか。

道場　たしかに、「自由」ということがいわれる割には、実質的な自由はどんどん狭められてきている。そのことは酒井さんの『自由論』のテーマでもありましたよね。ふりかえれば、これほどまでに市民的自由が暴落したのは、ファシズムの一九三〇年代以来、七〇年ぶりぐらいといえるでしょうか。もともとネオリベラリズムというのは、「自由と平等」あるいは「自由と民主」がトレードオフの関係だという言説をまず作っていく。そこでどっちをとるんだ、やっぱり「自由」ではないか、と誘導してきたのに、その「自由」まで失効したら、政治の死ですよ。ホントに。格差社会の問題というのはとりわけ去年くらいからクローズアップされて、『下流社会』（三浦展著）のような本が売れているというのは、なんかまずいらしい、格差社会はやっぱりよくないとかいう議論が、とりあえずは広まってきているということでしょう。

酒井　思想家のエチエンヌ・バリバールが「l'égaliberté 平等自由」といった平等と自由を圧縮した造語を創作したのも、この自由と平等の闇にトレードオフ関係を作っておいて概念操作をするといった現在の風潮に抗して、この両者の不可分性を強調したものですね。事実上、この自由と平等といった異質な原理のいわば不可能な圧縮によって、近代社会では、その時々での既存の権利の枠組みを超えて、理論や実践の両面で、新たな権利や制度が次々と創造されていくというダイナミズムをもつことになった。

道場　都立の新設高校で「教職員連絡会」というのだけが置かれて職員会議が開かれない学校がありますね。小中高の職員会議をめぐっては、戦後、校長の諮問機関か自治的決定機関かという論争をずっと日教組と文部省の間でやってきましたが、ここにきて校長の最終権限をタテに意見は聞かなくてもいいんだ、と言い出した。

酒井　社会の多様な力の織りなす自主性を前提とし、それと折り合いをつけたり見逃したりしながら回路づけるかたちで支配が作動することで、当該の秩序がある程度、安定をみていたのがフォーディズム時代の近代社会だとしたら、ポスト近代に入って、こうした自主性そのものがすごく不信をもたれ、排除されているようにみえます。このような複雑な社会だとなおさら、同意の調達の回路とか、微細な力関係、落としどころをもっていくような調整装置がないと、社会の運営は現場レベルではうまくいかない。だから上からコマンドがおりてきても、これまでは、現場の力関係でそれはしばしばインフォーマルに改変されたり骨抜きにされたりした。ある種の妥協の形態ですよね。しかし、いま調整機構そのものを敵視するような形で、すべてルール通りに、すべてある種のプログラムを押しつけていけばうまくいくんだというようなメンタリティがあるようにみえます。従来、マルクス主義が批判される要素の一つに、プログラム主義があったでしょう。マルクス主義が、ある種の理念をあてはめていけばすべてうまくいく、と考えるのに対して、保守主義は、書かれざるルールとかインフォーマルなルール、「暗黙知」とかを持ち出してくるものだった。

道場　「保守の叡智」とか「懐の深さ」という言い方もありますが、今となってはそういう「暗黙知」というのは要するにインフォーマルなルールで、裏取引なんだというふうに炙り出されて、一つ一つ消去されています。

酒井　しかし、いま「懐の深い」といった人格類型自体が死滅しつつありますよね（笑）。落としどころや妥協を用意しない、非妥協的で不寛容な雰囲気が強いのも、一つの背景にはそれがあるのではないか。これはふたたび自主性と支配関係がある種の妥協にいたるまでの空白で生じているのか、それともこの妥協自体がもう排除されていくのか、それがぼくももう一つよくわからないところです。

自立しないのはワガママだ?

酒井　日本で「自由の行き過ぎはいけない」などといった物言いがありますが、でも、自由においてなによりも重要なことは「自律」ですよね。

道場　でもこれも先手を打たれていて、いやもちろん皆様には「自律・自立」していただきますよ、という話になってしまう。いまや自立しないのはワガママだ、と言われますからね。

酒井　それは保障を排除するものと捉えるのは一つの罠です。自律と保障を背反するものと捉えるのは一つの罠です。保障から切り離された「自律」ほ、恐怖や不安を通して、ますます国家にすがりついてしまう他律に行き着いてしまう。保障が自律と相伴っているというのは、かつてはあちらこちらでそれこそ実践知として作動していたように思う。本来は、国家からの自律ということが保障と相互に確保されるためには、国家からの自由を最初の「自由」のイメージとしてとらえておかないといけない。

道場　冷戦時代、「自由世界を守れ」とかいうときの自由世界って、大概は軍事独裁政権だったわけですよね。だから、自由って何なのか、自由世界って何なのかという問いが起こり得たはずなんですが、日本社会は自由の問題を深めないままで来てしまって、一方反共軍事独裁だった国は続々と民主化が進んで、それこそ今は自由を手放さない社会になっている。政治権力との関係で「自由」が問われた公論界で議論の焦点となるような、自由の侵害に抵抗しうる市民社会が生まれてきているんですが、日本はどうなのか。

酒井　ニューヨークでWTOシアトル総会以降の社会運動の作り方を見ていたら、古参のものから新しいものまで多種多様な小集団が非ヒエラルキー的、脱中心的なネットワークをつくり、相互調整しあうというデモクラシーの底に、ある種の「アナキズム」が共有されているような気がしました。これはジェファーソンからソロー、そしてリバタリアニズムなどに流れる、アメリカの伝統にも色濃く影を落としているエートスではないでしょうか。国家を廃絶するといった大きなヴィジョンではなく、エートスとして沈殿している感性です。そこでは、「～への自由」の前に「～からの自由」が強く作用しています。宮崎学さんが『法と掟と』でもこのあたりのことを分析されていますが、日本はこの「〜からの自由」という契機が非常に弱い。そうなると「福祉」も治安維持的意義の強いポリス国家的性格を帯びてしまう。網野善彦の『無縁・公界・楽』をあらためて読んでいて、この点と重なることが言われていることがわかりました。網野さんはヨーロッパに由来する自由や平等といった近代的な理念が実質性をもつためには、日本社会に伝統的に散在していたアジール的な空間における「無主・無縁」のエートスに接合させる必要があると主張されています。もともとヨーロッパでも近代的理念は、それ以前には、特異であったアジール的な原理にその源泉の一つをおくからです。

道場　ネオリベラリズムという攻勢の新しさ、以前との違いをどこに求めるかというと、たとえば労働の面に関して非常に重要な攻撃がかけられている。なぜかといえば、戦後の労働運動の積み上げがあって、既得権がたくさん積み重なっているからです――「既得権」という言い方が、また即、悪であるかのように今はなってますが。日本の労働法体系は占領期の理想主義のもとでつくられていて、それをどうやって切り崩していくかという資本側の攻勢との闘いの歴史というのがあり、そう簡単には突き崩せないような慣行がいっぱいあったんですね。フランスなんかCPE（初期雇用契約）の問題で労働者が連帯してストを打ってる。高校生とか若者とかも参加して、法案撤回に追い込んでいますよね。社会の中の小部門として切り離され孤立化させられて支配が完成していくんじゃなくて、連携がつくられているのは、うらやましいというか、健全だな、と。

酒井　新聞で見たパリ特派員のコラムでちょっとビックリしたものがありました。このストで、みんなが迷惑してるとか言ってるわけ。

道場　迷惑してないよ。声援送ってるじゃない。

酒井　最近のある調査で、国際比較をしたら、日本人が「他者は信用できない」と答えた率は他国と比してかなり高かったというものがあったと記憶しています。日本では、世間への順応による同質化と他者不信が相伴って高まっている。横のつながりがズタズタにされて順応へと吸収されている。そしてその文化を、この特派員は、べつの文化に生きている人たちに当てはめてしまっている。

記憶喪失を強いて人を転がりやすくする

道場　このごろ僕が痛感していて、あちこちの原稿で繰り返しているんですが、今の日本では「歴史」とのつきあい方がわからなくなっているように思う。そうして、歴史観が脆弱になってくると、みんな適当な直感や思いつきで、「昔」と「今」とを対比的に語り出す。それはどっちかというと、資本や権力に有利な解釈につながりやすいんですね。目新しさだけでやっていくと、ネオリベ改革にどこか通底してしまって、抵抗の伝統というのが断ち切られちゃうんです。昔の人は抵抗一本槍でダメだったけど、いま僕らは提案型ですとか、ああいう言説ばかりが流行って。

酒井　たしかに、道場さんの『占領と平和』を読むと、昔の人が「抵抗一本槍」というまとめ方がいかに粗暴かがわかります。

道場　みんなそれぞれ善意で言っているんですけど、逆に自分たちの根っこを断ち切っていくようなことになっている。同じような攻勢に直面したときに過去の人はどう抵抗したか、あるいは今の攻撃がどういう点で決定的に新しいのかということを知る。そのためには、本当に丁寧に歴史の問題からやっていかないと、それこそ総崩れになると思うんですよ。今、歴史とのつきあい方が非常に貧しくなってきている。ある流れをふまえて自分が生きている同時代とどう渉りあうかというようなことではなく、恣意的に時間を切り取ってきて、いまこの瞬間の好き嫌いとかムカつきを表現してるだけ。「歴史」はそんなふうに消費され、使い捨てられている。歴史の堆積というのは、とくに社会運動にとっては本当に重要なもので、あのときこの人がこう殺されたみたいな記憶がとても大事なものだったりする。そういうことが何もないまま、それこそ民衆が歴史をもたずに漂流してる……って、僕はまるで右翼のようにものを言ってますけど（笑）。保守が消滅してるというのは、まさにそういうことで、社会が歴史を喪失してるんだと思うんですね。

酒井　ポストモダン的な非歴史性は、かつては多様性とか戯れとか、開放的なニュアンスをもって言われてたけれども、これが新しい権力テクノロジーに統合されると、そんなニュアンスを失ってしまうということでしょうか。またニューヨークの話で申しわけありませんが、ニューヨークにいて感じたことは、ニューヨークが人々にすごく愛されているのはもちろんだけど、その愛着は、しばしばアメリカ合衆国のナショナリズムと対立関係に入るものでもありました。しかも、実はニューヨークという単位でも大きすぎて、ブルックリン、クイーンズ、ハーレムといったより細かい単位で人はその空間に愛着を強くもっている。それはたぶん、さっき道場さんが言われた順応しなかった民衆の活動の堆積によるものだと思うのです。アフリカ系アメリカ人や移民の存在はそこでは大きいわけですが。具体的には、街のあちこちにそうした痕跡が残っている。

道場　ここで誰某が暗殺された、とか？

酒井　それもあるけど、ハーレムのメインストリートは同時にマルコムX通りと呼ばれて、公式のストリート番号の下には、その標識がつけられている。キング通りも、フレデリック・ダグラス通りもある。それから、プエルトリカンが多い通りでは、プエルトリカンたちが独自にその界隈を名づけていた地名も一緒に標識として立てられている。たぶん、ニューヨークって、それがとりわけ多いというわけでもないでしょう？

道場　まあ、プラハとかワルシャワなんかに比べれば。

酒井　それに比較すると、地名は行政の都合でころころ変わるし、規制がきわめて弱いこともあって、街も大きな力でフレキシブルに変わっていく日本社会は、否が応でも、記憶喪失を強いられているように感じます。この記憶喪失が、人を身軽にすることもあるけれども、一方で、人を縛りやすくしているのではないか。今の支配的なモードというのは、むしろ記憶喪失によってぽっかり開いたスクリーンにスペクタクル化された「歴史」も次々と充填することで、人を転がりやすくしている、というように思うのです。

誰も郷土を守ろうとしないナショナリズム

道場　国家が「伝統」や「郷土」を破壊するという反パトリ（祖国・郷土）的な行動をとっているときに、抵抗する側こそ「愛国者」だという言い方は、ある時期の運動にはよくあったことなんですけど、そういう部分も断ち切られてしまった。「保守」という記号自体が、もともと無効化されていたと思うんですよ。日本は開発国家であり、なおかつ親米従属国家であったわけだから、二重の意味で郷土が常に国家によって解体されてきた社会だと思うんです。そういう問題って、結局、保守がいないから誰も問題にしない。

酒井 なるほど、「保守」の不在ですね。三浦展さんの『ファスト風土化する日本』という本は、そのへんの現象を的確についていた。ナショナリズムが高まっていくんだけど、その一方で、郷土は破壊されてパトリ的な基盤が大事にされない。そこでも指摘されているけれど、この現象の鍵は「であるがゆえに」というところだと思う。たとえ両者ともに「想像」であるにせよ、より具体性のあるパトリオティズムが希薄であるがゆえに、抽象性の高いナショナリズムがどこまでも高まっていく、という関係になっている。

道場 そんな感じですね。

酒井 ただ、昔からいまにいたるまで、いわば「民衆的想像力」において、パトリ的なものは非常に重視されています。たとえば、映画では国家にパトリ的なものが対抗するという図式はやたらと出てくる。任侠映画なんてとくに。もちろん、パトリ的なものも「想像」であるわけだし、それがファシズムの基盤にもなりうるということは指摘しておかねばなりませんが。谷川雁がかつて「なめくじとか化けものの住むじめじめした場所」というように形容してましたが、これも結局、パトリ的なものの両義性を示そうとしていたわけですよね。谷川雁だと、その両義性に賭けるということになる。その場合のパトリ的なものはナショナリズムを二重化して、強化することもあれば、相対化することもある。つまり、それは、いわば国内に向けられた植民地的支配への抵抗にもつながるのですが、それが失われると……。

道場 つながらないですね。自警団化してしまって、セキュリティの方へ誘導されちゃう。コミュニティがもってる最後の力までが収奪されている。

酒井 「コミュニティ再建」というかけ声はやたらと聞くのですが、そのときのコミュニティとは何なのか、ということ……。

道場　『現代思想』（二〇〇五年一二月号、本書Ⅲ部）にそういう話をちょっと書いたんですね。それと『論座』（二〇〇六年一月号、本書序）に書いた原稿でも、鶴見俊輔の言葉を引いて「国家の言うままにならぬという記憶」を共有する共同体は可能か、ということを提起しました。そうしたら宮崎哲弥氏が東京新聞の論壇時評で、コミュニティの解体に危機意識が広まってきた、という形で加藤紘一氏と僕を並べて紹介していて驚きました。さっき話していたことですけど、「保守」がいなくなったということと、コミュニティの消滅とは深い結びつきがあると思います。「保守」は「革新」と対立していましたが、コミュニティのあり方については論争が可能だったということもできると思います。また、少し話は違いますが、自称「保守」が激しい住民運動の闘士となる、なんていうことはよくあったわけですね。いま恐ろしいなと思うのは、そういうものがすべて解体されてきているということです。

酒井　パトリを失った時点で（プチ）ファシズム化しているという感じでしょうか。もう、国家には黙って言うことをきかないというしかない……。さっき出てきた「国家の言うままにならぬという記憶」という言葉ですけど。

道場　これはべ平連が援助した脱走兵が二五年ぶりに日本に来て京都で集会をしたときの記録集に、鶴見俊輔が書いた文章のタイトルなんです。いい言葉ですよ。

酒井　そうですね。ぼくはクラウゼヴィッツ的な「防御」という概念がずっと気になっていて、『暴力の哲学』（河出書房新社、二〇〇四年）では少しそれについて考えてみました。一九七〇年代には、たとえば住民運動にせよ環境運動にせよ三里塚にせよ、防御という意義をもった運動がたくさん起きてきますよね。三里塚は基本的には土着の人々が主体でしたが、他方で、都市では土着の人々ではない人たちが住まいを防御する。

道場　あなたたちは最近来たばっかりだから、いい条件を提供したら移転するでしょ、って言われて「なめんなよ！」っていうことですね。三里塚もそうです。

酒井　そうですね。土地や居住は、必ずしも、貨幣によって均質化・断片化され、簡単に流動化できるものではない。しかも、とりわけ部市の「居住の権利」には、定住的な共同体から弾かれていた人たちがつくった共同体を防衛する闘争という側面も強かったと思います。たとえば、任侠映画においても、流動的な下層労働者の共同体が防御の対象となるわけですよね。「住まい」といったときのある種のエコロジカルな拡がりが「居住の権利」といったものには作動している。

道場　「共同体」といっても、ただ存続しているものを維持する、というのでなくて、関係の質そのものが問われている、ということでしょうかね。

酒井　なにかしらの神話的時間と接合しないパトリの防御としての、居住の権利といったらいいのか。

道場　ふるさとに固着させられたら、逆にナショナリズムに回収されてしまうから。地域ボスとか実際ひどい人もいるんでしょうけど、地域防衛というテーマを切り捨てるんじゃなくて抵抗の記憶をもっと掘り起こして、手持ちの可能性をふやしていく必要があると思います。

酒井　9・11のあとにニューヨーク在住の知識人が書いた文章を集めたものを読んだんですが、みんなすごいニューヨーク好きなのです。それはリベラルからラディカルまで、アメリカの現状にはきわめて批判的な人たちによるものです。それを読んでいて思ったのですが、日本においてそれに対応する、ローカルな居住地を愛する、あるいはこだわる、という文化が希薄だったような気はしています。

道場　左派の側も近代主義者だったし、開発側だったですからね。

酒井　遅れの可能性に対する感性というのは、今どうしてもきちんと考えないといけない。まあスローライフとか、さんざん使われまくってますけどもね。本当にスローな人は排除されてますから（笑）。

ブックガイド　「戦後六〇年」を再審する

「戦後」という時代は今年（二〇〇五年）で六〇年目を迎える。最初の「戦後生まれ」が民間企業では定年を迎える年だ。この長きにわたる時代経験が、近年では十分に理解されることもなく否定されつつある。

その最たるものが、「時代に合わなくなった」という理由で改憲を進めようとする「戦後生まれ」の政治家たちの姿だといえるだろう。「時代に合わなくなった」から「新憲法」を制定しようという自称「リベラル」の人々も含め、「新しさ」だけが価値であり続けてきた高度成長期的な〝古い〟感性にどっぷり漬かった人たちは、今度は憲法までも消費して使い捨てようとしているのだろうか。

そんな時代だからこそ、「戦後」という歴史性にこだわる必要があるというべきだ。新しいか古いかという受動的な消費基準によって誤った政治を買わされないためにも、この六〇年を生きてきた経験をつかみ直し、成功も失敗も含め、自分に連なる歴史として現実感覚をもってとらえることなしには、「新しさ」だけが価値の「改革」（それは「保守」すべき民衆理性を根こそぎ解体するネオリベラリズムの暴力の別名でしかない）に対して、自分や自分の愛する人たちを守るためにも必要な最低限の思考の場をも明け渡してしまうことになるだろう。私たちはアイデアや思いつきのみによってコミュニケーションの場、対抗的な公共性を作り出すことはできない。歴史にアクセスする方法が必要なのである。

もちろん、歴史にアクセスするということは、自分にとって都合のよい・心地よい過去を並べることで自足できるものではない。自らの観念の閉域を食い破る問いかけに直面することもあろうが、そこから逃げては、歴史はただの寝物語になってしまうだろう。歴史意識の危機は、政治の危機と相即したものであるといえるが、この危機に際して、歴史にアクセスする方法を豊かにしていくための作業に乗り出すことが必要であろう。

今回の選書は、その第一歩のお誘いである。東アジアにおける冷戦と植民地主義の継続、冷戦構造を形づくった朝鮮戦争の再考、歴史認識問題、「反戦平和」経験、そして「戦後日本」という時間を問い直すさまざまな経験と場所、これらを通じて「戦後六〇年」を再審に付していく作業には多くの人々の協働が必要である。きょうこのコーナーに立ち寄っていただいたことを一つの機会として、一緒に考えていきましょう。

○東アジアの冷戦と植民地主義の継続――「戦後日本」を東アジアの中で考えてみる

・『東アジアの冷戦と国家テロリズム――米日中心の地域秩序の廃絶をめざして』（徐勝編、御茶の水書房、二〇〇四年）

台北、済州島、沖縄、麗水《ヨス》、京都と続けられてきた国際シンポジウム「東アジアの冷戦と国家テロリズム」の総集編ともいうべき論文集。歴史家と当事者、活動者のコラボレーションによる本書の価値は、その内容の重要性ばかりでなく、東アジアにおける新しい対抗的公共圏の創出という点からも高く評価されるべきだ。

・『資料日本占領1　天皇制』（山極晃・中村政則編、岡田良之助訳、大月書店、一九九〇年）
象徴天皇制がジョン・ダワー（『敗北を抱きしめて』）のいうごとく「日米合作」で作られていった経過が、アメリカ側の主として政府部内文書によって跡づけられている。少々値段は高いが、採録された資料のいずれもが「戦後日本」と「占領」という問題、戦前・戦中から「戦後」に繰り越されたもの、戦争責任、そして天皇制を考える上で興味深い内容をもっている。

・『なぜ書きつづけてきたか　なぜ沈黙してきたか——済州島四・三事件の記憶と文学』（金石範・金時鐘著、文京洙編、平凡社、二〇〇一年）
済州島四・三事件（一九四八年四月三日に韓国南部の済州島で起こった人民遊撃隊の武装蜂起に伴うとされる、政府軍・警察による住民虐殺事件）に深い関わりをもつ在日朝鮮人文学者二人による回想対談。植民地時代、占領時代、そして四・三事件、朝鮮戦争と戦後日本を結び合わせて語り出されることばのそれぞれに「戦後日本」という想像空間を揺さぶる「暴力」の記憶が満ちている。

・『台湾/日本——連鎖するコロニアリズム』（森宣雄著、インパクト出版会、二〇〇一年）
「台湾独立派」をめぐる歴史であると同時に、「戦後日本」の中で欠落していた台湾という場所への意識を鋭く問う力作である。国民党の支配に抗議し、日本の入管体制と闘い、ラディカルな問題提起を行ったたちがたどった軌跡とは。「台湾は親日的である」というナルシシズムにひたる歴史修正主義をゆさぶる「台湾問題」の所在を明らかにしている。

そのほか――

・『東アジア冷戦と韓米日関係』（李鍾元著、東京大学出版会、一九九六年）

・『冷戦文化論――忘れられた曖昧な戦争の現在性』（丸川哲史著、双風舎、二〇〇五年）

・『継続する植民地主義――ジェンダー／民族／人種／階級』（岩崎稔・大川正彦・中野敏男・李孝徳編著、青弓社、二〇〇五年）

・『老斤里《ノグンニ》から梅香里《メヒャンニ》まで――駐韓米軍問題解決運動史』（「老斤里から梅香里まで」発刊委員会編、キップンチャユ日本事務所、二〇〇二年）

・『象徴天皇制の起源――アメリカの心理戦「日本計画」』（加藤哲郎著、平凡社新書、二〇〇五年）

○朝鮮戦争再考――東アジア冷戦体制を生み出したもの

・『朝鮮戦争の起源――解放と南北分断体制の出現１・２』（ブルース・カミングス著、鄭敬謨・林哲・加地

永都子訳、シアレヒム社（影書房）、一九八九／一九九一年）

アメリカ政府所蔵の文書を縦横に活用して植民地期から朝鮮戦争に至る朝鮮半島（とくに南半部）の歴史を叙述し、朝鮮戦争研究史に画期的な地平を開いた最重要著作。とくに植民地期に形成された社会経済構造の分析や、解放直後、アメリカ軍政期に存在したさまざまな別の可能性を探求し、読者に大きな刺激を与える。

・『朝鮮戦争全史』（和田春樹著、岩波書店、二〇〇二年）

朝鮮語・中国語・ロシア語・英語・日本語の五ヵ国語を縦横に駆使し、冷戦体制崩壊以後公開された諸文書や最新の研究成果を織り込んだ、文字通り総合的な朝鮮戦争史。著者はここで朝鮮戦争を「東北アジア戦争」と位置づけ、米ソの冷戦政策や南北朝鮮の民族運動、国際共産主義の動向などを立体的に再構成してみせる。

・『朝鮮戦争と吹田・枚方事件――戦後史の空白を埋める』（脇田憲一著、明石書店、二〇〇四年）

朝鮮戦争に反対して闘われた反戦闘争、枚方事件に一少年として参加した著者が五〇年を経て事件の実相に迫る。朝鮮人と日本人とがどのような地域空間を共有し、一時的にであれ同じ「正義」の側に立って闘ったか、という記憶が著者執念の探求により蘇生させられる。事件以後の「生きざま」は読む者の胸を打たずにはおかない。『大阪で闘った朝鮮戦争――吹田枚方事件の青春群像』（西村秀樹著、岩波書店、二〇〇四年）も併せて読みたい。

・『史実で語る朝鮮戦争協力の全容』（山崎静雄著、本の泉社、一九九八年）
主として自治体史を博捜しながら、朝鮮戦争下の日本がどのように「戦時体制」にあったかを明らかにした力作。占領下での米軍基地や基地周辺自治体の動きもよくわかり、また困難な状況の中で戦争に反対した労働者の動きも追っている。

・『朝鮮戦争と日本』（大沼久夫編、新幹社、二〇〇六年）
近年の朝鮮戦争研究の進展をふまえて編集された論集。この時代の「東アジア」大の連関の中で当時の日本社会を考えていく上で基本的な文献となるだろう。

そのほか――

・『朝鮮の虐殺――二〇世紀の野蛮から訣別するための現場報告書』（呉連鎬著、大畑龍次・大畑正姫訳、太田出版、二〇〇一年）

○歴史認識――過去の事実とどう向きあうか

・『日本人の戦争観――戦後史のなかの変容』（吉田裕著、岩波現代文庫、二〇〇五年）
一九四五年以来の「戦後日本」における「日本人の戦争観」を、世論動向、大衆読物、社会思想、社会運動などから立体的に構成した著作。とくに戦争観に関し外向きと内向きの「ダブル・スタンダード」が存在したという指摘は重要であり、今日の靖国問題を考える上でも大きな示唆を与える。

・『思想読本　「歴史認識」論争』（高橋哲哉編、作品社、二〇〇二年）
「従軍慰安婦」問題、戦後補償、戦争責任、植民地支配、歴史修正主義、そして日本近代の理解など、近年の「歴史認識」をめぐる諸問題を凝縮して一冊にまとめた概説書。しかし概説書のレベルにとどまらず、現在の議論の最前線をレベルを落とさずにまとめている点で高度な本でもある。
・『遺族と戦後』（田中伸尚・田中宏・波田永実著、岩波新書、一九九五年）
歴史認識の問題については、「靖国」が一つの焦点をなしているといってもよいだろう。その「靖国」的なものを支える日本遺族会と、戦争被害者援護行政についてまとめた一冊であり、密度が濃く非常に勉強になる。新書本であり読みやすいので、まずは手にとっていただきたい。

・『天皇の逝く国で』（ノーマ・フィールド著、大島かおり訳、みすず書房、一九九四年）
国体の際日の丸を焼いた沖縄読谷村の知花昌一、自衛官であった夫の靖国合祀に異議を唱えた山口県の中谷康子、昭和天皇の戦争責任に言及して右翼に狙撃された元長崎市長の本島等という三人の人物を取り上げ、国家や戦争、死者とのかかわりの問題を魅力的な文体と考察で追った書。

・『アジア／日本』（米谷匡史著、岩波書店、二〇〇六年）
「植民地的近代」という視点から、「さまざまな摩擦と亀裂が幾重にも刻印された場」としてアジア／日本を読み解いていく刺激的な議論であり、越境する思想史の試みである。

そのほか――

・『裁かれた戦時性暴力――「日本軍性奴隷制を裁く女性国際戦犯法廷」とは何であったか』（「戦争と女性への暴力」日本ネットワーク・西野留美子・金富子編、白澤社（現代書館）、二〇〇一年）

・『アメリカの中のヒロシマ』上・下（ロバート・ジェー・リフトン、グレッグ・ミッチェル著、大塚隆訳、岩波書店、一九九五年）

・『靖国の戦後史』（田中伸尚著、岩波新書、二〇〇二年）

・『未来をひらく歴史――日本・中国・韓国＝共同編集　東アジア3国の近現代史』（日中韓3国共通歴史教材委員会編著、高文研、二〇〇五年）

○反戦平和の戦後経験――冷戦、そして戦争に抗する想像力と行動の歴史

・『コメンタール戦後五〇年〈第4巻〉 反戦平和の思想と運動』（吉川勇一編、社会評論社、一九九五年）
戦後五〇年の段階で編まれた反戦平和運動史の重要文献アンソロジーであり、ストックホルム・アピールから平和問題談話会、声なき声の会、ベトナム反戦運動を経て八〇～九〇年代の「反戦平和」の思考まで、編者一流の目配りでまとめられている。長年の運動経験に裏づけられた編者の解説からも得るところが大きい。

・『米軍と農民――沖縄県伊江島』（阿波根昌鴻著、岩波新書、一九九六年）

米軍に島の大半を接収され、住居と農地を強制的に奪われた沖縄県伊江島。この伊江島で反基地闘争を続けた著者による闘争報告。米軍によって次々と出される「禁止」「命令」「布告」に対し、住民はぎりぎりの非暴力不服従抵抗の思想と行動を生み出す。ときにユーモラスにそれを語る著者の思想は、伊江島の非暴力闘争を支える柱でもあった。同じ岩波新書に『命どぅ宝』もある。

・『「難死」の思想』（小田実著、岩波同時代ライブラリー、二〇〇八年）

ベトナム戦争に反対した反戦市民運動「ベトナムに平和を！　市民連合（べ平連）」の代表であった作家小田実の重要論文集。ここに凝縮された著者の思考は「難死」の思想、「加害／被害」論など、当時とそれ以後の反戦平和運動、さらにはジャンルを超えて諸社会運動に共有されたパラダイムのありかを端的に示している。「反戦平和」の思想と運動はこの思考を抜きに考えることはできない。

・『となりに脱走兵がいた時代――ジャテック、ある市民運動の記録』（関谷滋・坂元良江編、思想の科学社、一九九八年）

べ平連が取り組んだ米軍の脱走兵援助活動を三〇年後にふり返った回想集。街頭で機動隊とぶつかる運動と同時に、「人民の海」の中を泳ぎ渡らせながら、アメリカ青年たちをスウェーデンやフランスに逃がし、また基地内での「反軍」運動を支援する活動があったことを生き生きとした文体で伝える、いまなおアクチュアリティを失わない生きた経験を目にすることができる。

そのほか——

・『新版　沖縄・反戦地主』（新崎盛暉著、高文研、一九九五年）

・『沖縄の女たち——女性の人権と基地・軍隊』（高里鈴代著、明石書店、一九九六年）

・『開かれた「パンドラの箱」と核廃絶へのたたかい——原子力開発と日本の非核運動』（原水爆禁止日本国民会議・二一世紀の原水禁運動を考える会編、七つ森書館、二〇〇二年）

・『「声なき声」をきけ——反戦市民運動の原点』（小林トミ著、岩垂弘編、同時代社、二〇〇三年）

・『鶴見良行著作集2　ベ平連』（鶴見良行著、みすず書房、二〇〇二年）

・『市民運動の宿題——ベトナム反戦から未来へ』（吉川勇一著、思想の科学社、一九九一年）

・『銃後史ノート戦後篇8　全共闘からリブへ 1968. 1 ～ 1975. 12』（女たちの現在を問う会編、インパクト出版会、一九九六年）

・『街から反戦の声が消えるとき――立川反戦ビラ入れ弾圧事件』（宗像充著、樹心社、二〇〇五年）

○「戦後日本」を問い直す――マジョリティの軌跡がそのまま歴史であるわけではない

・『半難民の位置から――戦後責任論争と在日朝鮮人』（徐京植著、影書房、二〇〇二年）

在日朝鮮人である著者は、「半難民」という位置から、「国民」であること、「日本人」という存在、戦後日本社会、そして在日朝鮮人を論じ、植民地支配と世界戦争がもたらした歴史性と、その中での「責任」の問題に向き合う思考を開示している。表現者であり思想家でありアクティヴィストでもある著者のことばには、「国民」と「責任」をめぐる高密度な思考が詰まっている。

・『大地に挑む東北農民』（野添憲治著、社会評論社、二〇〇六年）

敗戦後、「難民」として日本へやってきた旧「満洲開拓民」や農家の次三男たちが入植した戦後開拓地は、一つの「棄民」の場所でもあった。都市に「難民」があふれ社会不安の種にならないようにと荒《こう》蕪《ぶ》地に入植させたこの政策は、食糧対策であるという表向きの説明の背後に、窮民の都市からの下放という性格をもった社会政策でもあった（原題『開拓農民の記録』）。

・『夕凪の街　桜の国』（こうの史代著、双葉社、二〇〇四年）

「被爆者」は戦後という時代をどう生きたのか。「被爆」という経験は原爆投下に直面した一回きりの出来事であったかもしれないが、「被爆者」を生きるということは、差別に耐え、いつ発症するともしれぬ放射線障害におびえるばかりでなく、大切な家族が二世代、三世代と放射線被曝の影響に曝されることを意識しながら生きることでもあった。その「被爆者」の戦後を、せつない〝文体〟で描いたまんが作品。

・『山谷　やられたらやりかえせ』（山岡強一著、現代企画室、一九九六年）
山谷《さんや》・釜ヶ崎という「寄せ場」から日本近代史、戦後史を根底的に問う思考が生まれている。山岡は山谷争議団のリーダーとして運動を牽引する一方、冷静な目で「寄せ場」をめぐる日本資本主義の構造を観察し分析していた。映画『山谷　やられたらやりかえせ』の監督として筑豊の炭坑労働・強制労働に遡って寄せ場史を考える視点を提出したが、暴力団の凶弾に倒れた。

そのほか――
・『証言　冷たい祖国――国を被告とする中国残留帰国孤児たち』（坂本龍彦著、岩波書店、二〇〇三年）
・『在日外国人――法の壁、心の溝』（田中宏著、岩波新書、二〇〇三年）
・『無縁声声――日本資本主義残酷史』（平井正治著、藤原書店、一九九七年）
・『六ケ所村の記録――核燃料サイクル基地の素顔』（鎌田慧著、講談社文庫、一九九七年）

・『北朝鮮へのエクソダス――「帰国事業」の影をたどる』（テッサ・モーリス－スズキ著、田代泰子訳、朝日新聞社、二〇〇七年）

・『出ニッポン記』（上野英信著、現代教養文庫、一九九五年）

・『三里塚アンドソイル』（福田克彦著、平原社、二〇〇一年）

○反戦平和――グローバルな文脈から

・『新戦争論――グローバル時代の組織的暴力』（メアリー・カルドー著、山本武彦・渡部正樹訳、岩波書店、二〇〇三年）

「冷戦」終結後の「新しい戦争」の形態とこれを支える枠組みについて考察したものであるが、「非正規」化した軍事組織と「正規軍」とがそれぞれの利益を最大化しようとして戦闘行為や暴力を利用する事態に対し、市民社会的価値の再建を軸とした支援を提起する。ユーゴ内戦の経験などをふまえながら、今日の「戦争」を考える上で必須の問題提起をなしている。

・『イスラエル　兵役拒否者からの手紙』（ペレツ・キドロン編著、田中好子訳、日本放送出版協会、二〇〇三年）

パレスチナ占領地へのイスラエルの武力支配に対し、これを「不正な戦争」として兵役拒否したイスラエルの人々の手紙集である。絶望的な軍事支配の背後に「良心」の可能性が垣間見られる。同じくパレスチナ占領地に対する外部からの非暴力による人道的反戦活動の記録として、『パレスチナ国際市民派遣団　議長府防衛戦日記』（ジョゼ・ボヴェ、第一一回市民派遣団著・コリン・コバヤシ訳、太田出版、二〇〇二年）も併せて読んでおきたい。

・『われらの悲しみを平和への一歩に――9・11犠牲者家族の記録』（デイビッド・ポトーティとピースフル・トゥモロウズ著、梶原寿訳、岩波書店、二〇〇四年）

二〇〇一年九月の「9・11」事件の際、命を失った人々の遺族が「報復」の名の下に開始されようとしていた対アフガニスタン戦争に反対して結成した市民組織「ピースフル・トゥモロウズ」の軌跡をまとめたもの。犠牲者の名を語って国家が戦争を起こすことへの強い拒絶と人間的な「平和」への希求が書きつづられている。本書第Ⅱ部所収の論文「靖国問題と「戦争被害者」の思想」も参照。

そのほか――

・『兄弟よ、俺はもう帰らない――ベトナム戦争の黒人脱走米兵手記』（テリー・ホイットモア著、リチャード・ウェーバー編、吉川勇一訳、第三書館、一九九三年）

・『人道的介入――正義の武力行使はあるか』（最上敏樹著、岩波新書、二〇〇一年）

・『歴史としての核時代』（紀平英作著、山川出版社世界史リブレット、一九九八年）

・『戦争の翌朝——ポスト冷戦時代をジェンダーで読む』（シンシア・エンロー著、池田悦子訳、緑風出版、一九九九年）

終章　希望の同時代史のために

――人々の経験と「つながり」の力へのリテラシー

1　歴史的経験へのリテラシー

歴史にアプローチすること、とりわけごく近い時代を「歴史」として扱うことには、固有のとまどいが存在する。人々が現実に生きる社会、その軌跡を、人びとの具体的活動とその集合的効果とに注目して分析し、ストーリー化することによって「歴史」は記述される。しかし、個々の具体的な活動の実相を明らかにすることが容易でないばかりでなく、それらの活動が集積することで生み出される〝力〟の流れを読むこと、またそうした諸力の働き合う場を見定めることは、事態が進展するただ中ではとても難しい。

その一方で、少し距離のある時代に対しては、私たちはしばしば既成の「ストーリー」に方向づけられて、その時代が持っていた多様な可能性を見定めることが困難になる。「歴史」を書くということは、同時代の社会空間がはらむ諸力の絡み合いを整序するとともに、しかもその諸力の可能性を殺さずに取り出して見せるという二つの課題を同時的に追求することが求められるという、悩ましい作業である。「同時代史」

人は社会のただ中を生きながら、多様なアクセントや傾きをもったリアリティを経験する。「同時代史」

という試みは、その個性豊かなリアリティの持ち主たちが、自由に発言し批評するこの社会のただ中で、「歴史」を書くということである。それは混沌を意味するのではなく、「歴史」というものが他ならずそうした開かれたやりとりの中に置かれたものであることをはっきりと認識させ、公論世界を豊かにするはずのものだ。歴史的経験に対するアクセスの仕方、読み方、引用の仕方といった、一連の〝リテラシー〟は、歴史認識をめぐる議論の材料を提供すべき歴史研究——それは「歴史学」プロパーに限定されるものではなく、多様な社会科学や哲学文学にまたがる広い領域をなしている——が共同に涵養していくべき批判的公共性の不可欠の一要素をなしている。

だが、「序」でも述べたように、現在の日本において、近い過去をめぐる公論世界は人々の経験の質や人々の活動の集積としての社会のあり方への想像力を豊かにすることよりも、これを貧しくして人々に無力感を与えたり、つながるべき人々との共感や理解を切断し中和する方向へと流れているように思われる。最終的にそれは「文化論」——「日本文化」の固有性——として超歴史化されるか、市場万能主義——そこでは歴史的経験はあらかじめ無意味化されている——への屈服を必然化する形で「歴史の死」へと導かれる。死んだ歴史の上には、断片化され趣味化されたストーリーが積み上げられるばかりであるが、そこには思考や熟慮を強いる難題や他者は登場することもなく、自分にとって都合のいいエピソードばかりが羅列されることになる。

人間が社会的行動をとる動機としては、必ずしも歴史的洞察や過去の経験への参照が裏づけになっているわけでもないだろうが、過去の経験に出会うということは、しばしば現在の自分を勇気づけ、いまはもうじかに手を取り合うことのできない仲間を見つけ対話することであるとともに、繰り返すべきでない過ちや知っておくべき教訓を共有することでもある。そのことで、他者の経験は自らのそれと連続したり、ときには自分自身のものとなる。本書に収めた一連の論考において私が取り組んできたことは、過去の「抵抗」の経験や思索と行動の軌跡を通じて〝現在〟の私たちが直面するさまざまな課題に対し別様な〝手ざわり〟を手に入れようとすることであった。展開してきた議論の系はさほど多岐にわたるわけでもない。軍事化に抵抗し地点を守る闘いとしての基地闘争、核兵器と戦争責任、「被害」と「加害」をめぐる想像力、ネオリベラリズム化と軍事化の中で進行する人々の「心の習慣」の気づかない変化、——こうしたものを具体的な運動や日付のある思想に即して考察してきた。

だが、「歴史的なもの」をときに扱い、これと隣接しつつ進められる社会科学諸分野の研究においても、運動経験や「抵抗」の経験に対するリテラシーは十分なものであるとは言い難い。「序」や「ポピュリズムの中の「市民」」その他の一連の論考で論じてきたように[1]、社会形成の担い手として「市民」を言上げする研究者にあっても、過去の運動を否定的に一面化したり、目前の現象を「新しい」と規定するためだけに歴史的経験が矮小化されることは珍しい話ではない。近年、カルチュラル・スタディーズやポストコロニアリズム、さらにはＮＧＯ・ＮＰＯ論の隆盛という配置の中で、運動研究と境を接する研究成果は増えてきているし、研究者の層も少しずつではあれ厚くなってきているという印象を受けるが、社会運動研究は、この国の社会科学においては依然として周辺的な一分野に過ぎず、制度外の例外的事態に関するマイナーな研究領域にとどまっている。

社会運動を歴史的文脈で理解するということは、いま現在の社会において起きていることがらを制度的な措置とは別な回路から理解する視点を手に入れるということでもある。各時代の社会科学が負っているバイアスや限界を追検証する上でも、社会運動に注目することは有効な視点を与えてくれる。私にとって、社会科学史と社会運動論を同時にやることの意味はそのようなものである。「社会学」の業界では、八〇年代に発明された「新しい社会運動」という概念をマジックワードとして濫用する悪い癖がついてしまった。当初はある歴史性を表現するための用語であったこのことばが、逆に単純な二段階図式――「古い」運動／「新しい」運動――を正当化することで歴史性を希薄化させる装置となる危険性をもち始めている。いまや「新しい社会運動」と呼ばれた運動の歴史性を、時間的空間的に規定しなければならない状況にさしかかっているように思われる。(2)

2 「敗北」からの出発

そうした問題関心を浮上させているのは、九〇年代以降急速に進行した経済のいわゆる「グローバル化」と、これに支えられるとともに推進もする各国のネオリベラリズム政策の進展、さらには「テロリズムとの戦争」を合言葉とした国家テロリズムの蔓延と軍事化の進行といった一連の事態である。「多国籍」の資本や軍がグローバルに暴れ回る事態の中で、批判的・対抗的な民衆運動も一挙にグローバル化していった。それとともに、資本や人のグローバルな移動は、世界システムの「中枢」国家の内部に広範な「第三世界」「貧困層」を作り出し、「周辺」諸国のなかにも鋭い階層分化をもたらした。かつて、アラン・トゥレーヌの提起では歴史変革を担う役割を「新しい社会運動」に譲ったとされた労働運動や貧者の運動が、グローバルにもローカルにも新たな活力を持って登場してきており、それゆえフランスの労働運動家クリストフ・アギトンらはこの現象を「社会運動の再生」と呼んでいる。(3)「新しい社会運動」論はポスト工業化の再編成を進めていた先進諸国において、新たな社会変動の担い手をつかみ、またその担い手を生み出す社会の変化を表示するという両面において重要な認識の転換をもたらしたが、この議論を輸入するにあたっては、初期ポスト工業化社会が内包していた「豊かさ」への信頼が抜きがたく刻印されていたように思われる。そうした理論の歴史性をふまえつつ、運動史の叙述と社会科学の理論とは手を携えて進んでいかなければならない。システムの側で総合的な再編成が行われている中で、この再編の総合性を撃つ社会的構想力の総合性が求められている。ただしそれは、「綱領」のような体系的・権力集約的総合性ではなく、諸課題が自立性を保ちつつ接点を持つことのできる総合性、具体的にいうなら、たとえばいわゆる「反グローバリズム運動」の中に環境・人権・労働・消費・先住民族権・平和といった諸課題・諸主体が重層的に連合・関与しているような意味での総合性を想定している。いま現在の世界を動かしている原理に対し、個々の課題・現場から接続していくための想像力と論理とを「社会理論」という形で提示し、「社会運動」との間に良好なフィードバックの関係を作っていくことが望まれる。

わずか二〇年、いや一五年の間に世界の様相は根本的に変化してしまった。ネオリベラリズム、より正確には各国のネオリベラル政策に支えられて進行したグローバルな秩序の再編成の中で、国家と社会はどのように変容したか。デヴィッド・ハーヴェイは次のように語っている。

ネオリベラリズムとは何よりも、強力な私的所有権、自由市場、自由貿易を特徴とする制度的枠組みの範囲内で個々人の企業活動の自由とその能力とが無制約に発揮されることによって人類の富と福利が最も増大する、と主張する政治経済的実践の理論である。国家の役割は、こうした実践にふさわしい制度的枠組みを創出し維持することである。たとえば国家は、通貨の品質と信頼性を守らなければならない。また国家は、私的所有権を保護し、市場の適正な働きを、必要とあらば実力を用いてでも保障するために、軍事的、防衛的、警察的、法的な仕組みや機能をつくりあげなければならない。さらに市場が存在しない場合には（たとえば、土地、水、教育、医療、社会保障、環境汚染といった領域）、市場そのものを創出しなければならない——必要とあらば国家の行為によってでも。だが国家はこうした任務以上のことをしてはならない。市場への国家の介入は、いったん市場が創り出されれば、最低限に保たれなければならない。［……］

一九七〇年代以降、政治および経済の実践と思想の両方においてネオリベラリズムへのはっきりとした転換がいたるところで生じた。社会福祉の多くの領域からの国家の撤退、規制緩和、民営化といった現象があまりにも一般的なものになった。[4]

このネオリベラリズムについて、日本社会では、たとえばサッチャーの政策は「英国病」に対する荒療治であるとか、レーガンの政策は「双子の赤字」を増大させただけであるとかいったかたちで、「日本的経営」礼賛の自己満足の中で十分にその危険性が自覚されてこないまま、九〇年代を迎えることになった。九〇年代初頭の小沢一郎『日本改造計画』（一九九三年）[5]は最初のネオリベラリズム「改革」の総合的ビジョンであるといえるが、しかし、小沢のこの構想には全国高速道路網整備計画や整備新幹線計画などが含まれ、自民党「田中派」的公共事業重視の発想からはまだ十分に切れてはいなかったことが印象的である。九〇年代末の橋本・小渕内閣に至り、旧「田中派」自身の手によって、——公共投資支出の一時的拡大を伴いつつも——決定的な政策体系の変更が着手される。こうした九〇年代の一連の政策転換に直面して初めて、「五五年体制」下での獲得物に対する一貫した攻撃、さらには「既得権益」呼ばわりによるその剥奪が大々的に進行し始める（以上の点については本書第Ⅲ部「「戦後」と「戦中」の間」参照)。この過程について、酒井隆史、渋谷望は欧米におけるネオリベラリズムの「勝利」をふまえて次のように述壊している。

おそらく私たちは、知らないうちに外堀をほぼ埋められてしまっていたのだろう。ともかく日本では一〇年前ですらとうてい考えられなかった驚くべき事態が、ほとんど沈黙によってときには積極的に支持されながら次々とまかり通っているのだ。(酒井)[6]

新たな権力ゲームでの左翼の決定的な敗北[……]勝ったのは誰か? ニューライトと呼ばれるリニューアルされた右翼である。より正確にいえば、家族的価値の回帰を唱える新保守主義、市場原理による福祉国家解体をねらう新自由主義、権威主義的ポピュリズム、これらの接合によって出現した新たな権力である。(渋谷)[7]

「ポスト工業化」の明るい「豊かさ」のイメージに酔いしれている間に、ネオリベラリズムによって「外堀」まで埋められてしまっていた、この驚きと敗北感を二人の論者とともに共有したい。社会運動史なるものに批判的に介入するとすれば、そのような「敗北」を踏まえた読み直し抜きの作業などありえないであろう。もっとも、私自身はその権力編制の転換それ自体についての分析にはさほど携わってはこなかった。私が関心をもって取り組んできたことは、ネオリベラルなパラダイムが浸透することでますます顧みられなくなっている過去の運動経験に立ち返って、その潜勢力の読み直しを行なうことで、別な歴史像、別な想像力、そして何よりいまよりはもっと風通しのよい人と人とのつながり方を見つけ出していくことであった。「敗北」は否定しようのない事実であるが、それは必然でもなければ、永劫のものでもない。そうした当り前の感覚を、歴史経験の中からリアルにつかみ出したいと考えてきた。

二〇〇八年春現在、ネオリベラリズムのグローバルな支配に抗して、ラテンアメリカでは「左派」政権が次々と生まれている状況にある。一九七〇年代から八〇・九〇年代にかけてこの地域が経験したネオリベラリズムの波は強烈なものであった。「シカゴ・ボーイズ」に支えられたピノチェト軍事独裁政権（チリ）[8]に始まり、IMF・世銀の「構造調整」プログラムによって「セーフティネット」を破壊しつくされたばかりか、批判することすら暴力によって封じられたこの地域が、「もう一つの（alterna-tive）」選択を行ったことは大きな勇気を与えるものであった。

もちろん、政権さえ変われば、といえるほど楽観的な状況ではない。国家がその「法」を通じて民主的統制に服さない組織――多国籍軍、多国籍企業――に決定的な管理権を譲り渡し、「政治」をそこから撤退させてしまうような事態への歯止め、あるいは国家テロリズムの発動の抑制につながるとき、政権の交代は民衆にとって有益な集合的目標となりうる。民主主義的正統化、また民主的意思決定プロセスとは、本来「金も時間もかかるもの」[9]だと、かつて九州の山中で下筌《しもうけ》ダム建設に抵抗した老人、室原知幸は語っていた。このコストを最小化し、できれば無化しようとするいかなる圧力も、国家テロリズムと結びついていく。これに対する抵抗は、「時の戦争」（ヴィリリオ）という形をとることになるだろう[10]。それは時を稼ぎ、生存の空間をあらゆる方法を使って稼ぎだす闘いである。政権の交代は、その「稼ぎ」の行為を妨害しない程度において相対的に魅力的なものとなる。短期的なインプットとアウトプットの落差を搾取しつつ、自在に移転しつづける資本の運動に対し、ノスタルジアの想像力だけではいかにも心細い。時を稼ぎつつ、その運動のメリットを減殺していく「抵抗」の可能性を、さまざまな形で開いていく必要がある。

日本社会においては小泉政権下で決定的に進んだネオリベラリズム化は、その後を継いだ安倍政権のあっけない崩壊を経て、福田政権へと継承され、後退する兆しも見られない。あるとすれば、ネオリベ政策推進の速度の鈍化のみである。同じことは「改憲」についても言うことができる。すでに「世界大の戦争機械に抗して」（本書第Ⅰ部）でも述べたように、現在進められている「米軍再編」が最終的に標的としているのは憲法の「改正」である。福田政権に移行して以来、「改憲」問題はやや後景化した感があるが、改憲プロセスは後退ないし停止しているわけではない。民主党内ではむしろ改憲派は活性化しているといえなくもない。二〇〇七年夏の参議院選挙で圧勝した同党は、与党への対抗上「格差是正」と「構造改革」批判を掲げたが、もともとネオリベラリスト議員を多く抱えるこの党が「社民」化したと考えるのは早計である。ただ、この〝ネオリベラリズム批判票〟と規定する以外にない同党への投票がもつ意味をどのような政治資源として「次」へつなげていくのかということは、現時点での日本政治が抱える重要な〝賭金〟だといえるだろう。擬似社民的な政策が得票を増やし続ける限り、この党の政策は修正ネオリベラリズムへとシフトすることにインセンティブを得ることになるが、それをカジュアルな転換にとどめることなく、ネオリベとは異なる政策構想をもつ政治家を育てることができるかどうかも、制度政治の中では重要な課題となる。そうして時を稼ぐことができるならできるうちに、より時を稼ぎうる法を要求し、制度政治と「市民社会」的な諸運動・諸活動との有効な関係のあり方を模索していくべきである。

そうした社会的な構想をもつためにも、歴史における人々の集合的経験に目を向けることが必要だと私は考える。「敗北」を正確にとらえること、「敗北」を過剰に必然化せず過小評価もせず、「敗北」のさなかで具体的な効力をもつ抵抗となりえたさまざまな経験とその痕跡をたどること、それがここで「歴史」と呼んできた作業である――ここでの「敗北」は、たとえば「軍事化・抵抗・ナショナリズム」（本書第I部）で取り上げた砂川闘争に即して言えば、「勝利」を代入してもよい。

そうした意味での「歴史」の作業を通じて、行為のただ中においては気づかれなかった他者との関わり合いが「発見」されることもある。意図せずして支え合っていた他者、意図せずして互いに足を引っ張っていた他者、意図せずしてそのつながりを生み出したり切断したりしていた他者。そして、何らかの強度をもった意志で支え合っていた仲間、何らかの強度をもった意志で敵対し合っていた相手、何らかの強度をもった意志によってつながりを生み出したり切断していた人々。そうした人々の集合的営為として、ものごとは実現したり、しなかったりする。私にとって少なくとも運動史や思想史の作業とは、こうした人々の集合的実践の軌跡をたどり直し、この営為に対する想像力と実践感覚とを豊かなものとするものでありたいと考えている。具体的な場における選択とそれを支えたもの、選択の岐路を規定したもの、事実行為に結晶した意図的非意図的な構想と模索、そうしたものが、過去の出来事、経験の〝手ざわり〟を与えてくれるだろう。

3　分断の「個人化」モデルを超えて――「つながり」の力の可能性

人々の集合的実践、といういい方で集合性にこだわるのは、私が関心をもっている問題が「社会」のあり方に関わるそれであるからである。軍事化、ネオリベラリズム、集合的記憶、歴史認識、いずれの問題も、人々の集合的実践に関わる問題である。人々の生存を否定し切り詰める政治経済的諸力に抗して、一人一人は弱い存在である諸個人が一緒に何かをやることこそ、「社会」がもつ可能性を開く行為であるといえる。もちろん、単独でも抵抗する力のある強い個人も存在するだろうが、そうした人々とて、最初からたった一人で抵抗することは稀であろう。人々の絆こそが、他者に譲り渡すことのできないものを守るべく立ち上がった諸個人を勇気づけ支えていくのである。

社会学などではこうしたネットワーク資源に注目して「資源動員論」のような研究方法も生み出されてきているのだが、(11) この立場はもっぱら一定の合目的的に組織化された運動に着目して資源や同意の調達のプロセスとフローをめぐる組織戦略の分析に作業を集中しており、その応用として近年のNPOの経営論などへ接続する傾向をもっている。組織戦略への注目が、過度に経営論に傾くとき、社会運動論は合理的選択理論に占拠される。合理的選択理論から見たとき、「社会運動」は合理的な利益装置でなければならなくなり、さもなければ、逆に非合理的なdevotionの対象として例外化される(それは合理化できる社会運動を光の当たるところに置き、そうでないものを闇に追いやる)。ネオリベラリズムの時代において、人々の集合行為は、理解可能な利益行為か、さもなければ理解不可能な宗教的熱狂へと分解されてしまうのである。多様な「連帯」の形、「連帯」のソシアビリテが矮小にしか理解されなくなる。このような時代において、「社会運動」論とは、人間の集合行為の、あるいは「社会」の可能性を可視化させる行為となるべきであろう。

経済合理性を軸に組み立てられた人間像──「ホモ・エコノミクス」──によって政治的秩序の生成をモデル化しようとするある種の社会理論においては、この秩序生成のカラクリを「ホッブズ問題」と呼び、「万人の万人に対する闘争」すなわち個々の利益を最大化しようとするバラバラな行為者が「解」として秩序を生成していくモデルの彫琢に努力が注がれてきた。それは、「秩序」に対する過度なオーラや理論的負荷を取り除き、ゲームの産物として相対化する思考実験としては有益な理論であったが、他方、「万人の万人に対する闘争」を初期条件とし生成した秩序をゴールとする点で、個人化された――分断個別化された――主体像とその必然的解としての秩序像を社会科学の基本的カテゴリーとして強く定礎する。「秩序」と「個人」との間に営まれる多様な集合的実践は、強度の低い中間的解として〝雑音〟化される。そうしたイデオロギー的効果を派生させるという問題をはらんでいるといえるだろう。「個人」の合理的選択をベースとした社会理論は同時に、諸個人による短期的な選択・決断の連鎖として主体と社会の過程を叙述する。だが、それはまさに個人化され短期的な変化の動向への対応――フレキシブル化――こそ「責任」ある行為であると人間主体を囲い込むネオリベラリズムのイデオロギー攻勢と理論的にシンクロしてしまうのではないか。

「社会」を諸個人の選択の総和に還元できるのか、それとも諸個人の選択を条件づけるコミュニティに固有の実在性を認めるべきかといった社会科学における長い論争も、この問題と深く関わっている。こうした論争に理論的に答える用意をもっていないけれども、一つ言えることは、社会的紐帯と集合性への視点抜きに社会運動という現象を理解するのは困難であり、人々の「抵抗」の底にある、「場所」――地点、領土、関係性など多様な呼び名と現れをもつ――を守る意思は、同時にその「場所」に支えられつつ更新されていくものだということである。それを「情緒」というふうに心理化してとらえることは、合理的選択・対・非合理的熱狂、という先に見た図式の反復でしかない。合理的選択は、むしろ何らかの「場所」と関わりをもちながら保たれる人間の生存の、部分的な発動でしかない。「情」と

「理」というふうに分けられた人間の精神活動は、ときに「情」が「理」となり、「理」が「情」となる、そういう場面に私たちはしばしば遭遇する。人間活動の「動機」と呼ばれるものは、そのような「情」と「理」とが激しく運動する場である。

短期的視野に対して長期的視野、経験の廃棄に対して経験の蓄積、個人化ではなく集合化、このような思考実験こそがネオリベラルな主体－社会像を構成する「イデオロギー」を相対化する。分断の「個人化」モデルを超えて、「歴史」と社会科学とが協同する領域は、このような問題状況に対峙するものである。

4 「生きる」ためのコミュニティ

人々の集合的実践としての「社会」という領域に固有の意味をいささかハーバーマス的に理念化するとすれば、次のように言うことができる。すなわち、このことばを用いることで政治権力による統治の領域（「政治」セクター）、および自由経済に基づく市場を通じた競争的資源配分の領域（「経済」セクター、市場セクター）に対して相対的に自立した生活領域を指し、人々の互酬や協同を通じた生命と生存、生活の質の再生産を確保し、政治権力の発動や市場における交換に媒介されないコミュニケーションと交渉の領域を指す。この観点から「市民社会」ということばを積極的に定義するとすれば、「政治」セクターとの関連では公権力による市民的自由（身体・思想信条・出版・集会・結社の自由）への介入に対し、これを市民自身による自発的な空間――「公共圏」――の創出によって制限を加えるとともに、「経済」セクターとの関連では、人々を分断し無権利化する「市場経済」の圧力に対し、これを市民自身による連帯的行動——労働組合などの結社、協同組合や「フェア・トレード」のための非営利経済、地域通貨など——によって生命と生存、生活の質を自主的に保障しようとするさまざまな試みによって支えられる、批判的自立性の領域だということができる。

現実にはこの理念としての「(市民)社会」は軍事化とネオリベラル化に浸透され、主体レベルでは個人化とフレキシブル化を軸に再編成が進行中である。こうした動向に対抗する人々の集合力の場、それをここでは「コミュニティ」というありふれたことばで表現してみたい。ここでごくラフに使用している「コミュニティ」ということばは、たとえばゲマインシャフトとゲゼルシャフト、帰属と選択をめぐる社会学の伝統的な二項対立の一項を取り出したものではない。人々の断片化に抗し時を稼ぎ生存を確保するための、目的意識的な結社(アソシエーション)からルースな縁まで広がりのある「つながり」を仮にそう呼んでいるにすぎない。

こうした広がりのうちで、地域的なコミュニティがもつ潜勢力は、今なお重要なものであると考える。開発や制度の変更などによって、地域の「よき習慣」「よき暮らし」が失われるという危機意識が共有されるとき、地域防衛の集合力が発動される。反基地運動、反開発・反公害運動における「地域」の数々の物理的抵抗は、多くの人々の記憶の中に鮮やかな印象を残していることであろうし、そうした抵抗、闘いを通じて地域は新たな共同性を創り出してきた。それは本質的に防衛的なものであり、アクションに対するリアクションではあるが、イノベーティブな可能性に満ちている点で、「反動」という日本語は適切ではないかもしれない。また地域コミュニティが闘争機械化するとき、しばしば異論に対して抑圧的にもなる——たとえば三里塚において空港に賛成した家は「村八分」を発動された。[12] この凶々しい地域コミュニティの力を肯定しつつ、地域生活者の自己決定権——「地域エゴイズム」——を国家に対置したのが、「住民運動」と呼ばれる一連の運動であった[13]。この両義的な集合力は、メンバーシップや境界設定に関して排除の暴力を内包しているものであるが、それが国家や国家に支援された私企業によって行使される暴力に向かうときには、すぐれた創意と倫理性を発揮することがある。そのことが、「社会」の未発の可能性を開示する。それは手放すことのできない可能性の領域である[14]。

現在の日本において「地域」が置かれている状況は、「財政難」を口実とした分断と切り捨て、あるいは「植民地化」の事態であると本書では表現してきた——「世界大の戦争機械に抗して」（本書第I部）では基地問題に関連して論じたことだが、それにとどまるものではない。「地域」は人々が生活を営む上で最も重要な基盤の一つである。地域コミュニティがもつ潜勢力は、多様な角度から探求されていかなければならないだろう。

また、具体的な地域性をもたない多様な「縁」に基づく「コミュニティ」を考えることができる。エスニシティやアイデンティティ、社会構造や制度によって強いられた共通のポジション、受苦や出会いなどの多様な経験、問題関心や価値意識、そうした「つながり」の契機を介して、多重多層的に「コミュニティ」は生み出される。それは生存を支え、生活に意味や価値を与えるものとなる（逆にそれらを奪う「縁」ももちろんある）。これらの多様なコミュニティは、特定の機能装置であるにとどまらず、多様な生存を受けとめるためのバッファーとして理解できる。ネオリベラリズムのもとでの人々の分断、意味喪失を論じたリチャード・セネットは、ここで「コミュニティ」と呼んでいるものを成立させる地平を「場所」と名付けている。

場所とは地理学の概念であると同時に、共同体として場所の持つ社会的、個人的重要性を喚起するという意味で、政治的な立地である。一つの場所は、人びとが「われわれ」という代名詞を使うとき、一つの共同体になる。このような言葉で共同体を語るからには、地域属性とは違う特別の特性が必要になる。[……] この危険な代名詞「われわれ」は、もっと徹底して、そしてもっと前向きに使うこともできる。「運命の共有」という言い方には二つの意味合いがある。一つは、新しい政治経済の現実から逃げるのではなく、それに立ち向かうためには、どのように運命を共有すればよいのかという面。もう一つは、この時代にあって、「われわれ」という言葉に込められた持続的な個人関係とはどのようなものか、という点である。(15)

その「持続的な個人関係」を、やや自家撞着的な議論になってしまうが、ここでは「コミュニティ」と呼んできたのであった。その質は、時を稼ぎ、生存することそのものに勇気を与えるものである。「社会運動」とは、目的意識的な結社であると同時に（ときには以前に）そうした「場所」としての意味を強くもっている。

こうした多様なコミュニティに加え、ネオリベラルなグローバル化が進む中でその意義を改めて確認すべきだと考えるのが、労働組合と協同組合という二つのタイプの結社＝「組合」である。

まさに近代の「社会運動」のうちでも最も「古典的」な部類に属するこの二つの結社（運動）は、「生産（―労働）」と「消費（―再生産）」への集合的介入を試みることにより、「流通」に影響を与え資本の運動を規制しうるという点で過去も現在も重要な機能的（社会）装置である。この「労働」と「消費」の関係には問題性が含まれている。たとえば三宅芳夫は、人々が「消費者」に特化されることで、「労働」が不可視化されるという関係が存在していることを指摘している。

この消費社会のヘゲモニーは同時に「労働」という視点を抑圧する効果ももっていた。つまり、「消費者の権利」という発想はそれ自体は重要なものですが、ある時期から、ネオ・リベラリズム言説が急速に消費者主権という言葉を横領していく。本来は「消費者の権利」は大企業あるいは資本に対置されるものであったはずですが、そういう面は次第に後退していく。資本との対抗関係を見失うと、「消費者」と「労働者」の対立、分断も進行する。[16]

この「消費者」と「労働者」の対立を前者優位に歴史化する傾向が「新しい社会運動」論にはあった。だが、「既得権」を擁護する労働者（組合）、対、多様なポスト産業社会的主体（消費者）という対立図式が繰り返し煽られることによって生み出されたものは、個人化されフレキシブル化された労働者の群れと、強化された資本のアナーキズムではなかったろうか。セネットは次のように指摘している。

官僚主義の徹底的改良しかり、フレキシブル生産方式しかり、中央集権なき権限集中しかり、ルーチンワークへの反撃というかたちを取る自由の新たな装いは、人の目をあざむきやすい。企業組織の時間と個人の時間は、過去の鉄の檻から解き放たれたが、代わって新たなトップダウンの管理と監視が君臨するようになった。フレキシビリティの時間は新しいパワーが支配する時間である。フレキシビリティは無秩序を生みこそすれ、拘束からの自由を生み出すことはない。[17]

国家が資本の運動を規制する役割を局限し、生産・流通・消費の過程が入れ子細工的に諸個人をばらばらにしていくメカニズムに抗して、時を稼ぎ、資本の速度を抑制するだけでなく、これを人々の集合的実践によって可能とすることにおいて、「労働組合」と「協同組合」は社会過程におけるデモクラシーを担う重要な装置となる。

まず協同組合の運動は、「生産（―労働）」と「消費（―再生産）」との間の連関を可視化し、集合的消費を組織化することによりこの連関を再編成するものである。そのために組織された一連の試みこそ「協同組合」の可能性であったし、これからも多様な可能性をもっている。とりわけ今日においては、遺伝子組み換え作物や添加物、化学物質問題などの「食の安全性」や環境負荷軽減への取り組みにとどまらず、フェア・トレードや「産直提携」などを通じて、一般の市場とは異なる生産・流通・消費の回路を作り出すことのできる集合的実践としての質を備えている。そればかりでなく、「ワーカーズ・コレクティヴ」などの「労働」の場の創出、共済や金融などの領域においても、資本蓄積を目的とした経済の運動とは異なる速度と軌跡をもった資源の流れを作り出すことができる点で、多様な生存を受けとめるバッファーとしての可能性を秘めている。

また労働組合については、それが「法」の名において社会的な交渉力が担保されているというごく「常識的」な事実をまずは愚直にも確認しなければならない。「法」に通暁せぬがゆえに不当解雇や不当労働行為に晒されている人びとに対し、集合的な抵抗の手段を「法」は提供する。この「法」はつねに力関係の中に置かれた抗争領域でもある。それゆえ「法」の名において権利を踏みにじり生存を脅かす暴力が正当化されることもあるだろう。「組合」に属することは、カンパなどの生活支援、闘争支援などを通じて時を稼ぎ、人々を孤立させない紐帯を作り出すかぎりにおいて、単なる法的交渉力の装置であることを超え、生存のためのバッファーとなる。労働組合は「法」を通じた闘いにとって特権的な組織であると同時に、「法」が不利な条件を作り出している場合にも、事実行為を通じて「法」を中断させる上で格別の装置である。

二〇世紀の経済成長を支えた基幹産業の大労組は、たしかに「新左翼」や「新しい社会運動」が批判したように経済的「既得権」を手放すまいとして、ときにより生存を脅かされた人びとやポスト工業化的価値を抱く人々に対して敵対的であった。だが、その事実をもって労働運動やそのための結社としての労働組合の歴史的役割が終焉したというならば、それはルサンチマンの表出でしかない。

個別現場における「労働」の質が、同時に社会における他の「労働」の質、人間存在の質に関わる、という問題提起をいかに説得力をもって示すか、は労働運動にとっての根本的な課題の一つであるはずだ。さまざまな「生存」と「労働」の問題を通じて社会的な共通性(「連帯」)を想起させ共有する社会的機会をいかに創出するか。メアリー・カルドーは、九〇年代以降世界的な広がりをもってきた反グローバリズム運動を「新しい反資本主義運動」と規定し、この運動の中で労働運動にも新しい質が生まれてきていると指摘している——「組合の機能は、賃金獲得のための経済至上主義的な活動から労働権に関する新しい考察へと再度概念化が図られ、組織化の方法はますます「新しい」社会運動の様相を示すようになっている[18]」。

この質がなければ、三宅が指摘した「消費者」対「労働者」という分断図式を乗り越えることは難しい。労働者たちは、一方でますます個別化されフレキシブルな労働要求に晒されつつ、他方で他者の労働にフレキシビリティを要求する「消費者」となるという分裂を余儀なくされている。これは単純な「産業構造の転換」というマクロな議論に解消できるものではなく、「労働」の定義をめぐるヘゲモニー抗争における労働運動の「敗北」に多くを負っている。「労働」と「自己実現」をむすぶ回路の探求・

展開の試みは、月並みな言い方になるがQCサークルや、「労働」を手段化するライフスタイルの拡大によって空洞化し、「労働」をそれに携わる者自身がコントロールする集合的実践——労働運動——は大きく後退してきた。その「敗北」の中でなお、「労働組合（運動）」以外には果たしえない機能を放棄することなく直視していかなければならない。[19] 運動の「ジャンル」によって「新旧」を規定することは、歴史を過度に単純化する。その課題、行動形態、関係性の質において歴史性をとらえていくこと、そのことが必要であるし、そのためには歴史的な経験、運動の歴史に対するリテラシーが不可欠なのである。

5　希望の同時代史のために

このようにして、人々の集合的実践の可能性に目を向けた社会科学と「歴史」の作業を通じて、「つながる」ことへの信頼をいかにして醸成していけるだろうか、ということを考えている。「国家」および「資本」に対してとる判断・態度の質、そこから生まれる「連帯」の内実を問う中で、異なる方法、異なる問題提起を含む人々に対しても、切り離したり切り捨てたりするのではなく、また、「有害」「敵を利する」のレッテルを濫用することなく、貫かれるべき「つながり」の質を考えていかなければならない。

アフリカの貧困問題に取り組むNGOで活動する稲葉雅紀は、直接行動を強く志向する運動とアドヴォカシーを強く志向する運動との間の相違をふまえつつ、連携の可能性について次のように述べている。

直接行動的な市民社会運動と、個別課題・成果ベース型の市民社会運動の連携について考えたときに、成果ベース型の運動が気をつけなければならず、なおかつ見えていない問題は、両方が協力したときにどちらが政府から評価され、どちらが弾圧されるかということです。成果ベース型の運動は政府から評価され、直接行動型の運動というのは徹底的に弾圧される。お互いが協力して成果を出そうとしたとき、極めて著しい利益の不均衡が起こる。これは、連携にあたって大変大きな問題です。ロビイング系のNGOは、政府から持ち上げられ、高く評価されることとすらあるわけです。ところが、直接行動型のほうは、場合によっては刑務所行きということにもなりかねない。そういうときに、実際にどのように利益の均衡を確保するのか。また、直接行動型の運動が、民主主義の維持・発展、表現の自由の確保などの観点で実際に社会的に担っている役割がきちんと評価されているか、そこの部分が適切に考えられなければならない[20]。

弱く卑怯な人間たちが、どうやって恐怖や管理によることなく連帯性を育てていくことができるか、そのことを「歴史」、とりわけ人々の経験の中から汲み出していくこと。人々の「つながり」の力に対するリテラシーを高めていくことが大切であると思う。「抵抗」はしばしば単独者的個人、強い個人による良心的行為と考えられている。しかし、実際には「抵抗」はそれを支える可視／不可視の多様な「つながり」の質に多くを負っている。ネオリベラルなグローバル化と軍事化とが並行して進む今日の世界／社会再編に対し、「個」と「共同性」がせめぎ合いながらも、両者を同時に押し流していく巨大な力に抵抗し、異なる個体性／共同性の模索を進めること。希望の要素は同時代経験の中に隠されたそうした模索の中にある。

注

（1）本書所収以外では、拙稿「一九六〇―七〇年代「市民運動」「住民運動」の歴史的位置――中断された「公共性」論議と運動史的文脈をつなぎ直すために」『社会学評論』第五七巻二号、二〇〇六年、および拙稿「戦後日本社会における「市民」概念の位置――社会運動史の視座から」松田昇・小木曽洋司・西山哲郎・成元哲編『多文化社会における「市民学」の可能性――開かれたシティズンシップに向けて』梓出版社、二〇〇八年近刊、を参照。

（2）そのような作業の場として、近々アウトプットが出されるであろう、成元哲氏（中京大学）呼びかけによる「Post-NSM 研究会」の作業や、生活クラブ生協のシンクタンク「市民セクター政策機構」におけるワークショップ「〈社会運動としての協同組合〉再考プロジェクト」などに関わってきた。両者においては、「新しい社会運動」の次にさらに「新しい」何かを規定して、「もっと新しい運動」「さらに新しい運動」「またまた新しい運動」と、団伊久磨か「あぶない刑事」シリーズのように「新しさ」を累乗していくターミノロジーの開発には関心はない。「新しい社会運動」という曖昧な形容詞で包括されてきた運動の歴史性を規定し、返す刀で理論の歴史性も明確化しながら、いま現在進行している現象とかつて「新しい社会運動」と呼ばれた現象とをともに説明できる議論の枠組みを作り出すことを模索している。

（3）クリストフ・アギトン、ダニエル・ベンサイド『フランス社会運動の再生――失業・不安定雇用・社会排除に抗し』湯川順夫訳、つげ書房新社、二〇〇一年。

（4）デヴィッド・ハーヴェイ『新自由主義――その歴史的展開と現在』渡辺治監訳、作品社、二〇〇七年、一九―二〇頁。

(5) 小沢一郎『日本改造計画』講談社、一九九三年。
(6) 酒井隆史『自由論――現在性の系譜学』青土社、二〇〇一年、四四七頁。
(7) 渋谷望『魂の労働――ネオリベラリズムの権力論』青土社、二〇〇三年、一一頁。
(8) 太田昌国『暴力批判論』太田出版、二〇〇七年、廣瀬純『闘争の最小回路――南米の政治空間に学ぶ変革のレッスン』人文書院、二〇〇六年。
(9) 松下竜一『砦に拠る』筑摩書房、一九七七年。
(10) ポール・ヴィリリオ『民衆的防衛とエコロジー闘争』河村一郎・澤里岳史訳、月曜社、二〇〇七年。もっとも、ヴィリリオはパレスチナを例に出しながら「領土」を守る民衆防衛が不可能となったことを強調しているのだが、世界のさまざまな場所にはそれぞれの〝時差〟があるのだし、時を稼ぎながら、ときには移動しながら「領土」を創出・保持する試みは、「領土」を消去・剥奪する力の所在を明らかにし、現実には両者の挟間に置かれている多くの人々の社会的な存在のあり方を問いに付す可能性に満ちている。闘いはまだ続いているし、これからも開始される。人々は、時を稼ぎながら思いもよらぬ「領土」を作り上げるだろう。たとえば、サパティスタのそれのように。
(11) 「資源動員論」の平易な解説としては、さしあたって樋口直人「国際NGOの組織戦略――資源動員と支持者の獲得」大畑裕嗣・成元哲・道場親信・樋口直人編『社会運動の社会学』有斐閣、二〇〇四年を参照。
(12) 福田克彦『三里塚アンドソイル』平原社、二〇〇一年。
(13) 宮崎省吾『いま、「公共性」を撃つ――ドキュメント・横浜新貨物線反対運動（復刻新版）』創土社、二〇〇五年。「地域エゴイズム」論の意義については、同書所収の拙稿「新版解説」で詳論した。
(14) もちろん、この「可能性」によって、コミュニティ内の少数者に対する「暴力」を相殺するべきではない。民衆暴力の両義性そのものを見定めなくてはならない。
(15) リチャード・セネット『それでも新資本主義についていくか――アメリカ型経営と個人の衝突』齋藤秀正訳、ダイヤモンド社、一九九九年、一九七―二〇〇頁。

(16) 木下ちがや・三宅芳夫・小倉利丸「座談会・新自由主義批判の射程——理論と実践の課題を探る」『季刊ピープルズ・プラン』三九号、二〇〇七年、三九頁。

(17) セネット前掲書、七一頁。

(18) メアリー・カルドー『グローバル市民社会論——戦争へのひとつの回答』山本武彦・宮脇昇・木村真紀・大西崇介訳、法政大学出版局、二〇〇七年、一四六頁。

(19) 二〇〇七年夏のある夕方、JR中央線で中野から三鷹に向かう車中で、若い男性二人がケータイをいじりながら次のような会話をしているのを耳にした。

「あーあ、仕事しんどいよなー。やっぱ労組(ろうくみ)必要だよなー」

「組合ないのはうち[の会社]が弱小だからだよなー」

まるで労働組合の教宣パンフのような会話だが実話である。「ろうくみ」などという玄人ふうな言い方も気になったが本当にこう話していた。

(20) 稲葉雅紀(立岩真也・聞き手)「インタビュー・アフリカの貧困と向き合う」『現代思想』第三五巻一一号、二〇〇七年、一四九頁。

あとがき

本書は、ここ数年書き続けてきた文章を集めたものであり、多くは前著『占領と平和――〈戦後〉という経験』（青土社、二〇〇五年）以後に発表したものである。ここで主要な議論の焦点をなしているのは、「軍事化」と「ネオリベラリズム化」という二つの大きな政治社会的変化であり、これらに抗しうる歴史的な想像力を探究することが、本書所収の論考にとって共通の課題であった。

第Ⅰ部・第Ⅱ部では前著に引き続いて「戦後」の反戦平和運動や歴史認識に関わる民衆経験について論じながら、進行しつつある軍事化や歴史修正主義の動きに対する抵抗の視点を模索している。第Ⅲ部では、九〇年代以降のネオリベラリズム化の本格的な進展に対し、どのような読み間違いをしていたのかという反省を込めながら政治史・思想史的な考察を試みるとともに、この変化の中で「市民」「市民社会」をめぐる了解がどのような変質を被っているのかを分析した。第Ⅳ部は、短いエッセイと対談、ブックガイドも含めながら、第Ⅰ～Ⅲ部で展開してきた論考を補足するものである。

これらのいずれにも共通しているのは、同時代の政治・社会的問題に対して、歴史経験の読解を通じてその向き合い方を考えるという方法である。ごく大ざっぱないい方を許していただくなら、「時評的史論」とでもいえようか。この「方法」（？）については「序」および最終章「希望の同時代史のために」でその一端を述べておいた。「時評的」である以上、史実に関する訂正や読みやすくするための改稿、重複部分の整理や「その後」の事態に関するアップデート（これについては基本的に注ないし付記で対応した）のほかには手を加えることは最小限にとどめた。

変化の速度は上昇し、日々昨日と違う今日がある。しかし、逆にだからこそもっと長い時間の幅で人々の生きる様、経験、価値観を伝えていく営みが必要なのだと思う。この受け渡す行為を通じて、信頼関係とともに人間にとって守るべき何かをともに作り出していく。そうした開かれた共同体を生み出し、「歴史」を人々の手に触れるものにしていくという営みをこれからも続けていきたい。

本書ができあがるにあたっても、多くの方々のお世話になった。運動体のミニメディアを含む各初出誌において、それぞれご担当の方々にはさまざまなご面倒をおかけしてしまった。論座編集部（当時）の高橋伸児さん、現代の理論編集部の大野隆さん、明治大学の丸川哲史さんと明治大学軍縮平和研究所編集部の森元晶文さん、わだつみ会の石井力さん、思想の科学研究会の大河原昌夫さん、インパクト出版会の深田卓さん、情況出版社の大下敦史さん、市民の意見30の会の吉川勇一さん、朝日新聞社編集部の樋口大二さん、紀伊国屋書店の和泉仁士さん、終章の原形となる講演を企画されたがくろう神奈川の京極紀子さん、そして、本書の論文の過半を掲載していただいた現代思想編集部の池上善彦さん。

いつものことながら、友人たちや諸先輩方からの叱咤や示唆に多くを支えられて文章を書き続けることができた。問題意識を共有する研究上の仲間たちと続けてきたいくつもの研究会、実践的な関心を持ち自らも活動者である方々と議論を共にすることができた市民講座や集会の場、さらには見知らぬ人々の行動の軌跡に何がしかの人間的インパクトを受けたことを語ってくれた学生たち。そのすべてに感謝を捧げたい。最終章に書きつけた「生存のためのバッファー」ということばは、私にとって現実的なものである。さまざまな臨時職をつぎ合せながら生活する者にとって、人の「つながり」はいのちの底が抜けてしまわないための大切なよすがであることを、日々、実感している。

そうした「つながり」の中で、人文書院の松岡隆浩さんとの出会いもあった。論文のラインナップ、配列などの形を作るところから本書の企画を進めてくださるとともに、遅れがちな作業に喝を入れ、叱咤激励しつつ一書としてくださった松岡さんに心からの感謝を申し上げたい。

道場親信

二〇〇八年五月八日　砂川闘争の始まりから五三年目の日に

初出一覧

序

「〈戦後〉そして歴史に向き合うことの意味は何か」、『論座』一二八号、二〇〇六年一月

Ⅰ

「軍事化・抵抗・ナショナリズム」、『現代の理論』六号、二〇〇六年一月

「世界大の戦争機械に抗して」、『現代思想』、二〇〇六年九月（原題「分断と封じ込めを超えて」）

「戦後史の中の核」、『軍縮地球市民』一〇号、二〇〇七年一〇月（原題「久間発言と昭和天皇」）

Ⅱ

「靖国問題と「戦争被害者」の思想」、『現代思想』、二〇〇五年八月（原題「Not in our names!」）

「学徒兵体験の意味するもの」、『わだつみのこえ』一一九号、二〇〇三年一一月（原題「戦争経験と反戦平和」）

「拉致問題と国家テロリズム」、『現代思想』臨時増刊「日朝関係」、二〇〇二年一一月（原題「東北アジアの脱冷戦化のために」）

Ⅲ

「「戦後」と「戦中」の間」、『現代思想』、二〇〇五年一二月

「ポピュリズムの中の「市民」」、『思想の科学研究会報』一六三号、二〇〇六年一二月

Ⅳ

「「普通の国」史観と戦後」、『インパクション』一〇二号、一九九七年四月

「「普通の国」への抵抗」、『情況』臨時増刊「反派兵！」、二〇〇四年三月

「「護憲」か「改憲」か？」、『市民の意見30の会・東京ニュース』七九号、二〇〇三年八月

「「郷土」なきパトリオティズム」、『論座』一三四号、二〇〇六年七月（原題「郷土を守り開かれたコミュニティへ」）

「保守の崩壊とナショナリズム」、『一冊の本』、二〇〇六年七月（原題「「自由・平等・博愛」なき社会へ、ようこそ」）

「ブックガイド「戦後六〇年」を再審する」、紀伊国屋書店新宿本店「じんぶんや」リーフレット、二〇〇五年八月

終章　希望の同時代史のために（書下ろし）

著者略歴

道場親信（みちば　ちかのぶ）

1967年生。早稲田大学大学院文学研究科社会学専攻博士後期課程満期退学。現在、大学非常勤講師。日本社会科学史／社会運動論専攻。

主な著書に、『占領と平和　〈戦後〉という経験』（青土社、2005年）、『社会運動の社会学』（共編著、有斐閣、2004年）など。

ISBN978-4-409-04091-1 C0036

抵抗の同時代史
――軍事化とネオリベラリズムに抗して

二〇〇八年 七 月一日 初版第一刷印刷
二〇〇八年 七 月一〇日 初版第一刷発行

著　者　道場親信
発行者　渡辺博史
発行所　人文書院

〒六一二-八四四七
京都市伏見区竹田西内畑町九
電話〇七五(六〇三)一三四四
振替〇一〇〇〇-八-一一〇三

印刷　亜細亜印刷株式会社
製本　坂井製本所
装丁　間村俊一
写真　田村順玄